U0742115

国家出版基金项目
NATIONAL PUBLICATION FOUNDATION

祁门红茶史料丛刊续编

第三辑（1925—1929）

康健◎主编

安徽师范大学出版社
ANHUI NORMAL UNIVERSITY PRESS
·芜湖·

图书在版编目(CIP)数据

祁门红茶史料丛刊：续编.第三辑,1925—1929 /
康健主编. -- 芜湖：安徽师范大学出版社,2024.12.
ISBN 978-7-5676-7149-2

Ⅰ.TS971.21

中国国家版本馆CIP数据核字第2024HM8209号

祁门红茶史料丛刊：续编　第三辑(1925—1929)　　　　　　　　　　　　康　健◎主编
QIMEN HONGCHA SHILIAO CONGKAN XUBIAN　DI-SAN JI（1925—1929）

策划编辑：孙新文
责任编辑：蒋　璐　　　　　　责任校对：李慧芳
装帧设计：张　玲　冯君君　　责任印制：桑国磊
出版发行：安徽师范大学出版社
　　　　　芜湖市北京中路2号安徽师范大学赭山校区
网　　　址：https://press.ahnu.edu.cn
发 行 部：0553-3883578　5910327　5910310(传真)
印　　　刷：安徽联众印刷有限公司
版　　　次：2024年12月第1版
印　　　次：2024年12月第1次印刷
规　　　格：700 mm × 1000 mm　1/16
印　　　张：14.5
字　　　数：268千字
书　　　号：978-7-5676-7149-2
定　　　价：46.40元

凡发现图书有质量问题,请与我社联系(联系电话:0553-5910315)

前　言

祁门红茶创制于19世纪六七十年代，在中国各色红茶中出现较晚，但祁门红茶以其独特的品质，迅速崛起，超越闽红、宁红、两湖红茶等诸多著名品牌，成为近代中国最为著名的茶叶品牌，在全世界享有很高的声誉。在近代中国茶叶国际贸易日益衰败的情况下，祁门红茶成为支撑中国外销茶贸易发展的重要品牌。

2020年出版的《祁门红茶史料丛刊》（8册），为首次经过系统整理的近代祁门红茶资料。该套丛书出版之后，笔者继续在近代报刊、徽州文书中搜集相关资料，经过数年积累，也渐具规模，于是以《祁门红茶史料丛刊续编》（以下简称《续编》）为题于2023年度申报国家出版基金，获得立项，为这套《续编》的出版提供了契机。

值得注意的是，祁门红茶产区虽以祁门县为核心产区，产量多、品质优，但并不局限于此一地，而是涵盖祁门、建德①（民国时期先后称秋浦、至德）和浮梁三个县域。因建德和浮梁所产红茶的品质与祁门所产者相似，历史上皆以"祁门红茶"统称之。这在晚清以降的文献中阐述得十分清楚。

1909年《商务官报》记载，"祁门、浮梁、建德三县之茶（向统称之为祁茶）"②。1917年《安徽实业杂志》也称："安徽祁门茶，品质甲于全球，秋浦毗连祁门，西人亦名祁茶。江西之浮梁红茶，因与祁门接壤，亦曰祁茶。"③民国著名茶学家吴觉农等亦云，所谓祁门红茶，"并非祁门一县境内之生产品。其运境之至德

---

① 即今安徽省东至县。

② 《茶业改良议》，《商务官报》1909年第26期。

③ 《民国六年上半期安徽红茶与赣湘鄂茶汉口市场逐月比较统计表》，《安徽实业杂志》1917年续刊第7期。

（秋浦改称，原称建德）及浮梁两县之所生产，亦谓之'祁门红茶'，简称'祁红'，亦或仅称'祁门'。祁门、至德，属安徽省，浮梁属江西省，以其同产红茶关系，故'祁浮建'，久成当地习语，若已不复知有省限矣"[①]。1936年金陵大学农业经济系在祁门的调查也称："市上通称之'祁门红茶'，或简称之'祁红'，实际并非专指祁门一县之产品而言；其与祁门茶产地毗连之至德、贵池，及江西之浮梁等县所产之红茶，因其制法相同，形状相似，亦统称'祁红'。故在广义言之，祁门红茶区域，实包括祁门、浮梁、至德三县，及贵池之一小部。"[②]

由此观之，整理祁门红茶资料也应该涵盖这些地区，因此，笔者除继续搜集祁门县的红茶资料外，也注意搜集建德、浮梁两地的资料。

笔者先后在祁门、黄山、合肥、北京、上海等地馆藏单位查阅大量的报刊史料。经过3年多的努力，编辑整理了祁门红茶史料8册，计200多万字。其中，前7册为文字整理，最后1册为茶商账簿影印。下面对《续编》资料编辑情况进行说明。

前7册收录的时间段分别为：第1册1912—1919年，第2册为1920—1924年，第3册1925—1929年，第4册1930—1935年，第5册1936年，第6册1937—1940年，第7册1941—1949年。这些资料主要来自民国时期的报刊、调查报告和单行本的著作。第8册为茶商账簿，收录光绪八年（1882年）祁门红茶创始人之一的胡元龙日顺商号的茶叶账簿和民国时期祁门南乡郑氏茶商的茶叶流水账簿。

综上所述，《续编》是在《祁门红茶史料丛刊》的基础上继续整理的结果。对此前已收录在《丛刊》中的史料不再重复收录，同时将祁门红茶产区涵盖的祁门、建德、浮梁三地的文献一并搜集、整理，以全面展示祁门红茶产区茶叶生产、加工、运销的整体图景。

《续编》虽然搜集了大量民国时期的祁门红茶史料，但难免挂一漏万，还有很多资料未能涉及，如外文和档案资料未能充分利用。这些资料只好在今后的研究中再集中搜集、整理。同时，笔者相信《续编》的出版将深化人们对祁门红茶的历史源流、演进轨迹等方面的认知，对红茶的学术研究和万里茶道的申遗都将发挥积极作用。

---

① 吴觉农、胡浩川：《祁门红茶复兴计划》，《农村复兴委员会会报》1933年第7期。

② 金陵大学农业经济系：《祁门红茶之生产制造及运销》，《豫鄂皖赣四省农村经济调查报告》第10号（1936年）。

凡　例

一、本丛书所搜资料以民国时期（1912—1949）有关祁门红茶的资料为主，间亦涉及晚清时期的文献，以便于考察祁门红茶的盛衰过程。

二、祁门红茶产区不仅包括祁门，还涉及建德（民国时期先后称秋浦、至德）和江西浮梁地区，出于保持祁门红茶产区资料的整体性和展现祁门红茶历史发展脉络考虑，本丛书将三个地区的红茶资料皆加以收录。

三、本丛书虽然主要是整理近代祁门红茶史料，但收录的资料原文中有时涉及其他地区的绿茶、红茶等内容，为反映不同区域的茶叶市场全貌，整理时保留全文，不做改动。

四、本丛书所收资料基本按照时间先后顺序编排，以每条（种）资料的标题编目；每条（种）资料基本全文收录，以确保内容的完整性，但删除了一些不适合出版的内容；在每条（种）资料末尾注明了资料出处，以便查考。

五、为保证资料的准确性和真实性，本丛书收录的祁门茶商账簿皆以影印的方式呈现。

六、本丛书收录的近代报刊种类众多、文章层级多样不一，为了保持资料原貌，除对文章一、二级标题的字体、字号做统一要求之外，其他层级标题保持原样，如"（1）（2）"标题下有"一、二"之类的标题等，不做改动。

七、本丛书所收资料原文中出现的地名、物品名、温度单位、度量衡单位等内容，尤其是翻译的国外名词，如"加拿大"写成"坎拿大"、"便士"写成"边尼"、"氧气"写成"养气"等，存在与现代标准说法不一致，同一词在不同刊物有不同的表达等问题，因具有当时的时代特征，为保持资料原貌，整理时不做改动。

八、本丛书所收资料对于一些数字的使用不太规范，如"四五十两左右"，按照现代用法应该删去"左右"二字，"减少两倍"应改为"减少三分之二"等，但为保持资料的时代特征，整理时不做改动。

九、近代报刊的数据统计、名词前后表述中存在一些逻辑错误。对于明显的数据统计错误，整理时予以更正；对于那些无法查核出处的数据、名词前后表述的逻辑错误，只好保持原貌，不做修改。

十、近代中国报刊刚刚兴起，图表制作不太规范，且大多无标准表名、图名，为保持资料原貌，除图表补充完善外，其他内容整理时不做改动。

十一、凡是涉及"如左""如右"之类的表格说明，根据表格在整理后文献中的实际位置重新表述。

十二、本丛书原表格中很多统计数字为汉字，统一改为阿拉伯数字，但表格中陈述性文字里的数字仍保持原貌；正文中部分多位数字用汉字表示，但没有使用十、百、千、万等单位，为便于阅读，统一补齐，如"一三五七六八磅"改为"十三万五千七百六十八磅"。

十三、原资料多数为繁体竖排无标点符号，整理时统一改为简体横排加标点符号。

十四、凡是原资料中的缺字、漏字以及难以识别的字，皆以"□"来代替。

十五、中日甲午战争后，清政府将台湾割让给日本，1945年抗日战争胜利后，台湾重新回到祖国的怀抱。故1895年6月至1945年抗日战争胜利前台湾为日本占据时期。本丛书在涉及这一期间的台湾时，将"台湾"的表述统一改为"中国台湾（日据时期）"，特此说明。

目　录

◆一九二七

一九二五

苏俄重税华茶之交涉

汉口茶商来电呼吁　外部已请俄使改善

我国运俄货物，以茶为大宗，近来苏俄对于华茶入境，抽税异常繁重，政府迭接汉口茶叶公会来电呼吁，谓汉口茶市向以砖茶为大宗，自俄国重税华茶后，砖茶之销路突形停滞，事关茶叶全体生计，请政府向俄力争云云。外部接电后，现已照会驻京苏俄大使，略谓苏俄边界各税关抽收华茶输入税异常繁重，违背相互均等原则，务望即行改善云云，俄使接照后，已允转电本国政府酌核办理云。

《河南实业周刊》1925年第1期

华茶对英之滞销

英商来京请愿

各岁华茶出口额数计共七十六万五千九百三十五担，值海关银二千一百余万两。就中运往英领各地者，约及二分之一，自五卅事件发生以后，中英商务关系，大形停顿，茶叶出口贸易，亦因之一落千丈，数月以来，英商之订购华茶者，几于绝迹，我国茶叶商人深恐交涉事件，稽迟不能解决，则若辈营业将蒙莫大之损失，顷闻上海及各埠茶商，已派代表来京，向政府请愿，陈诉一切情形云。

《实业杂志》1925年第1期

汉口茶业商之通电

要求免税减厘

中美社云，昨日汉口茶叶公会发有通电到京，系要求政府永远对于茶商免税减厘者，盖因比年以来，因受国内战争之影响，京汉路上之车运，异常梗阻，茶商损失甚巨故也，兹将该电原文录志于下。假执政税务处、财政部、农商部钧鉴，前因呈请永远免税减厘一案，迄未奉批，限期将届，行将两难，每年茶市先办洋庄，后办口庄，销场有一定时间地点。去年直奉之战汉口铁路无车转运，口庄二十三万余箱迟至今夏始到，下年又有口庄十五六万箱存汉，共搁住商本六百万余金，致明年汉庄受莫大影响，平心而论，此时万不能加茶商担负，用再电恳钧座，迅赐核准，永远免税减厘，为茶商留一线生机，即为国民留一线生计，迫切吁求，伫侯命下，汉口茶商公所叩号（二十）。

《实业杂志》1925年第2期

中国茶业之衰落

韦泽生、谭自昌合译

中国茶业对美贸易之衰落

中国茶业对美贸易之衰落，始于三十年前。由中国直接输入美国之茶额量已达极点（即五千五百万磅），自此则一落千丈。中国对美贸易有利之商业，可谓尽失矣。其衰落之形象，可见下表（每五年平均计算）。

时间	1895—1899年	1900—1904年	1905—1909年	1910—1914年
输入美者(磅)	48 000 000	47 000 000	34 000 000	20 000 000
百分数	54%	49%	35%	24%

虽欧战之际，中国入美之货品骤增，然茶一项，仍继续减少也。

时间	1915—1919年	1920—
输入美者(磅)	19 000 000	2 000 000
百分数	17%	2.8%

…………

衰落之原因

中国茶在美失败之主要原因有如下列数种。

中美茶业衰落之主因有二：一可名之曰内因，乃制茶法之不良，及茶叶本质之无改良；二可名之曰外因，即远东各邦茶业竞争之结果，日本、印度、锡兰、爪哇等国，尽力改良种法及制法，而中国仍守旧法，不图改良，由是中国茶叶见弃于欧美人士矣。

虽然，在欧洲茶市，日本茶无极大影响。惟于美洲一邦，中国茶业几完全失败。自欧战后，情形忽而变更。因日本茶与英荷兰及西印度之茶，成一极大竞争。一八九五年至一九一四年，我国输运入美之茶叶，已失去百分之三十，而日本占得我国所失者三分之一。日本之成功，乃因彼等所产者，适合美人之用。

据一日本茶商所述，日人之所以能据占美国茶市者，无非因用机器制茶之故也。机器输入日本，先用以制茶，而不再用人力。一八八五年，日本制造者，取用汽机及煤机，以减省工值，于是采用机器者日众。由是产量加增，可供足美国茶市之需，产价亦因之而减少，此为摧残中国茶业之主力也。照日本土苏柯加制茶商会报告，谓用机制茶者，其产价为银毫七仙至二毛二仙，以人力制茶者，由五毛至六毛，产价相差可见矣。

因利益所趋，日本制造者于茶之制法及种法，由小户工业而变为大宗商业。自一八七六年，日人组织公司，专为种茶、制茶以输运外国者，不知凡几。为据占外国茶市，及欲产划一茶质起见，种茶者及小资本制茶者，已效一合作制度，以轻减产值。

本政府邑绅及制茶商会无不努力为茶业鼓吹，因此管理及保护方法均得完备。制造商会既受政府之引导，更自行设法以防劣茶之制造及发售，改良各种制茶法及设检查所以检验各种出产品。制茶商会派人往欧美各国，以鼓吹及招徕海外生意。于日本之重要茶区，设一检查所以防劣茶出口。又设试验栽植地及试验室，以改进茶叶之品质。今政府与人民又尽力以鼓吹日本青茶，由此观之，无怪日本能占美国茶品入口之一大部分矣。下列一表，指明日本茶出口总数及其输入美国及加拿大之比较。

日本茶叶出口数

（单位：担）

时间	茶叶出口总数	出口往美洲	出口往加拿大	往北美之总数	总共百分率
1911—1913年	316 824	255 618	25 672	281 290	89%
1914—1916年	340 540	279 437	45 103	324 540	95%
1917年	501 701	424 256	49 258	473 514	94%

时间	茶叶出口总数	出口往美洲	出口往加拿大	往北美之总数	总共百分率
1918年	485 708	316 557	47 188	363 745	75%
1919年	162 417	138 887	8 911	147 798	91%

茶叶入加拿大之后，常由温哥华转运于美国，故须合此二地，以明证其要。日本在美国茶市，极力鼓吹，致令日本茶出口十分之九乃输入美国。现今日本茶叶输入美国渐趋减少，原以日本产茶地转为种桑之用，故又因英、荷兰及西印度茶业竞争之影响有以致之也。（完）

《农事月刊》1925年第1期

南京拣茶女工状况

南京入口之茶叶，类皆经过一度之拣别，而后以供零卖，拣茶工作颇轻易，但亦略须劳作，且系迟钝而繁琐者也。此项工作，概以妇女为之，在茶叶店中操作，以散工计值，每斤茶叶仅给十文，并不给伙食，平均女工一名，每日可拣成茶叶二十斤，若兼作夜工，则可更多十斤。南京现时拣茶女工每日所得工银，平均二百文至三百文。该处各茶叶店共有此项拣茶妇女约四百人云。

《农事月刊》1925年第3期

茶业之盈余

去年洋庄茶业，绿茶颇佳，内地如屯溪号家，获利最为丰厚，婺源、歙县、遂安等路，亦均微有沾润。至红茶方面，大致亏折者多，而获利者少，即如祁门一带，市盘买至八九十两，不为不佳，奈内地山价太昂，结果除几家名牌，略有沾润外，余均亏折，其余若宁州、两湖等路，折本均极为重大。本埠各茶栈，多数均受两湖、宁州红茶之影响，总计十五家茶栈，仅乾记盈余一万四千，洪源永盈余一万二千，恒记盈余一万，升和永、公福隆、永盛昌、谦益、义泰等栈盈余数千两外，其余均无沾润云。

《钱业月报》1925年第2期

汉口茶行整顿货银之通告

汉口茶行公会通告云，敝帮向来交易，其货银平色，每不一律，因之洋厘钱价，照市大相悬殊，时起争论，兹鉴于市上物价，莫不按洋例纹计算，同行公议，自乙丑年夏历二月初一日起，所有货款，概归洋例纹进出，而银洋、官票、铜元，悉照本埠钱业公所逐日市价，毋得高低，以期划一，而免参差，恐未周知，特此登报声明云云。

《钱业月报》1925 年第 3 期

华茶在英销路停滞

《字林报》伦敦一月十六日通信云，中国茶业在英国之销路，几全停滞，前十八个月间，印度茶之售价非常提涨，华茶则全未涨，现在华茶行市约为一先令六便士，同等之印度茶，较之约昂贵六便士至八便士。普通人辄谓英人现不喜华茶，其实决不如此。余为华茶公会书记，深知华茶所以不能畅销于英国者，乃因英人难得购买华茶之机会，为华茶销路计，现宜以大宗之自饮茶及上等杂合茶，托英国大茶商以廉价广行发售，以与印度茶争销路。现在英国经售华茶之大行，决不肯如此进行，殆因其别有利益关系之故。现在英国存华茶二千零五十万磅，上年此时，不过存一千三百五十万磅，英人因印度茶价之奇高，颇怀不满之意，华茶宜趁此机会以谋推销广路云。

《钱业月报》1925 年第 3 期

皖南产茶之状况

皖省出产洋茶，惟有徽州、池州两属，而徽池两属，又分两路，祁门、秋浦为一路，专制红茶，婺源、休宁等处地方为一路，专制绿茶。

祁门的茶山，多在高山湾凹之中，总计祁门全县，除沿大洪水、大北水等河流域，有一线平路外，其余都为崇山峻岭，其出茶的面积，约有二百余里，其纬度与印度的大吉岭相同，所以他的气候也相似。

查祁门茶产地，向分城乡、西乡、南乡、北乡，而以西、南两乡出产最多，差不多要占他全县出产总数的四分之三。

秋浦的茶山，交通要比祁门为便，出茶的面积约有百里，其毗连祁门、浮梁之祁山与东门保之三缸尖茶山所出的为最好，其产地以中乡为最多，上乡、下乡次之。

除祁门、秋浦一路外，要以休宁为最多，婺源次之，歙县又次之，黟县更次之，各县除洋庄茶之外，其余多销于粤、赣、苏等省以及本省各处，独婺源的叶尽数制洋茶，无一行销于内地的。

茶叶的概况，徽属种茶土壤比别的地方要好些，其中以祁门土质为最好，因其全境都是赤壤土山的原故。种茶园户春秋二季颇知锄挖间地的草，堆壅茶根，并知道用菜饼和木灰，为培茶的肥料，但贫苦懒惰的园户，大半不下肥料，且四境的荒山开辟种茶的不过十分之三四，园户以食米不敷用，因之很有在茶株内种玉蜀黍的，所以茶地渐渐变瘠起来了。倘能由官厅劝令种植豆类，或用豆荚为壅茶的肥料，那么这茶园的地土就不会变瘠了。

修剪为多生树叶起见，印度、锡兰种茶专家对于这种事非常注意，但是徽属种茶山户对于那样事不很注意，三四十年生的老树，从来没有修剪过一次，他的树枝的高低错杂虽属已经枯死的，也不去修剪他。至于秋浦种茶的人，就不像这样，对于修剪也是注意的，此外更注意下肥，这乃是徽属园户与秋浦园户不同的地方。查皖省向来制绿茶，后来改制红茶，这是始于秋浦。在中华民国纪元前四十三年的时候，就是黟县人余某在秋浦尧渡街地方开设红茶庄，试制红茶。第二年就到祁门县开设子庄，并且指导一班园户酿色遏红等等方法，出高价收买毛红茶。第三年就在祁门县西乡闪里，设立红茶庄。同时有当地祁门人胡君仰儒，乃南乡一个大园户，他特地自己制红茶，开红茶庄，以为提倡，这乃是徽茶改制红茶的起首。在这个时候，红茶出额不多，运到九江、汉口，与洋商交易，每每卖得很高的价钱，总有两三倍好处。当时有宁波人开设同春荣红茶栈，派人到祁门、秋浦放款，这就是祁秋茶庄用红茶栈款项的起始。

从此以来，祁、秋两县的园户因毛红茶得利，大家添种新茶，红茶庄也就一年多一年，祁、秋两县于是成为红茶产地的区域了。前几年因为欧战的缘故，以致茶商多受损失，闭歇了不少，而园户也间接受了影响，所以把一些茶园尽都荒废起来。幸近年茶市渐有起色，茶庄复行开办的很多，而园户也复培植他的茶树，倘此后茶商再不发生大亏本的事，那么茶园就能日渐再发达起来了。

茶业复兴之希望

欧战以来，茶叶凋敝，已经多年。我徽向恃茶叶为唯一农产，自衰败之后，由山户以至工人、茶商，无不生计艰难，所有茶园多任其荒废，无力从事于施肥、除草等工，或开垦而别植粮食等作物，预计明年产额必将大减。但物极必反，以本年茶市之状况度之，明年定有复兴之希望，其故由于俄约将订，战前俄国之销场，必将恢复，又欧洲德事渐定，经济活泼，英、法、德、意等国，购买力亦有增加。若能讲求种植、制造之方法，并可与日茶竞争美洲之市场，不可谓非茶业良好之现象。我徽、祁、婺、休、歙，产茶最多，品质佳良，一般茶农幸及早整理施肥，以冀明年丰收而获善价，则幸甚矣。

华茶输美有发展希望
录《循环日报》

《字林报》云，纽约《茶叶咖啡业报》记者乌克尔君现在上海，其目的在调查世界产茶情形，以为美国增销茶叶之参考资料。乌克尔君之意，以为中国茶商及在华茶业洋商，宜共起挽回华茶在英美之销路，且谓中国近十年间，茶叶出口之数减落百分之三十六，对美出口之数减落百分之三十。二十五年以前，中国出口茶叶，曾为全世界之所称美，近则印度、锡兰、爪哇之茶叶皆用机器制成，制法既佳，广告之法又精，大足夺中国之销路，英美老辈仍多嗜华茶者，青年则醉心于印度、锡兰茶商之广告，偏重印度、锡兰之茶。昔时美国进口茶叶几全来自中国，今则中国所供给者仅占百分之十八，锡兰供给百分之二十四，印度供给百分之十四，爪哇百分之九，日本百分之二十一……日本销往美国之茶，前曾占美国进口茶叶百分之四十六，今亦见其低落，唯印度、锡兰茶在美国之销路，则有进而无退。一九二三至一九二四年间，世界茶叶销路颇佳，中国亦占其利，惟明白之商人，总宜在生意良好之时，作未雨绸缪之计，印度茶商在美国所用之广告费，将及美金一百万元，中国茶商亦宜联合美国茶商，保全华茶在美之销路，中国筹集巨款不易，直接向用户行广告鼓吹之法，似未易办，惟设法向美国茶商运动鼓吹，则不难收事半功倍之效。美国销茶之数，大有发展余地，中国茶商最宜注意云。

《农智季刊》1925年第5期

爪哇茶之今昔观

康　瀚

一、爪哇茶之发展史

茶固非荷属东印度之原产，即历史上爪哇亦未尝以产茶闻也。然而时至今日，爪哇茶之声誉既普遍于全世界，植茶面积达华亩一百四十万亩以上，每年输出值荷币七千万元（荷币每Guilder约合华币七角），列世界最大产茶国之第三位，此种显著之进步，果谁为之，孰令致之欤？

溯爪哇茶发展顺序，则知其所以克臻今日之繁盛，固非一蹴而儿，前人牺牲多少金钱、血汗、脑力，惨淡经营，前仆后继，始博得今日之代价。反顾吾国丝茶，同为输出大宗，而每况愈下，蹶而不起。来日方长，后患未艾，言念前途，不禁寒心，此果天意之不公欤，抑人谋之未臧欤！愿吾国茶商及实业当局深长思之！

茶业与荷兰人发生关系，远在十七世纪之初叶，当一六〇七年，始有荷兰商人自中国携带少许茶叶入欧洲。初虽不过由于好奇心之冲动，以为茶乃东方民族特殊之嗜好，初无其他之效能，殆后始信其能补助消化，刺激神经，且香味浓厚，为消遣之佳品，于是茶之功效日著，茶之价值日高，逐渐为商场所注意。荷兰东印度公司以为奇货可居也，遂于一七二八年起试种茶树于爪哇，是为爪哇种茶之起点，然以保护不得法，故先后枯死殆尽，至一八二六年，又有植物专家Dr. Ph. F. von Siebold输入茶种及茶苗，试种于爪哇之茂物Botanical Garden at Buitenzorg细加培护，结果生长甚好。东印度政府见爪哇之土质、气候能适于茶之生长也，遂锐意经营，设试验场于牙律（Garoet）及井里汶（Tjirebon）之 Wanajasa 等处，并于后者设茶种园，产生籽种，分给全爪哇之用。又设茶务学校，养成茶务人材，至一八三五年，全岛茶树数目达一百万株以上。然是时对于茶之焙制方法，多所未谙，一八三二年，东印度政府遂派遣荷兰商业公司之茶业技师叶各生（Jacobson）为茶务监督，先后赴中国考察茶业凡六次。于吾国植茶制茶之方法，访问备详，并聘请中国种茶专家一名，制茶工人四名，及夫役数名，携带各种农具、茶器来爪哇。一八三三年，爪哇茶叶始出现于市场，然其香味并不见佳。一八三八年，又仿照吾国习惯，设制茶厂于巴达维亚（Batavia）。收集邻近各茶园所产之茶青，代为制造，然往往茶叶麇积过多，赶制不及，耽误时日，品质变劣，是故茶厂之设，亦可云归于失败。

查一八三九年报告，爪哇茶在荷兰阿姆斯得当（Amsterdam）市场，每磅售价荷币八角一分，然其生产费需一元一角七分，每磅损失三角六分。政府乃放弃其专利权，准许私人企业，然所产茶叶，仍由政府限价收买，此一转手之间，成本加高至每磅一元一角四分，而在阿姆斯当之售价，为自一元四角至一元六角，仍亏累不少，计自一八三五年至一八四〇年，共亏荷币三十五万元，次年倍之。至一八六〇年，乃达六百万元。东印度政府受此损失，乃于约满之后，完全放弃其专卖权，不复有所染指，而自此爪哇茶业，遂辟一新纪元，渐入佳境矣。

一八六五年，将勃里安境内茶园数处出租，同时巴达维亚境内新辟茶园数处，至一八七〇年，颁布农业法，准许林地开垦，并规定租地期限为七十五年。是时社会对于种茶渐有兴味，而种茶之利益亦渐为世人所明了，故新辟之茶园日多，然当时茶之品质，仍未改良，远逊华茶，且欧洲市场，印锡茶又陡然激增，故价格低落，获利甚微。一八七七年，Paakan Salak 茶始输入伦敦，英国茶商及经纪人，对于爪哇茶之用手工制造，多所不满，远不如印锡茶之用机制者为佳云。爪哇茶业当局受此刺激，遂决意改进。一八七八年，始由英属印度输入安山茶籽（Assam tea）试种之，结果较之原来华茶产叶较多，叶幅较大，体质致密，于是遂尽力推广安山茶种，不复加种华茶，即原来种植华茶之茶园，亦多改种安山茶者，同时又输入制茶之机器，以替代旧日之手工，因此不但爪哇产茶之量加多，而茶之品质亦大有进步，从此爪哇茶业遂蒸蒸日上矣。

一八八二年，苏甲禾眉农会成立，影响于爪哇之茶业者更大，此会之滥觞，初不外二三种植家约集同志，彼此叙谈对于种植之经验，交换各人之见解，厥后逐渐扩充，定期集会。加入此会为会员之农场，至一九二三年乃达一百一十处，每年举行常会四次，讲演及研究关于茶之种植制造及其他重要问题，并举行辩论会，故于茶业之学理及技术方面，贡献独多。一八九〇年以后，政府对于茶务，特加注意，对于各种植家多所奖励，自一八八六年及一八九二年，数种植家旅行印度、锡兰，考察茶业，观摩之下，觉爪哇茶之种植及制造缺点尚多，不可不加以改良。各种特殊试验不可或缓也，遂有茶业试验场之设立之动机。苏甲禾眉农会会长 Mr.Kerkhoven 与茂物植物园主任 Dr. Treub 会商之结果，遂于一八九三年起，由各农场自由捐助，聘请化学师一名，在农务部内用科学方法作各种试验，以谋茶业之进步。一九〇二年成立茶业试验场，改归政府节制。一九〇五年，更进一步为改良茶业起见，由各著名种植家、各农场主任及有志茶业者，联合进行，组织一茶业检查所聘请专家检查各茶商在未出口或售卖以前所送检之货样，并视察各农场规定市价，研究世界茶叶之商情，鼓吹爪哇之销路，爪哇茶业之有今日，该检查所之功实大也。

二、爪哇茶之现状

（甲）植茶面积。爪哇全岛植茶面积，总计十一万三千二百二十九 bouw，合八万零三百九十三公亩，大部分均在西部爪哇。兹将各地方植茶面积列表如下：

爪哇植茶面积表

地名	面积（bouw）
巴达维亚	19 285
井里汶	2 180
勃里安	81 619
北加浪岸	1 126
三宝垄	848
满油马士	497
谷吴	1 223
梭罗	2 397
茉莉粉	6
谏义里	1 532
八寿鲁安	1 672
麦苏儿	844
总计	113 229bouw 或 80 393 H.A.

由上表观之，爪哇植茶面积，以勃里安境内为最多，占全岛百分之七十二以上，其次为巴达维亚，得百分之十七，其余共只得百分之十一。盖西部爪哇雨量充足，降雨季节分配得宜，而地质之成因，皆为第三纪，大部分含有最新之火山熔液，风化沉淀之后，又久为森林所披护，落叶腐败，归入土中，成腐植土，不但养分充足，而土质轻松，极合植茶之用也。

（乙）一九二四年爪哇茶之输出。去年全年爪哇茶之输出总额为四万七千六百九十二启罗格兰姆，兹将其销纳地及数量列表如下：

国名	数量（启罗格）
荷兰	12 437 000
英国	19 372 000
澳大利亚洲	11 185 000
美国	2 595 000
加拿大	361 000
星嘉坡	137 000
欧洲大陆	584 000
英属印度	285 000
英属南非	299 000
南美洲	230 000
其他	207 000
总计	47 692 000

爪哇茶之销场，以英国为最大，荷兰次之，澳大利亚洲第三。其故虽由于英人酷嗜饮茶，每人每年需茶九磅，较之其余各国为多。而伦敦实为世界茶叶之吐纳市场，无论印、锡、华、日各地所产，皆集中于伦敦，而重复出口者实不少也。

兹将英国商务局报告一九二四年一月一日至十月三十日伦敦茶叶进出口统计，摘录如下，以示一斑。

来源	进口（磅）	出口（磅）
印度	249 156 960	37 928 064
锡兰	119 880 767	17 934 073
爪哇	52 069 870	7 131 574
中国	20 680 651	7 325 942

来源	进口(磅)	出口(磅)
其他	3 639 433	391 183
总计	445 427 681	70 710 836

于此，著者有特殊之感想焉：则世界第一产茶国之中国，其在伦敦市场，既屏居第四位，后来居上，青出于蓝之爪哇，其面积不及吾国安徽一省者（安徽省总面积为五十四点八一〇方哩，爪哇五十点五五四方哩），而其茶之输出额，且较之吾国全国多至二倍半以上，吾不禁重有感也！

（丙）四十年来荷属东印度茶之输出。展历年荷属东印度输出统计，取其有关茶业者而比较之，则四十年来长足之进步，日有异而岁不同，实足令人羡慕，而瞻望前途，正方兴未艾也！

荷属东印度茶叶输出统计

年份	数量(启罗格)	价值(盾)
1885年	2 423 200	1 696 000
1890年	3 210 100	2 247 000
1895年	4 816 700	2 649 000
1900年	7 634 000	4 199 000
1905年	11 858 600	7 115 000
1910年	15 337 600	11 503 000
1913年	26 547 800	21 544 000
1914年	31 907 600	26 979 000
1915年	47 753 300	47 090 000
1916年	47 059 400	46 132 000
1917年	38 009 600	38 785 000
1918年	29 958 000	17 849 000
1919年	55 080 700	48 891 000
1920年	46 270 600	39 529 000
1921年	35 863 800	23 024 000
1922年	41 551 800	40 725 000
1923年	48 113 900	75 720 000
1924年	55 500 000	—

由上表观之，可知荷属东印度于最近四十年内，茶之出产，逐年激增，一九二四年之产量，较之一八八五年达四十三倍以上，而价值则增至四十五倍。中间虽因欧战影响，微有波折，然战后又呈继长增高之势，刻下欧俄秩序渐复，以其平素需要茶叶之多，及爪哇茶商手腕之灵活，而今年美国《茶与咖啡》杂志主笔乌克氏（Mr. Ukers）来游爪哇，是间茶业当局竭力欢迎，招待殷勤，观乌克氏之演说，真有感激图报之意，对于爪哇茶业推崇备至，则逆料爪哇茶必能于美俄市场占重要位置，可以断言，斯则爪哇茶前途之发展，正未克限量也。

（丁）四十年来输入荷属东印度之茶叶。然有一事足使吾人迷误者：查荷属东印度进出口统计，四十年来爪哇茶之输出，虽节节加高，然同时每年仍有价值荷币一百万元至三百九十万元茶叶之入口，其进步虽不若出口之显著，然不能不谓无继长增高之势，兹比较如下：

年份	价值（盾）
1885年	1 339 000
1890年	1 072 000
1895年	1 569 000
1900年	1 781 000
1905年	1 801 000
1910年	2 231 000
1913年	2 969 000
1914年	3 559 000
1915年	2 955 000
1916年	3 090 000
1917年	3 437 000
1918年	3 760 000
1919年	2 482 000
1920年	3 360 000
1921年	3 956 000
1922年	3 845 000
1923年	3 897 000

以上入口茶叶，果来自何处？销于何人？吾人披览上表，自然发生一种疑问，则请参看下表，足见一斑。

一九二三年输入爪哇茶叶统计

来源	数量（启罗）	价值（盾）
日本	2 454 095	3 190 324
香港地区	174 198	226 457
中国	115 308	149 900
星嘉坡	8 274	10 756
其他	765	996
总计	2 752 640	3 578 443

附记 总数核与前数不符姑阙疑

　　吾人骤观上表，必色然喜，以为吾国输入爪哇之茶叶，虽不及日本之多，然……星嘉坡不产茶，则输入爪哇者，必间接来自中国，合而计之，亦颇有一部分势力，吾人所堪强自慰藉者也。不知此项输入爪哇之茶叶，可云完全供给华侨之需要，初与其他民族无关，则谓华茶之不克与爪哇茶竞争也，实非过言，庸知其不但不克与爪哇茶竞胜于海外，而一九一九年，荷属东印度且有一百一十二万三千启罗格兰姆，价值七十一万三千盾，赍临吾华矣！后此虽未见其继续对华输出，然履霜坚冰至，则吾华茶前途之运命，更岌岌可危，吾不知吾实业当局、农业家、茶商果作何感想也？

《农学杂志》1925年第7期

华茶概论（续）

刘骅南

第五节　华茶之种类

一、由制造上所分之种类

　　我国人所用茶之名称，有数十种之多。据税关所采用由制造上而分之种类，则分为红茶、绿茶、乌龙茶、砖茶之四大类。此外尚有茎茶、粉茶、屑茶，或茶末、香茶等名称，然不关重要。兹分别详述其名称如次。

第一，红茶：（甲）工夫茶、（乙）小种茶、（丙）白毫茶、（丁）彩花白毫、（戊）橙花白毫、（己）花香白毫、（庚）双龙、（辛）珠兰。

第二，绿茶：

（甲）小珠茶，因大小而分为下之三种：

（1）麻茶、（2）宝珠、（3）芝珠；

（乙）大珠茶，因大小而分为下之三种：

（1）珍珠、（2）丹珠、（3）燕珠；

（丙）熙春茶，因摘叶之季节而分为下之三种：

（1）眉熙、（2）正熙、（3）副熙；

（丁）雨前茶，分为下列五种：

（1）眉雨、（2）蛾雨、（3）蚁雨、（4）芽雨、（5）熙雨。

第三乌龙茶：（甲）乌龙茶、（乙）包种茶。

第四砖茶：（甲）红砖茶、（乙）绿砖茶、（丙）小京砖茶。

二、因产期而分之种类

我国茶普通因制造季节及收获时期而分为春茶及夏茶之二种，细别之为头帮茶、二帮茶、三帮茶及四帮茶，兹分述于次。

（甲）春茶。春茶比夏茶叶厚，液汁亦较浓厚。

（1）头帮茶，一名头春茶。在清明之交、谷雨以前摘叶制造者。

（2）二帮茶，一名二春茶。在谷雨后十日内外摘叶制造者。头帮茶摘采后四十日，即为二帮茶摘采之期。

（乙）夏茶。夏茶比春茶叶薄，液汁淡，故夏茶之价常较春茶为廉。

（1）三帮茶，一名三春茶。为谷雨后二十内外摘叶制造者。二帮茶摘叶后四十日，即为三帮茶摘采之期。

（2）四帮茶，一名四春茶。为三帮茶摘采后，经一个月摘叶制造者，有时与前者共称为三帮。三帮茶与四帮茶，鲜有用以输出者。

三、由品质上而分之种类

由品质上所分茶之种类如制粗茶名曰毛茶，精制偏名曰成茶，十分干燥之粗名曰干粗，含有湿气之茶名曰湿茶，在福州市场向中国北部输出之上等绿茶名曰芽尖，

二等茶名曰幼结，三等茶名曰色茶，四等茶名曰清水。（录《农商公报》第二卷）

第六节　茶之品式

茶产于东亚细亚温带热带之间，为我中国及日本、印度、锡兰之特产。凡气候过于寒冷，冬令常在华氏零度以下之地，即不适于栽种，盖其性好空气湿润而厌干燥。然土质过于湿润，则又不宜也。茶之气味，因土地而各别，且以制法不同，颜色可红可绿，样式或粒或条，争奇斗异，皆前人任意锡以嘉名。每年当谷雨前采摘嫩叶，用芦席铺地，摊放当阳处晒透，用手搓揉成条。□用木桶收藏，上覆洁布。一时许，俟发汗，倾出再晒半时，盛以竹器，用温火（九分）干焙。隔一宵再焙之，分晒三次，随晒随撷，约换筛六七度。拣去梗子，筛净复火，成堆装箱，此红茶之大略也。至绿茶则采摘嫩叶下，即摊开使干，用手搓揉成条，烧红锅炒干为度，然从毛火分筛发拣，再用炭烧红上覆以灰，用红锅炒热，或用温火或用猛火，务必各适其宜。如他其普洱茶则用水汽蒸之，使其互相给合，用火焙之，用力压之使其成块，与砖茶制法亦近，特制砖茶用机器，普洱茶用手工而已。

第七节　华茶将来销场之浅测

世界茶场，大概可分为中国、印度、锡兰、爪哇、日本诸国。近今爪哇进步虽速，然地土偏小，不如印度、锡兰之大可畏。在一八八八年时，印度、锡兰出口仅九十兆磅。乃二十八年后，至一九一六年，即增至三亿三千八百四十七万磅，几为四倍之增加。姑准此四倍之加速率而推论之，则使二十八年后，将增至一千三百余兆磅。较一九一六年时，全世界茶产犹多一倍。夫二十八年，瞬息即来，其可畏□孰甚。吾华茶之进步为何如乎？当一八八八年，出口数为两亿八千九百零六万七千磅，至一九一六年，亦同属二十八年间，然其数竟退至两亿零五百六十八万四千四百磅，实反减少八千四百余万磅。苟长此不图进步，则再俟二十三年后，吾华茶出口或将减少为二千万磅左右，各国若仍准向日进步之率而进步之，则彼时吾华茶出口额之与各茶国之比较适如一八八八年时之爪哇也。苟印度、锡兰、爪哇于今后之二十余年更有较速之进步，则再俟稍远之年，华茶出口，恐终难免无疾而终矣，夫复有何销场之谈及耶。然则华茶将来之销场竟走绝路欤，余则又以为未必也。综华茶之受病，其因非止一端，今欲恢复其营业原状，须如医家论症，标本并治，先疗其病，后补其元，余当于次章详论之，以均篇幅。

华茶今年盛销美国

十三年十一月二十二日《顺天时报》

华茶输入欧西，为中国岁入之一大宗，欧洲嗜茶之国，以英俄为最，去年华茶之输入俄国者，为数甚巨，为前两年来所未有。盖前数年俄国内乱，经济停滞，对外贸易甚弱故也，惟当俄人减少华茶输入之时，正素嗜咖啡之美国，一变其咖啡饮料而嗜华茶之始，故近年来美国输进华茶数量年有增加，又渐与英俄诸国之输入量相比矣。兹据上海海关报告，一九二一年红茶运美者，其价不达二十五万两，去年乃增至二百五十万两，绿茶则更有进步，多至四百万两之巨。至于英国方面，一九二一年红茶之运进，并不甚佳，为数三百五十万两有奇，而去年报告竟增加四倍。今年英美购运更多，盖美国人士曩昔所采饮料，除咖啡外，兼嗜印度茶，旋以印茶刺激性太重，复摈除之，后乃品华茶，实称味美适口，宜于卫生，故乐饮之。据美人方面消息，若华人广告得法，彼邦人士必竞购之，将来华茶势必供不应求云。

《农商公报》1925 年第 127 期

一九二六

华茶出口免税展期

继展一年

华茶运出外洋免税办法，至十四年阳历十二月底，本已满期，兹闻总税务司近为振兴茶业起见，对于华茶出口免税办法，仍准于展期一年。自十五年一月一日起，至十二月底止，华茶运出外洋，仍准免税，现各处洋关接到该项公文业已布商民一体周知云。

《实业杂志》1926年第1期

苏俄经营华茶之今讯

华茶对外贸易，自上年俄销复活以来，市面遂有一日千里之势。上年俄国经营华茶，系由苏联政府委托俄商新泰洋行采办，现闻俄政府对于此项贸易，极为重视，闻已在汉口设立苏俄贸易公司，专买湘、鄂两省红茶。至上海方面，闻有设立两行消息，惟此说尚待证实。

《钱业月报》1926年第2期

忠告我徽茶商与园户

汪作新

我国茶业之利，自见夺于印度、锡兰、爪哇、日本，茶商因亏折而辍业，茶园因滞销而荒废，十余年来，几有一蹶不振之势。即以我徽论，历年之损失，几不可以数计，乃自去年以来，忽有转机之象，计祁红销出四万二千五百担，绿茶十三万担，几为历来所未有。盖因欧战之后，新增俄德销路，遂呈供不敷求之势。茶业经多年之疲滞，山价久已下落，茶商以廉价收入，以高价售出，故得利较丰。今年竟争收买，山价每担骤高一二十元至三四十元，一切人工、制造、包装之费，亦相因而加价，故今年成本之高昂，为自有茶业以来所未有。即售价稍高，尚无余利之可言，况粗制滥造之习与作伪掺色之弊，自问均所难免。将来以货低价昂之故，再被外人所拒绝，或因而抑价，则茶商与园户之损失，安有纪极。处今日千钧一发之时，为自身之利害与茶业之前途计，有急宜革除之积习，改良之要点，互助之条件，请得而缕陈之，以为我徽之当业者告。

茶为饮用食物，色味以得于天然者为良，以人工栽培者次之。况徽地山高水清，雾气所涵濡，本饶天然之色彩，乃制茶者欲工事之速成，则和以石粉与箔灰，因色泽之枯黄，则和以靛粉与白蜡，虽外观可以混乱，而实际乃碍卫生。况有色之茶，美国久悬厉禁，设各国相继而起，华茶必绝迹于市场。此种自杀之积习，所以急宜革除者一也。饮食之品，本以清洁为最要，我徽茶户粗制之时，除婺地外，其余若祁门之红茶、休歙之绿茶，多用足揉，以图省工，作工忙迫，附带污秽，揉入叶内，其不洁熟甚。即拣茶之时，女工携带小孩，任意涕唾，亦极不洁。假令外人见之，未有不欲呕而却走者，宣传于外，安有求售之余地？是以必须采用揉茶机与拣茶机，传习用法，务使家喻户晓，以期省工而图清洁，此种简陋之积习，所以急宜革除者又一也。

茶叶之运销，远隔重洋，包装偶有损坏，一经潮湿，固有之色香味，立致损失，故包装最宜注意。旧用铅皮，轻软不适于用，外用木箱，板片薄小，尤易破损，必须内用密封铁页罐，外用松木大板箱（如洋箱式），箱内可装六罐至十二罐，以便出售时之分拆，较之旧式箱罐，自能坚固而适用。今年茶商，亦曾见及于此，由沪购办印度式板箱四万，来徽试用。该箱系三层木板，横直胶合而成，亦尚坚致。后因箱罐工人，罢工抵制，装回未用。夫制铅罐之人，何尝不可以制铁罐，制杉木板箱之工，何尝不可以制松木板箱。但使茶商先期公议，画一形式，晓示大众，除购办铁页外，其余工料，徽地均可自给，以原有之工，作同一之事，断无抵制之可言，此包装法之急宜改良者也。

············

毫不加以注意，长此以往，不但茶质日劣，不能争胜于各国，茶叶之产量，亦有日趋减少之势。园户之不利，即茶商之损失也。是宜由茶业公会延聘种茶专家，巡行产茶区域，轮回演讲上列各项方法，实地指导，如园户有奉行勿坠者，必能产量增多，而品质优良，得实际之利益，自易观感而风行，此种植法之急宜改良者也。

至于园户之经济，多感困难，茶商之实力，较为宽裕，故必有互助之精神，进行方可顺利，如资金之通融也，消费之供给也，皆宜以薄利主义，协力合作。若能茶商与园户之关系日见亲切，则茶商与园户之卖买自然组合，而一切茶贩之朘削，茶行之费用，两方均无所需，即省此中间之繁费，可以敷各项之所需而有余。茶商与园户，又何乐而不为乎？此又互助条件之万不可容缓也。

《休宁县农会杂志》1926年第4期

茶　学

安徽杨克明来稿

此稿草成后，旋因校中考期正急，无暇修正，挂漏错误，在所难免，惟望阅者对于斯篇，乐加诚正建设之评议，以匡不逮，则幸甚矣，明于异日改补完竣，更当为单行本以质诸海内同志也。

十四年十月十日克明识于宣州城北清梦斋

绪言

茶为世界盛行之饮料，亦为我国对外贸易之大宗，于国计民生，关系至巨。维近年以来，自日本、印度、锡兰等国茶业兴盛后，我国茶业在世界之地位日见低落。考日本茶种乃由我国传入，距今七百年前，日僧最澄由我国得茶之种子及制法，归国如法种制，是为日人饮茶之始。明治维新后，渐次输出，至今益见繁夥。在清宣统三年间，其输出总额已达三千二百八十三万余斤，其价约达一千四百一十六万六千余元，于是我国绿茶输出之前途，遂为日本所占有矣。印度虽有自生之茶树，然其采制之法，亦在一八〇〇年间自我国传入，迄今茶之输出额，已居世界第一位。锡兰于一八四二年，始由我国传入茶种。然萎靡不振，至一八七七年，仅出茶一千八百磅。至一八九二年，一跃而达七千万磅，进步之速，实足惊人。于是我国红茶之市场，遂为印度、锡兰所夺矣。由此观之，可知世界各国之茶种皆传自中国，故我国实世界茶业之发源地也，苟不急起直追，以图改良，岂不可痛。爰述兹编，以供有心茶业者之参考焉。

第一章　我国茶之小史及产地

（一）茶之小史

窃以为研究茶之栽培法，不可不先述我国茶之小史，俾国内茶业家知茶为吾国固有之名产，以愉快其精神，而企图改良其事业也。

我国为茶之特产地，早见史乘。发见者，始于神农，但饮茶之习，则始自周时，至汉乃行栽培，迄魏晋而大盛，但亦仅以茶之生叶煎蒸而饮，并不加以炮制也。降及唐室陆羽著《茶经》三篇，方行蒸制干燥之法，所制茶饼名曰团茶。临用而碾之，故又名碾茶。及元末明初，始有以手搓叶，入炉烘焙，而行煎茶者。于是茶之种类日多，制品亦日精，至清尤加进步。总计吾国自古迄今，关于茶业书籍，约有五十七种之多，此种书籍，在欧美固属甚少，即在日本，亦所出无多，然则我国关于茶业历史之价值，概可想见矣。

（二）茶之出产地

我国幅员甚广，自北纬二十四度至三十度之间，则皆可植茶，故如安徽、江西、江苏、湖南、湖北、浙江、福建等省，皆为产茶名区，兹表如下：

省名	地名
安徽	徽州、婺源、建德、屯溪、六安
江苏	苏州
江西	修水（即义宁）、永水（即建昌）、武宁、龙泉（即遂川）
浙江	杭州、温州、宁波
福建	武彝、安溪、宁洋、北溪、福宁
湖南	安化、桃源、长寿、平江、高桥、云溪、湘潭、浏阳、醴陵
湖北	羊楼峒、崇阳、咸宁、通山、宜昌、鹤峰

此外广东、四川、甘肃、贵州等省皆产茶，而云南之普洱茶，广西之六同茶，亦茶中之精品也。由是以观，吾国宜茶区域之广大可知矣。

第二章　茶之功用及要素

（一）茶之功用

茶之为物，可以助消化，提精神，而且清香横生，故宾朋谈心，足增兴趣，清斋独坐，可助文思。而勤工劳农于疲倦之际，清茶三碗，可以恢复其精神。是以世界嗜茶之风，日盛月增，良有以也。他若种子以榨油，供燃料，及妇女装饰品等用，乃其附产而已。

（二）茶之要素

茶之要素，由化学分析之结果，可得三种，如下：

（一）茶素，乃一种阿儿楷路特（为植物性盐基），有刺激神经而使其兴奋之作用，然其量少，则有医治疲劳之效。纯粹之茶素带苦味，具白绢之光泽，呈细线状，有剧毒，幸茶中之含量甚少，故不至为害，反有兴奋之作用也。

（二）单宁，为使茶带涩味之成分，此物亦于他种食品中多不存在，故可与茶素共为茶之特异成分。而茶素与单宁，俱能溶解于温水，若于茶叶注以热汤，即有多量之单宁浸出，涩味甚著，竟至不堪入口，故浸茶须以摄氏五十度乃至六十度之水为适当。大概茶之优等品比下等品，为富于茶素及单宁之量。此因茶素及单宁，多含于茶之嫩叶中，而上等品自嫩叶制出，故含量较多也。

（三）挥发油质，茶之香味全借此质，油质愈多，香味愈佳，此油本存于叶之内部，其味不显，但经烘制搓揉后，则放香味，故茶叶必密闭收藏，不然，此油渐散，茶味随之不良矣。

第三章　茶之出口状况及失败原因

（一）华茶出口状况

回溯一八九〇年华茶之盛，占世界制茶输出总额之百分之五十点九，计二亿五千万磅，乃观于前二年（一九一九）之华茶衰况，仅占世界总输出额之百分之十点八，计九千二百万磅。究其原因，约有数端，墨守旧法，提倡乏人。故不能以科学之方法，从事于栽培制造，以与后起之印、日等相竞争。更以贩卖组织，未经具备，以与彼之注全力以宣传其产品者，相争于输入之市场。加之民国以来，内争未息，百业凋疲，茶业亦因之受其影响。又值欧战时，各国因经济及海关输运之关系，输出停滞。欧战未终，继以俄国之革命，而我国对俄以茶输出品占重要之位置者，骤遭打击，向称华客之俄商，亦未暇闻问。欧战息后，因战事而及于世界金融界之影响，未易回复。且俄国当时又因外国之封锁，内乱又纷纷未已，于是华茶对外贸易，更有江河日下之势矣。今据《海关贸易册》出口表列如次：

年份	数量（担）
民国元年	1 481 700
民国二年	1 442 109
民国三年	1 495 799
民国四年	1 782 353
民国五年	1 542 633
民国六年	1 125 535
民国七年	404 217
民国八年	690 255
民国九年	390 906
民国十年	430 528

由上表观之，可知年来出口茶势之逐渐减退矣。

（二）世界产茶出口状况表

（单位：磅）

国家和地区 / 年份	印度	锡兰	日本	中国台湾（日据时期）	爪哇
1912年	290 000 000	200 000 000	40 000 000	30 000 000	60 000 000
1913年	270 000 000	190 000 000	30 000 000	20 000 000	70 000 000
1914年	280 000 000	190 000 000	40 000 000	20 000 000	80 000 000
1915年	290 000 000	220 000 000	50 000 000	30 000 000	100 000 000
1916年	300 000 000	230 000 000	60 000 000	20 000 000	100 000 000
1917年	370 000 000	200 000 000	70 000 000	20 000 000	80 000 000
1918年	530 000 000	180 000 000	50 000 000	30 000 000	70 000 000
1919年	380 000 000	210 000 000	30 000 000	20 000 000	120 000 000

年份 \ 国家和地区	印度	锡兰	日本	中国台湾（日据时期）	爪哇
1920年	370 000 000	180 000 000	30 000 000	20 000 000	110 000 000
1921年	—	170 000 000	20 000 000	—	—

（三）失败原因

华茶失败之原因，不止一端，而其最有关系者，厥为"栽培""制造"及"贩卖"三项之不得法。兹分述如下：

（甲）栽培方面

墨守成法，为我国农民之劣性，我国种茶事业，已数千年于兹，而栽培方法，少有改良，以图进步，成败优劣听诸气候、土质之良否而已。夫如此，安可与利用科学方法考求土质、选种、耕耘、肥料、剪枝、摘叶、病虫害等事者，所能抗争乎。此为失败原因之关于栽培方面者也。

（乙）制造方面

茶之品质，与制造方面法关系甚大。无论红茶，绿茶，均须形状、色泽、水色、香气、味，五种俱佳者，始为上品。外人对此皆应用化学原理，日夜研究，故出品之良，远过我国。试回观国内业茶者，犹复故步自封，不特乏科学智识，而各产茶地之制法，各自为政，制品良法全恃毕生之经验而已，且也不讲卫生，揉检用足，充杂假货，自损声誉，遂使与我竞争者，排挤毁谤，有所借口，幸我国天赋独厚，茶叶具有自然特质，故以红茶论，单宁之含量少，且香气与味尚优于印、锡，然水色则不及远甚；绿茶亦仅此二点可以自恃，水色等则不及日本，故尚能维持现在之地位耳。此为失败原因之关于制造方面者也。

（丙）贩卖方面

我国茶商对于贩卖方面之缺点甚多。列举如下：

（一）饰伪欺人，不讲信用。

（二）不能直接贩卖于外国，又不知外界商情。

（三）无团结力纠合大资本家，而成立大公司。

（四）关税厘卡，层层剥削，使茶之成本加重。

（五）包装不良。

（六）不知利用广告。

（七）水陆交通之不便。

以上七因，为茶业失败之关于贩卖方面者也。

（未完）

《农事月刊》1926 年第 9 期

茶学（续）

杨克明来稿

第四章　茶之植物学观

（一）分类

从植物学上观察之，茶属于山茶科（Theaceae），种类繁夥，今据瓦特氏 Watt 之分类，茶有四变种如下：

（一）佛里叠司变种（Frettere Varitie），此变种为乔木，叶巨大，更有六种：

（甲）阿沙姆印叠近司（Assam indigenans），野生于印度阿沙姆州，叶长六七寸，阔二三寸，中央叶脉之两侧，各有十六支脉云。

（乙）路香伊（Pushai），在印度茶树中，叶为最大，长达一尺至一尺二寸，阔七寸半，支脉二十乃至二十四本云。

（丙）合瓣（Nigou），叶细长，长可六寸至九寸，阔二寸乃至二寸半，支脉之数自十六至十八。

（丁）蛮尼破儿（Mainepae），在印度蛮尼破儿地方之野生茶，本供本村用，近来栽培之以制茶叶，叶阔而粗糙，长六寸乃至八寸，阔二寸半乃至三寸半，支脉二十二本。

（戊）缅甸（Mandalag），在佛里叠司变种中，叶最小而厚，叶缘锯齿尖锐，可如蔬菜以供食用。

（己）云南（Yunnan），产于云南及中国南部，叶大，较薄海河变种大至二三倍云。

（二）薄海河变种（Bouhaio Varietes），印度地方茶之栽培家称谓普通杂种茶，盖佛里叠司变种与斯出立克太变种之杂种也，叶小，支脉十二乃至十四云。

（三）斯出立克太变种（Strict Varietes），印度茶之栽培家谓之中华茶，茎干短小，灌木状，虽任自然生长亦不能成乔木。叶长一寸乃至二寸半，阔十六分之一寸乃至四分之三寸，叶厚，支脉之数在八条以内。

（四）拉细恶揩立克司变种（Rassio Glics Varieties），栽培于拉揩（Marark）、奔米（Burma）等炎热地方，或谓系佛里叠司变种之杂种。

据以上之分类，吾国一般所栽培者属斯出立克太变种，而云南所栽培之大叶乔木茶，则属于佛里叠司变种。吾国野生之山茶，大约亦斯出立克太变种，叶肉薄，而形短小，收量虽不丰，而香味尚佳。

（二）性状

茎干。茶为常绿植物，其茎干普通为二三尺高之灌木，亦有为乔木高远二三丈者。

叶。叶为互生，长椭圆形，周缘有锯齿，长二三寸，阔一寸左右。叶芽于秋季自枝之叶脉生出，初称为发育，冬季停止生长。

花蕾。夏季自叶腋发生花蕾，秋季开花，数日后而凋。

花。花为青白色，五萼，三瓣，雄蕊多自百八十乃至二百四十，雌一本柱头三分。

种子。子房有三室，各室藏一个或二个之种子，但亦有达三个以上者。花凋落后，果实不即发育，春暖后，开始生长，十月成熟。果实充分成熟后，果皮开裂，种子脱落。

根。主根深入土中，普通达数尺至一丈者，而枝根在地面下五六寸处最多。

（三）品种

茶之品种，可分四种，述之如下：

第一，印度种。此种茶树，印度、锡兰植之最多，为印度自生之种，呈灌木及乔木状，叶形颇大，长达四寸至六寸，亦有至八九寸者，生于 Assame 原野，故有是称，叶色甚淡，多生稚叶，叶脉细而且柔，硬化亦迟，开花结实亦少，性强健，以叶制茶，其味甚强。

第二，中国种。此种茶树，栽培甚广，叶形视 Assame 种小。日本之茶，概属此系。

第三，华、印中间种。此种茶树之性质及形状，恰居华、印二茶之间，故谓为华、印杂种。其性质虽弱，而香气则甚高。

第四，皋卢种。此种日本谓之唐茶，生于中国暖地，出芽不多，而有苦味，惟香气尚佳，故日有以之制红茶者。

第五章 栽培法

（一）气候

（一）温度。茶为半热带地方原产，低温不降至零度以下，高温不升至摄氏四十度以上之处，生长最宜。大概温度高之地方产者，香味良佳，温度低之地方产者，品质收量俱劣。但温度过高，亦不适于茶之栽培，故热带茶园，多在山中，有名之泰靳林茶园，在海面上七十平方尺之处云。

（二）雨量。对于茶之生产上，次于温度者为雨量及温湿气。印度最有名之产茶地，为阿河姆乃全世界雨量最多之处。而锡兰等骤雨多者，产量亦多。其余有名之产茶地，亦必在河旁，或在湖边，因河水湖水足使大气湿润故也。夫空气湿润，雨量饶多，受太阳之照射时间短少，何以对于茶之生育上，反有利益乎？据日本吉川氏之说，茶之生长，固须一定程度之日光，然就品质上则日光照射，宜有一定限制。如品质优良之茶，特别加以被覆，即其证据。而空气湿润，在茶叶之化学成分、物理之性质均有关系，即可使单宁少而叶肉柔软是也。但地中有停水，或土壤过于湿润，均为不利，故以地势倾斜高燥之处为佳。

（二）土壤

欲使茶树遂完美之生长，不可不选其地焉，兹将茶园最良土性约举于后：

（一）表土宜于柔软且须稍深。

（二）宜有粘力而不团结，内须含有砂石及树枝叶等之有机物者。

（三）能保存湿气且又利于泄水者。

（四）底土不宜有铅铁等矿，表土又须无火山灰者。

（五）下层土壤不宜滞有地水，而其水分分布，又要全面均一。

（六）土壤化学成分之中，富有机质类，而空素、磷酸、石灰三者成分尤宜多有者。

（三）繁殖

茶樵蕃殖之法，约有三种，即实蒔，压条与插木、接木是也。而普通所行者，则实蒔是矣，兹分述如下：

（1）实蒔法

（A）采种法。从来采叶之茶园，树势集中于叶芽，常有不开花不结实者，故宜特设采种园。大抵采种茶园，其栽植施肥等法与普通茶园同，但不剪枝，任其自然。自播种后六七年间，每年于十月以至翌春一二月时，皆继续开花。若欲得良种，则十月以前及十一月以后所结之实，悉可摘去。而十一月开花者，使之完全结实。至明年秋季，概可成熟，成熟之种，外呈灰色，内则变黑褐色矣，茶种一颗含实若干，未有定数，少则一二粒，多则四五粒，而通常含三粒者多，世用之以为种实。

茶之种子发芽率弱，每百粒发芽者，不过二三，故选种宜慎。凡重大之种子，表皮带暗黑色，无皱纹，其形圆满，上无害虫之损伤者佳良，可风干后，埋于砂土中，待翌春取用。

（B）直播及移植。利用种子繁殖，有直播与移植二法。吾国与日本多行直播，而印、锡各地则盛用移植法。

（a）直播法

播种期。茶之播种早晚，因风土而异，通常则以三月初旬至四月中旬为最良之期，此乃对于贮藏种实而言，然亦有不贮藏者，于秋季自树采下即播于土，此法自播种以至发芽之期，所须日时颇长，故在寒地，有罹寒害，甚称不利，而于暖地略可行之。

播种量。播种量以丛株数多少为准，大抵每亩七分之地可植茶八百，每丛株种量自十粒以至二十。二年以后，留其良苗，发育不良之物，及其变异之种，则可拔去之。

播种法及其保护。其法不一，可分条播、点播二种。

条播。条播法有一列式、二列式之列，一列者起土作畦，畦阔三四尺播下茶种一列；二列者适大规模之栽培，畦阔五尺播下茶种二列，每隔二三寸，以互播之，发芽后适度间拔，株间相距四五寸。此法较点播法，所需地积为小，但收量木表少也。

点播。点播法，分轮播、四角播、三角播三种。轮播法以设畦五尺，其畦之上，相距四尺，点播使成圆形，直径约在一尺内外，循圆周播下，每圆形下种二十粒许即足。然此法当中耕时，颇有不便，故近年以来改为四角播。四角播者，亦设畦五尺，其畦之上，相距三四尺许点作成正方形，其面积之大，以一尺平方为度，每逢四隅播种五六粒许即可。又有三角播，其法与四角播相类，所异若则于三角顶点独之耳。

播种时于下种之处，掘土深约一尺，施以堆肥、人粪尿等，薄覆以土。茶种播下，更覆细土一二寸，上布藁类。

畦之方向，务使日光照射均等，宜向东西。但茶园常利倾斜地，至二十度，则畦方向，与倾斜方面成直角也。

（b）移植法

移植较直播，手续繁杂，茶树又难活着。但热带地方，气候酷暑，土壤蒸发极盛，若播种之后，不逢降雨，则种子难于发芽，即发芽亦容易枯死，且热带常有暴雨，使种子流失。又有一种害虫，专食茶苗。故不如先播之于狭小面积之苗床上，各种管理，均可周到，待发育之后，移植于本圃中，较为妥善也。且印度、锡兰之习惯，点播时每穴仅植一株，故便于移植。

育苗之法，择土地肥沃，灌溉便利之处，辟为苗床，阔四尺内外，于十一、十二月播种，每株隔五寸左右，覆土约深一寸，待苗伸出地面，宜被覆之，每夕灌水，至翌年五六月间移植可也。茶树移植时，最宜注意之处，均不可使主根弯曲，但定植时颇为费事，故不如切除之，移植之深度及枝之扩张，均与在苗床时同。移植之适当距离，普通四尺平方一株，近年来有行三角形植者。

（2）压条法

此法用于繁殖良种，每当冬季十一月时，以未满二年之母树，用刀切根可自枝条生出，于是由母树切断，以移他处，当行压条之时，施以腐熟堆肥，及至夏季以稀薄水肥施之。经一年后，则于每枝之上，可发根大小百木，其长约在二三寸内外。

（3）插木及接木法

夫茶之插木，原属至艰之事，每遇特别品种，欲谋增多，则不得不用是法。其法以春季温暖茶芽发动之时，则由茶树将其枝条切下，长约二寸，用以为穗，以锐刀将穗斜行切去，枝上之叶，亦宜切去三分之二，插于苗床，其床之西，须设日覆，又须时时灌水，如此若恐干燥，则以赤色粘土，作成泥团，以茶穗插之，埋于苗床，最为安全。

接木法尚在试验时代，若施术得宜，亦于改良品种之上大有利益。其法所当注意之要件如下：

a.砧木须经数十年者，于土中五分处切断。

b.接穗宜采前年秋芽之最早发出者，长可二寸内外。

c.接木时期在三月下旬腋芽发育之时。

d.切断砧木及接穗时，须用锐利小刀。

e.已接茶树覆土五分使其接合全部，存于土中，以防干燥。

f.接穗上所附着之叶，须剪去三分之二。

g.既活之株，其腋芽在伸长时，则去其覆土，使芽露出。

（4）茶园开设

茶树乃深根植物之一，其根深入土中，当整地时，宜深耕之，以促其根部发育。其在熟地固毋须此，若在新开山野及硗确瘠地，初须掘地一尺四五寸许，以腐熟堆肥和之。而砂地及轻松土地，则宜更变其方，以瓦片及石砖等实诸土中，以防直根伸长过长，徒使枝根发育也，设立茶园，不必平地，急斜地及山腹斜地，均无不可。至于方向，则以东南东西开朗，南方倾斜者极佳。北斜及西斜晦阴之地，生育不良。其设畦时，作为横行，若斜倾过急之地，其表土多洗涤之虞。每离丈余，须设土堤，以避斯患，播种之法，可自行择定之。

（四）耕耘

茶树之耕耘，其回数之多少，不但关于经济，且有时反多失新根，而茶根大被其害，兹述耕耘之方法如下：

（一）浅耕。分四回如下：

第一回，在于发芽前三月中旬，将土耕至三四寸，细碎其土，前有之畦，锄之使平。茶株之侧，作为土沟，施以堆芽肥料，以防寒时所集茶株之土覆之，使全园无分高低，皆为平坦。此期耕作，意在除去杂草及改良土壤理学性质，兼以施肥者也。

第二回，因第一次摘茶时踏实土壤，以铁耙耙起，使其土块疏松，其目的在吸收之力，破坏毛细管引力以防水分蒸发，且促其肥料分解也。

第三回，于九十月间行之，此时适行施肥，故锄松土壤，以便于肥料之渗入，并刈割杂草。

第四回，于冬初行之，则畦间之土，集于根端，并施寒肥，盖所以保护茶根，不至感受寒害也。且根在土中，可预吸肥分，储蓄势力，以供来春发生新芽之准备。

（二）深耕。茶树为永年作物，久生于地，若不深耕，则难免土壤固结，空气不通，而害其生长矣，但行之不当，则反有害。

深耕时期。深耕时期，则自十月下旬至十一月下旬之际，值茶芽发育将止之时，行之最善，若过此期，则寒气渐增，若使深耕，则地下温度反为降下，茶根必被冻毙。若于降霜以前，施行此法，其时气温甚高，又适秋芽发育之中，必阻发育，益少害多，行之无大效果。

深耕位置。深耕位置，以茶枝直下为准。若失于近，则害生育，远则其效甚少矣。

深耕深浅。其在普通土壤，茶之枝根，多存于地下一尺六七寸处，须根亦于是处为多。故其耕耘之度，宜自一尺六七寸以至二尺内外为善，过此则益少劳多矣。

深耕方法。行深耕时，先以富于养分之表土及落叶、尘芥等物，置于茶株一方，又将掘起底土堆于他方，如是则将枯叶及虫巢等大行扫除，扫毕则将堆积之表土及扫除所得之尘芥等，先行埋下，然后以底土盖之，使其底土俱受风化作用，且同时施以寒肥可也。

（未完）

《农事月刊》1926年第10期

茶学（二续）

安徽杨克明来稿

第六章　肥料

（一）茶树与肥料之关系

吾人种茶与他种植物少有不同之点，盖茶为需叶作物，若想收获丰富，则不可不多施窒素肥料。且茶为常绿灌木，根入土深，枝叶之发生、细根之吸肥，四季不断，故种茶土地，消耗甚大，对于肥料须特别注意也。

（二）施肥之分量

夫欲决定茶树需肥多少，固不能以一地例之，必以其肥料价格之高低，与其地土地、气候及茶树年龄之如何为断。今以日本之静冈农事试验场茶树试验之成绩观之，则可知肥料施用之多少与茶之收量上有若何关系也（该部试验之窒素，以硫酸安母尼亚为主，其他之成分，以之过磷酸石灰及木灰以补给之）。

窒素肥量	收得茶量
（一）窒素一贯	139 贯 324
（一）窒素二贯	158 贯 514
（一）窒素三贯	176 贯 724
（一）窒素四贯	187 贯 191
（一）窒素五贯	187 贯 250
（一）窒素六贯	198 贯 270

其供试品之硫酸安母尼亚每贯价五十钱，过磷酸石灰十六钱，木灰四钱，则其支收之数，如下所示：

区名	肥料价格(元)	生叶量(贯)	干叶量(贯)	收入总计(元)
第一区	7	139	35	87.50
第二区	10	158	39	97.50
第三区	14	176	44	110.00
第四区	18	187	47	117.50
第五区	22	187	47	117.50
第六区	29	198	47	122.50

茶之价格，每贯平均二元半为准，是则所施肥愈多，其收益愈增也明矣。又据日本古在博士之研究，其生叶三要素之量如下（生叶平均成分）：窒素1.3%、磷酸0.2%、加里0.6%。

依上表设采收之生叶为二百斤，则茶园所耗失之三要素如下：窒素2.6%、磷酸4%、加里1.2%。

但土壤中消耗肥分与茶之吸收肥分其量不能一致，故施用肥料时必须加入计算也，其算式如下：

被吸收率 = 收获物中所含之量/施用肥料总量 × 100

（三）施肥之时期

茶树在播种之初年，无须施肥，至二年春秋二季，各须施人粪尿一次。自第三年起，则每年须施肥六次。第一次于春季发芽前施以人粪尿、油粕、米糖等谓之芽肥。第二次在摘茶期四五日前，施以人粪尿等类，谓之着色肥。第三次施肥则在第一次摘叶后。第四次施肥在夏季行之，此期以绿肥为主，堆肥、油粕等副之。第五次施肥在秋冬之交，将土深耕，施以绿肥、堆肥、油粕等。第六次于冬季施以人粪尿，谓之寒肥，盖所以防寒者也。

（四）施肥之注意

（一）施肥。春冬二季宜深，夏秋二季宜浅，尤须不伤茶根为要。

（二）肥料应选价廉而肥效大者用之。

（三）施肥时应当观察树势之强弱，加以注意，务以平均为要。

第七章　管理

茶自发生以后，遇有杂草，必须除之使尽。当旱魃之际，必灌以水。及至冬季，则又须设防霜、防寒之装置。又自茶种播下，有于株间行作者，则于第三年止，以后不可行之。畦间土壤若有固结，当早春时，以铁耙掘起。冬季将至必施寒肥，又以畦间之土，壅于株下。五六月间，剪枝既终，于是复以株下所集之土，散于畦间。兹将各项手续，分述如下：

（一）断根及截干

茶自栽植以后，十年之间，必渐衰老，所得茶量，亦大为减退，于是行断根、截干二法，以谋恢复其树势焉。断根法者，自茶树枝端直下，相距五寸之处，掘一小沟，其深在一尺五六寸，用剪将根断切，以掘上以表土及堆肥尘芥等实其大半，所余掘上之底土，曝于大气，使受风化作用十日，复以此土覆诸其上。行此法，必在十月下旬以至十一月上旬，降霜将至，茶树伸长休止之时，最为便利。

截干法，于深耕时行之，其法自地上七八寸处，将茶树本干及其枝条俱以剪剪之，于是盛发新枝，至第三年，便可由此摘叶。

（二）剪枝

茶自第四年春季，即行剪枝之法，其目的在整顿树形，通透阳光，改良品质，增加收量。其法不一，有圆形、山形、角形、弧形之别，而弧形剪枝，尤为人所称道。剪枝高低，通常自二尺五寸以至三尺，而在积雪极厚之地，非低刈之，则枝条易于折毁。剪枝时期，在第二次摘叶后即须行之。唯于初年剪枝，则在第一次摘采以后，以其长短不整之枝，稍加剪定，以期形式整齐而已。但其寒冷之地，降霜较早，迟剪则有碍秋芽之发生，是以于第一次摘采以后，则行剪枝。兹述弧形剪枝之方法如下。

弧形整枝之方法其完全树形二尺五寸至三尺内外为适度，即自第二年于主干离地五寸至一尺处剪断，令分为四五枝之枝干。至翌年春于枝干上四五寸处剪断之，使各枝上再生四五本之小枝，长亦四五寸左右。至第四年又在此各分枝之部，约四五寸处剪定，最为良法。

但普通剪成弧形之方法，即由种子播种后，三四年间，任其生长，至四五年乃为平剪，使成倒三角形，以促四方侧枝之发生，然后再为修剪即成弧形矣。

（三）作栅

日本玉露茶与砖茶园等，在采摘以前，须造茶栅，是谓茶栅园。其法自四月上旬，以竹为栅，上盖以簀，昼则收卷，夜则盖之，至芽长一寸，叶开三四枚，则可全行盖之。及至四月下旬，茶栅四方亦以席围之，不使日光直射，及至五月上旬，芽长一寸七八分，叶开四枚之时，又复于簀上载以稻藁，其后若遇雨一二次，则茶色甚美，无雨则用人工灌水，其叶亦良。当摘叶之际，务须先去所覆之藁，其叶摘去，有去其簀，于是可行剪枝之法。

第八章　采摘

（一）时期

茶树当播种后第三年时，枝叶繁茂，纵可摘叶若干，而实则在于整顿树形，所得叶量，究属不多。至第四年则可始行普通采摘之法。摘茶时期，自五月上旬以至中旬之间，当新芽开放四五枚时，即可采摘第一次茶芽。又经一月，可行第二次摘叶。自是之后，将枝剪之，使其复发新芽，及至夏季，第三次摘茶，即可着手，但此次仅就树势强健、顶芽发育良者摘之而已。

（二）收量

每次摘茶所得之量，各有不同，第一次逊于第二次时所获之量，而第三次不过第二次时所得之半。至于每亩收量，亦因年龄而不同，在第四年每亩收量，可得十二斤左右。至第五年，茶株形式亦渐整齐，所获茶量亦得增加。至第六年可得生叶四十斤左右，第七年可得生叶百斤左右，第八年可得生叶三百斤左右，第九年可得生叶九百五十斤左右。至第十五年后，则次第减少其收量矣。

（三）方法

摘茶以拇指之爪与食指之腹摘之。若制上等之茶，则只采茶三叶，其老者则可不摘，又可不必伤及下叶腋芽。摘时宜择晴日行之，当摘茶时，肩垂以篮，摘采之叶，入于篮中，篮满则移于阴下大篮中，以湿布盖之，防其干燥。通常午前以至午后二时所得之叶，则为当日制茶之用，以后所得者，留之翌日制造可也。贮茶之法，晴日置于屋外，雨日置于屋内，散于席上。

（未完）

《农事月刊》1926年第11期

茶学（三续）

安徽杨克明来稿

第九章　病虫害

（一）病害

（一）茶白星病（Phyllosticta Camelliae，Westend）。本病无论新叶老叶均发生，而以嫩叶嫩芽幼梢为尤甚。叶面初生针头大微细圆形紫褐色斑点，后病斑变黑褐色，终变灰白色而生小孔，病叶致于枯死。幼芽及嫩叶之病甚时，树之发育不良，势力衰弱。除冬季外，本病无时不发生，而尤以霉雨时期为甚，以病叶制茶，形状色泽均不佳，品质劣，且无香味。

防除法，施用波尔德液、曹达波尔德液、木灰汁等皆可。

（二）茶叶肿病（Exobasidium Vexans）。此病生于叶上，初为微细斑点，作姜黄色，内部变为蔷薇色或褐色，周围绕以青白色，环状病斑在叶表者凸出，在叶里者凹陷，又在上面病斑内生羊毛状霉，初白后黄，病状剧烈时，则叶里面亦生此霉，乃由ExobasidiumVexans变生所致也。

防除法有三：施用波尔德液、摘弃病叶、秋冬间严行剪枝。

（二）虫害

茶树之害虫有卷叶虫、蛄蝼、避债虫、浮尘子、蚜虫等。
防除法：
（1）冬季扫除落叶，烧弃杂草。
（2）采叶及捕杀幼虫。
（3）喷洒二十倍液石油乳剂。

第十章　制茶

制茶方法，中外不一。我国向用人工制造，每人每日不过制茶三四斤。日本及印度、锡兰等处，因利用机械，每人一日可以制茶三四十斤。相差之数，竟至十倍，此亟宜改良者也。兹将本国茶制法及日本茶制法，述之如下：

（一）本国制法

茶叶采后，宜置室内略为风干，入铁锅炒之。锅比饭锅略浅，口径大可一尺五六寸。炒时，铁锅须烧到极热，取生叶一斤，入锅炒之，用手频频翻动，使作蝴蝶飞，约四五分钟，叶变柔软而止。用丝瓜络把茶起出，置于竹制台上，用数人搓揉，使叶翻卷，流出汁液，约五六分钟，即薄铺竹箔上，使时时干燥，所需时间之长短，悉视天气为准，其必须阴干者，则为保存软性之故。由是慢火再炒，用手剧烈翻动，不可稍停，若至温度太高，不能下手时，则代以竹扫，至叶片绞转为止，随取出拣选，便可装箱，此为青茶制法。若制红茶，搓揉后延长阴干时间，至二三日之久，故茶叶得从容发酵，一变其青淡之色泽，而具特异之茶味矣。

（二）日本茶制法

（1）绿茶

（一）煎茶制法。煎茶制造时之操作，分为"蒸凋""搓揉及干燥""精选"三回，各述如次：

蒸凋。蒸凋之目的，在使生叶失弹脆两性而易于搓揉，同时使发生特有之香气。其法将摘取之茶叶，用竹筛除去其尘芥，然后送入蒸叶场，蒸叶场有灶釜、蒸笼及冷台等。每生叶半斤许盛入笼中，置于沸水釜上蒸之，以竹箸搅拌二三次，叶次第变为蓝色而软化，粘着于箸上，此时将蒸笼取下，移于木制冷台上，以扇煽之使急冷却，入浅笼中而运于焙炉场。

搓揉及干燥。运送焙炉场之蒸叶，每次以六斤许置入焙炉上，再反复搓揉而干燥之。焙炉通常纵三尺，横五尺五寸，高二尺二寸，底部幅四五寸，长三尺，其状恰似长方形之漏斗，内部坚涂粘土，积入木炭约十斤，俟其半分燃着时，烧藁少许，使其灰覆于炭火上，炉上张设铁条数本，载以金属网或铁板，其上置焙炉箱，中入蒸叶。焙炉箱为木制之框，底面张以厚纸，其大小适合载于焙炉上之用，搓揉手术之巧拙，与制品之优劣大有关系。而搓揉之法，各地方亦有多少之差异。兹将其顺序、方法、场所、温度、时间之大要，表示如下：

顺序	方法	时间	场所	温度(华氏)
露切	将蒸茶上下左右反转搅拌而行干燥	十五分	焙炉	百二十度乃至百七十度
叶打	以掌打击重叶与包叶等而行干燥	十五分	焙炉	
回转揉	将蒸叶速左右回转搅拌	四十分	焙炉	
散中切揉	将蒸叶稍强揉于两掌间	十分	焙炉	
中场揉	将蒸叶取出强烈压揉而为固块	十分	揉板	
振揉	解蒸叶之固块以二手强揉而使之散落	五分	焙炉	百二十度乃至百六十度
中切揉	以左手在下右手在上而揉蒸叶	五分	焙炉	
含揉	将掌放松而将干叶整取上于揉箕	十分	焙炉	

顺序	方法	时间	场所	温度（华氏）
任上揉	将干叶移于扬炉干燥而徐揉之	三十分	扬焙炉	七十度

精选。干燥搓揉已毕之茶，纳入于亚铅制之箱中，闭时取出而行精选，以供贩卖之用。其法先用细目筛筛别，并以掌轻压之，使叶柄分离，同时适宜细切，以筛分其大小，次以箕将粗恶之叶及粉茶等分离，更焙炉上干燥一次，再依前法贮藏之。

（二）玉露茶制法。玉露为煎茶中之最良者。欲制玉露茶，须于春季发芽之先，约一个月许，在茶园设立竹棚，发芽前二周时，以箦覆盖茶树。发芽前一周时，于箦上敷藁，使茶树全不触日光，此称为覆下园，如是则茶芽伸长而柔软，故至其适宜伸长时，摘取三次以供制造，制法亦与普通煎茶无异。

（三）碾茶制法。碾茶亦自覆下园之叶制出，其蒸叶与冷却虽与煎茶无异，然搓揉及干燥则全异，不用焙炉箱，而于竹网上敷以厚纸，上扩置蒸叶一斤余，以竹制之器搅拌之，稍干燥之后，自炉取出，以箕分除其黄色之茎叶，后入纸箱，置于焙炉上所设之棚，而使之全行干燥，或移入练焙炉，用文火使之十分干燥，碾茶不行搓揉，其焙炉场密闭，使室内之温度非常增高，干燥之叶，用筛筛其片碎，去其叶脉，选取其色最浓之部分为浓茶，其浅余者为薄茶，分别贮藏，于使用之先，以臼碾为细末。

（四）番茶制法。番茶为下等品，以第二次第三次摘取之稍老茶叶制之，茶芽蒸后，少行搓揉，干燥之即成，其蒸叶之际，有不用热釜，使生叶凋萎者，又干燥之法，有不用焙炉而在日光中干燥者，此皆节省生产费之法也。

（2）红茶

红茶制造之手续，分为凋萎、搓揉、发酵、干燥四段。

凋萎。将采取之茶叶，铺于席箦等上，曝于日光，使之凋萎。而其凋萎之程度，以茶叶失其弹力，握于掌中，不发微音，虽展开之，不能复叶芽之旧形者为度。其重量比较生叶，大约减少百分之三十乃至百分之三十五，而其所需之时间，依叶之软硬、水分之多少、日光之强弱等而异，大约一时间内外，即可凋萎，若遇雨天，则铺于室内，以火力增高室内之湿度，而使生叶凋萎亦可。

搓揉。凋萎后之茶叶，入于麻布制成之袋中，以足蹈而揉之。如在大规模之造制，则载于横穿多数小沟之搓揉台，以有柄之物而行搓揉，或有用动力运转之搓揉器者，要之搓揉之目的，在破茶叶之组织，而使其煎时容易浸出其成分也。

酸酵。搓揉即终，解离其块，在日光下曝晒片时，贮入箱或桶中，上覆以布，置于暖所而使之酸酵，此际温度须升至三十度乃至三十二度，凡三时间内外，茶叶失其绿色而带红褐色，此即为酸酵适度之证，茶之青臭消失而发生一种香气矣。

干燥。酸酵终后，取出而碎其茶块，铺于纸上晒干，时时搅拌，使其干燥均一，凡经一时间半可晒干。再用篮焙炉行火力干燥，篮焙炉为高二尺四五寸，直径二尺之圆筒形竹篮，中央部稍细，支以竹编之中篮，于地面上掘穿浅穴，中入炭火，载焙炉于其上，入茶叶于中篮上，时时反转，令其干燥，然后筛选之，有白毫（最上品）小种、工夫、武夷（最下品）等名。

（3）乌龙茶

乌龙茶制造之手续，分凋萎、熬炒、干燥三段。

凋萎。通常于直径八尺，深八寸之竹造大圆簸内投入生叶三十斤，以数人立于圆簸之周围，两手不绝将叶打击；次取直径三尺许之竹制小圆簸，分入茶叶二三斤，载于竹架上，约三十分间，使叶凋萎；再移入大圆簸而将叶打击，约三十分间后；又分配于小圆簸而置入架上。如斯反复行此操作三四次，至叶柄呈茶褐色，青臭减少，而佳香发生时，可从事于熬炒矣。

熬炒。通常用直径一尺七寸，深七寸许之平釜，豫先加热，投茶叶三斤许，上下搅拌，速行熬炒，使叶中之水分蒸发，即取出，行第一次之搓揉，其法入茶叶于麻布袋中，以足踏揉，约二分间后，将叶打击，而撒布于小圆簸上，再入釜中，约熬炒三分间，再入麻布袋，踏揉五分间，又将叶打击，且行第一次之干燥，即于直径一尺八寸，高八寸之篮焙炉上，设有筛之焙炉箱，撒布茶叶于上，以强火干燥三分间，直移于小圆簸，以手十分搓揉，而将茶形整齐。次用篮焙炉行第二回之干燥，更将数焙炉之茶，集于一焙炉上，用文火干燥之。

乌龙茶之特色，在其芳香，故芳香少者，有于制造中特加入黄枝花、茉莉花等之干燥体，以附加其香气也。

（4）砖茶

砖茶者，将茶紧压之使成砖状，故有此名。其材料用选别红茶时所生之粉末，或将下等红茶或绿茶细碎蒸之，乘其未冷却时投入型中，加以强大压力而压紧之即成，为茶中之最下等品，除西比利亚之俄人外，饮用之者绝少。

各种茶之组成：

茶名	水分	茶素	单宁	灰分	可溶物质	对于茶素之单宁量
煎茶	11.45	1.79	15.63	5.52	34.44	8.73
玉露	4.48	3.31	19.10	5.92	45.89	5.77
红茶	5.81	2.70	14.87	5.81	42.92	5.50
乌龙茶	5.80	2.35	16.15	5.78	43.51	6.09

（已完）

茶业会馆续争苏俄苛税华茶

呈农商部文

本埠茶业会馆陈兆焘等，为苏俄苛税华茶，特将苛征情形查明具呈农商部，请求转咨外交部，提出中俄会议交涉，取消苛税，重定最轻税率，兹将原呈照录于下：

呈为查明苏俄苛税华茶详情，请求重提交涉事。窃本年一月间奉到钧部五七号训令内开，前据该会馆电请向俄交涉，取消苛征华茶入口税等情。当经本部咨行外交部，并批示各在案，兹准外交部复称，查此案迭经向驻京苏俄大使交涉。嗣据上海、汉口、温州、徽州等处各茶商先后电呈，当以中苏两国所订协定，已载明相互公平为宗旨，现在中国对于苏联货物运华，并未特别加征，乃苏联政府对于华茶输入，竟课以特殊之重税，实与两国协定宗旨未符。当即备文，请苏联大使转达该国政府，在彼此订立商约以前，务须先将华茶输入税率，按照俄货来华税率征收，以符协定相互平等之旨去后。兹准苏联大使馆函复称：本国对于华茶，由中国边境或太平洋口岸入境者，非但无特别苛征情形（茶砖每一百启罗合拉抽三十罗布，其他之茶，则每一百启罗合拉抽一百一十罗布），且比较欧洲所定之所谓普通税率（茶砖每百启罗合拉抽六十七罗布，其他茶叶，每百启罗合拉抽一百四十八罗布），已经低不少。所以中国商人对于本国征收华茶税率情形，谓有不公平及苛刻之处，实无理由等因。除分函各交涉员转知各茶商外，咨复查照等因，令亟令仰知照，此令等因。奉此查中国红茶，经欧洲入俄每一百启罗约重二百四十磅，合中国权为一百八十斤，征收一百四十八元金罗布。每金罗布约华银六钱五分，平均每担约抽五十三两，经海参崴入俄，每百启罗征税一百一十元金罗布，平均每担约抽四十两以内。以上值百抽百以外，红茶砖经欧洲入俄，每百启罗征税一百一十七元金罗布，是每担约抽华银四十二两。此等茶砖值价十余两至二十两，是值百抽二百以上，此条尤为苛上加苛。经海参崴入俄，每百启罗征税五十二元半金罗布，每担约抽华银十九两。绿茶砖经欧洲入俄，每百启罗征税六十三元金罗布，每担约合华银十两零八钱。上列茶砖，值价约十两至十余两，亦值百抽至百外，苛征至于此极，互相平等之谓何？查俄货入华，值百仅抽五，相去判若天渊。伏乞钧部迅赐移咨外交部，提出中俄会议，按照互相平等办法取消苛税，重定最轻税率，以维商艰，而保国权，不胜感激待命之至。谨呈农商部。

《银行周报》1926年第10期

去年度中国茶业概况

蔡志清

　　茶为我国出口大宗，念年前运销欧美，数额甚巨，后日本、印度、锡兰、爪哇等接踵兴起，经营茶业，不遗余力，我国茶产销路因之锐减，有每况愈下之概。迨欧战告终，世界市场大势渐变，我国茶业颇有复兴趋势，华茶品质本极优美，经营者若能发奋改良，国外需求不患衰减，惟因在国外无自组之贩卖机关，直接输出，颇不易易。今由外人代为输运，因之动受掣肘，盖非特茶业如是，凡国产输出多假外人之手，深可叹也。去年红绿茶产量甚丰，惟因时局不靖，百物腾贵，山价过高，成本浩大。六月间茶市涌旺时，沪上忽发生罢工，颇受影响，但俄国对华茶需求盛旺异常，因之市价坚俏，始终不改，业此者无不利市三倍，其兴盛情形，为数十年来所未有云。

　　俄国自一九一九年革命后，境内骚乱异常，结果使世界茶业失一重要主顾。当欧战前，俄输出茶量，仅次于英，为世界第二茶叶输出国，革命后一蹶不振。而最近忽又插入国际茶叶市场，采购甚踊跃，将来全球茶叶消费量，或可因此恢复至战前情形。去年我国茶市，幸有俄商在上海、汉口及福州，竭力收购，市价因之抬

○四六

高。数年前，华茶输入俄国，必经英国，俄人需华茶，多向伦敦市场转购。近二年来，彼邦主张直接向生产国收购，如此手续既简，且可节省运费。尤有一点，则为政治上关系，苏维埃政府借此可与中国联络，故伦敦市场上，华茶数量大减，此后或将更形减退亦未可知也。观于近二年来俄人采购华茶情形，逆料此后需求，当继长增高。我国为应付其需求起见，似常谋扩充种植地亩，增加产额，否则供求不相应，市价必愈趋愈高，使欧洲及其他方面，裹足不前，则得不偿失矣。

综观去年，华茶产量及质工方面皆胜于前。汉口产额较前为丰，上海及福州则与前大致相仿。当六月间，新茶初开市时，发生罢市风潮，茶市及其他一切商业机关，停顿约达一月之久，情势极紊乱，经营出口业者，于输运方面，感甚大之困难。兹将去年红、绿茶交易经过情形分述如次：

祁门红茶，质极优美，各国多欢迎之，往年最盛时代，产额达十三万余箱。欧战期中销路呆滞，减至二万余箱，去年则八万余箱，较前年多四千余箱。近年来，祁门茶销售旺盛，业此者颇为踊跃，俄人为此中最大之主顾，需求殷切，山价因之抢高。成本浩大，高庄成本达八九十两，低庄六七十两，幸销场广阔，求过于供，售盘高至一百二十两，业此者获利甚厚云。

宁州红茶销路久已不振，业此者咸有戒心。去年春间，又天时不利，采摘时阴雨连绵，嫩叶毛尖，转瞬苍黄，于是出品粗劣，不堪言状，业此者无不垂首丧气。讵料俄国需要甚殷，四出搜罗，因之人心转坚，价格平均约六十四两左右，销路甚好，均能获利，诚意料所不及也。

温州红茶销路浅窄，市上素不重视，英、俄、美等处，嫌其味粗水薄，向不顾问。只孟买、荷兰、巴西等，取其条线尖细，色泽乌润，微有销路耳。去年成本过高，颇难获利，而产量仅七千余箱，于市面上无甚影响也。两湖红茶，去年产额达三十四万箱，与前年相仿，英国方面因存底甚厚。印度、锡兰方面，对此亦无大需求，幸有俄国需此甚殷，购去十九万余箱。其次等货品，德、美两方，略有需要，市面活动，且两湖连年微有折耗，故山价低廉。统观去年业此者，多有盈余，无不喜形于色也。

再述去年绿茶交易情形，路庄绿茶去年销路非常畅旺，尤以销摩洛哥之珍眉及秀眉，为首屈一指。去年珍眉，品质较前略有逊色，而开市售盘高至一百四十两，秀眉六十四两，市价之高，为从来所未有。绿茶本为摩洛哥之必需品，盖其地人民奉回教者多戒酒，以茶为主要饮料。近又因阿白杜尔克林之叛变，法军麋集其地，购买力骤增，因之输入华茶总额，较前年增至百分之三十。去年路庄除销摩洛哥外，其余销美国之无色大盘亦畅旺，扯盘五十八两，价高而销路畅盛，实不可多得。至于熙春，去年苏俄政府委托新泰行收买，总计购去达九万余箱，俄商销去七万余箱，孟买行销去二万箱，价由五十两高至八十四两，销售之盛，可见一斑。平水无色大帮，去年产额较前超过一万箱，因路庄市价飞涨，此亦随之而涨，又因熙春畅销，孟买行土庄从事收买，乃将平水加色改制，以应市上之需求，能均获利。综观去年茶业，除温州红茶外，无不获利，据此中人谓如此市面，实近年所罕觏，去年实为中国茶业最隆盛之一年也。兹将主要红、绿茶产额、交易数额及存货额，列表示之如下：

茶名	乙丑年	甲子年
祁门红茶	共到八万八千一百六十七箱	共到八万三千五百箱
宁州红茶	共到四万五千箱	共到四万箱
温州红茶	共到七千箱	共到一万箱
两湖红茶	共到三十四万箱	共到三十三万八千箱
屯溪绿茶	共到十二万箱	共到九万箱
婺源绿茶	共到九万箱	共到七万五千箱
徽州绿茶	共到七万箱	共到四万箱
平水绿茶	共到十三万三千箱	共到十二万箱
土庄绿茶	共到十三万五千箱	共到十万八千箱
总共	红茶四十八万零一百六十七箱 绿茶五十四万八千箱	红茶四十七万一千五百箱 绿茶四十三万三千箱

去年度各国运销华茶数

（单位：箱）

国籍	行名	运销地点	祁红	宁红	温红	两湖红茶	路庄	土庄	平水	熙春
英商	协和	英、法	9 373	1 082	—	—	11 594	6 102	—	—
英商	天裕	英、美、法、德	7 261	1 149	—	—	10 369	10 153	2 500	—
英商	天祥	英、美、法、德	2 500	193	—	14 000	17 800	12 000	2 800	—
英商	保昌	英、法	3 148	106	—	—	26 500	18 000	6 737	—
英商	锦隆	英、美、法、德	2 535	1 445	1 350	65 000	10 419	11 074	61 443	—

国籍	行名	运销地点	祁红	宁红	温红	两湖红茶	路庄	土庄	平水	熙春
德商	兴成	德	5 500	1 850	—	—		2 000	—	—
英商	怡和	英、美、法、德	4 440	1 073	—	9 000	16 500	4 000	8 154	—
英商	同孚	英、美、法、德	2 812	276	—	12 000	30 370	19 500	7 800	—
孟买	白头行	俄、荷属地	1 350	1 350	3 650	—	22 766	8 091	—	21 660
华商	华茶公司	英、美、德	2 386	3 000		—	—	—	42 828	
英商	杜德	英、法	2 563	2 703		20 000	1 515	8 026	—	
俄商	新泰	俄	44 329	29 773	—	190 000	11 743		—	76 840
英商	福时	英、法	—	—	—	—	22 471	18 529		—
英商	谦顺	法	—	—	—		5 377	2 576	286	
总数			88 197	44 000	5 000	310 000	187 424	120 051	132 548	98 500
两抵			无存	存1 000	存2 000	存30 000	存7 025	存14 949	存452	无存

英国减征收华茶入口税

英国重课华茶进口税问题，曾迭经我政府交涉在案。日前驻英公使馆陈秘书已有电来京，谓彼邦预算案，已提出庶民院，华茶减为四便士，与印、锡茶同等，仍有议员主张优待属地，将印、锡茶减为三便士半，以示区别者，能否通过，尚不可知，现正在向各方疏通云。

民国十四年之丝茶贸易观（续）

静 如

茶类贸易

去年华茶出口，总计八十三万三千担，较诸上年增加六万七千余担，以价值论，共值二千二百一十四万五千余两。在大宗出口货物之中，居第七位。自民七以降，华茶出口殆以去年为最盛，其主要原因有二：第一为俄国去年已复行加入中国茶市，凡其所需，皆直接购办，不复仰赖英国；第二为北非洲购进绿茶颇多。具此二因，故去年茶类贸易，虽英、美市场不甚俏利，结果仍然增进。兹以近十年华茶出口数额列表比较如下：

（单位：担）

年份	红茶	绿茶	砖茶	其他	共计
民国五年	648 228	298 728	560 185	35 492	1 542 633
民国六年	472 272	196 093	443 636	13 534	1 125 535
民国七年	174 962	150 710	75 160	3 385	404 217
民国八年	288 798	249 711	143 394	8 252	690 155
民国九年	127 832	163 984	11 695	2 395	305 906
民国十年	136 578	267 616	23 546	2 588	430 328
民国十一年	267 039	282 988	22 616	3 430	576 073
民国十二年	450 686	284 630	8 613	57 488	801 417
民国十三年	402 776	282 314	19 382	61 453	765 925
民国十四年	335 583	324 564	141 917	30 944	833 008

观上列表中，去年茶类出口，除砖茶、绿茶外，无不较上年减少，斯即上述两种原因之结果，尤以砖茶之增加为最剧。可见俄销与华茶出口关系之密切，而去年英伦之华茶销路不扬，亦受此影响不少。盖自俄国内乱以后，俄商停运华茶，所有需要悉赖自英伦转给，故华茶虽因俄销停滞而减色，同时对英销路亦略见增加。特桑榆之收，不足以偿东隅之失耳。今俄商直接来华购办，则英伦茶市中即少却一部

分销路，而华茶运英，当然亦较上年为少矣。虽去年茶价过高，为英国销路不畅之原因，而中、英、俄三角式之盈虚消长亦有关也。设中俄会议能有良好结果，则华茶前途当尚有进展而不止于此，良以华茶主要销场在于俄，俄又为广土众民之国，销路大有扩充余地。即以现在情势言之，华茶出口虽英、美、土、波、埃等处，俱不落寞，但终不敌俄销之巨，兹列表比较如下：

年份	输往俄国	输往英国	输往美国
民国二年	62%	5%	10%
民国五年	68%	8%	9%
民国八年	23%	31%	12%
民国十二年	2%	21%	18%
民国十四年	31%	6%	13%

由上表可见，英、美销路各计尚不足以当俄国消纳华茶之巨。又民国八年至十二年之间，正中国茶市俄销停滞之时，故运俄数字激减，而英、美项下则剧增。去年恢复直接贸易，数值骤增，英、美亦即随之减少，此中消长情形又可证前言之不谬矣。俄国所销华茶，恒占吾国茶类出口总额之半以上，自民七俄国发生革命以后，始渐次跌落，民国十二年仅余百分之二，去年运俄华茶总计当出口总额百分之三十三，为民七以降之特色，但以较诸民五以前，相差尚一半也，兹列表如下：

年份	华茶出口总数	输往俄国总数	百分比
民国二年	1 442 109	905 967	62.8%
民国五年	1 542 633	1 049 933	68.1%
民国八年	690 155	165 334	24.0%
民国十二年	801 417	12 064	1.5%
民国十四年	833 008	274 517	33.0%

观乎以上所述可知，中俄通商与茶类贸易之关系至为重要，兹更就去年华茶出口之分布状况略述其概。

综观去年华茶出口情形，除俄国、美国、日本等少数地方而外，其余各地，无不较上年减色，而以英国……德国为最甚，印度、荷兰等次之。民国十三年，运往英国之茶，总计二十万五千担，去年仅四万八千担。……德国则自二万五千担减至六千六百担。印度约减一万一千余担，荷兰约减一万担，此外如挪威、瑞典、丹麦、但泽、比国、朝鲜、坎拿大、南美洲、澳洲、纽丝纶等处，无不比较上年为减。若以地方为标准，则减少者占大半焉。然数字上，结果非惟不见减少，且有增加，此盖俄国、美国、法国等处之增加较甚，足以抵补各地所减而有余也。俄国上年之纪录，仅五万三千余担，去年激增至二十七万四千担，约当上年之五倍有奇。美国、法国去年所销华茶，亦各有增加，但均不足一倍，由此更可以见俄销及于华茶之影响如何矣。俄销未复以前，对英销路虽有增加，所得不足以偿所失，俄销既复，对英销路虽减所得足以抵偿所失而有余。惟年来国内战乱频仍，民生憔悴，重征苛敛，农商疲惫，物价因之奇昂，茶价亦循其轨辙。新茶开盘时，正值五卅风潮，商情停顿，约达一月之久，所幸茶市尚未受重大影响。祁门茶售盘高至一百二十两，宁州茶平均亦在六十四两左右，为历年稀有之市面。福州小种茶，因省内崔苻不靖，益以捐税过重、海员罢工等情事，售价亦较上年为高。工夫茶英美销路均不甚旺，惟俄销独佳。嗣又值锡兰茶歉收，市面骤俏，绿茶因北非洲之猛进及俄国之畅销，售盘坚俏异常。春眉开价由百两至一百四十两，秀眉由五十两至六十两，美销不甚佳。上年运美绿茶为五万五千余担，去年仅四万五千余担耳。近闻美国因华茶价过昂，已渐转注其眼光于日茶，设不幸而果成事实，华茶又将稍受影响。绿茶销路，惟美最多，今日国际茶市中之眈眈逐逐欲夺华茶之席者，惟印茶与日茶而已。现红茶销路已为印度所攘夺（最近印度茶商又议定拨款五万磅，为对美宣传印茶之费用），绿茶销路在美国市场上现亦不及日茶之气盛，若再并此仅有之销路而为日、印所排挤，则华茶国外市场，虽有俄国，亦难乎其为继矣。加之制造不佳，年来频受外商责难，再益之以高价，更无异自戕其生也。当兹竞争者，得寸进尺之时，吾茶商其亦有稍加之意者乎（附去年华茶出口国家和地区比较表）。

国家和地区	各种红茶		各种绿茶		各种砖茶		毛茶、小京砖茶、茶末等		总计	
	民国十四年	民国十三年	民国十四年	民国十三年	民国十四年	民国十三年	民国十四年	民国十三年	民国十四年	民国十三年
香港地区	42 224	66 521	49 129	49 785	558	146	1 838	7 902	93 749	124 354
澳门地区	3 685	2 427	—	—					3 685	2 427
安南	1 445	771	45	29	—	—	73		1 563	800
暹罗	2 659	1 801	104	100	—	—	—		2 763	1 901

国家和地区	各种红茶		各种绿茶		各种砖茶		毛茶、小京砖茶、茶末等		总计	
	民国十四年	民国十三年	民国十四年	民国十三年	民国十四年	民国十三年	民国十四年	民国十三年	民国十四年	民国十三年
新嘉坡等处	13 554	5 704	453	193	—	—	114	14	14 121	5 911
爪哇等处	672	798	2	9	—	—	347	—	1 021	807
印度	4 094	6 989	29 568	38 495	290	11	8 166	8 100	42 118	53 595
土、波、埃等处	6 167	9 842	121 719	98 536	—	—	8 999	6 771	136 885	115 149
英国	38 093	164 398	4 736	6 333	460	3 840	4 663	30 904	47 952	205 475
挪威	7	10	—	—	—	—	—	—	7	10
瑞典	6	334	—	—	—	—	—	—	6	334
丹麦	452	1 597	—	—	—	—	25	—	477	1 597
但泽	1 072	1 324	—	—	—	—	—	79	1 072	1 403
德国	6 673	25 546	2	33	—	—	—	—	6 675	25 579
荷兰	16 802	24 579	120	132	—	—	5	1 123	16 927	25 836
比国	35	718	12	—	—	—	—	—	47	718
法国	7 289	14 589	31 874	12 380	1	—	957	1 646	40 121	28 615
西班牙	251	489	3 483	491	—	—	—	—	3 734	980
意大利	2 659	7 340	12 617	6 759	—	—	790	260	16 066	14 359
俄国	115 538	31 410	18 371	6 910	140 608	15 132	—	3	274 517	53 455
朝鲜	11	20	133	334	—	—	5	11	149	365
日本	2 889	393	5 739	5 287	—	253	319	2	8 947	5 935
菲律滨	1 926	265	229	243	—	—	—	—	2 155	508
坎拿大	3 884	3 190	413	495	—	—	—	1 533	4 297	5 218
美国	59 453	22 524	45 665	55 443	—	—	3 786	1 506	108 904	79 473

国家和地区	各种红茶		各种绿茶		各种砖茶		毛茶、小京砖茶、茶末等		总计	
	民国十四年	民国十三年	民国十四年	民国十三年	民国十四年	民国十三年	民国十四年	民国十三年	民国十四年	民国十三年
墨西哥、中美洲、巴拿马	1	—	—	—	—	—	—	—	1	0
南美洲	976	1 933	—	—	—	—	—	—	976	1 933
澳洲纽丝纶等处	2 853	6 970	150	24	—	—	857	1 609	3 860	8 603
南非洲	213	244	—	—	—	—	—	—	213	244
瑞士	—	—	—	203	—	—	—	—	0	203
奥国	—	50	—	—	—	—	—	—	0	50
共计	335 583	402 776	324 564	282 214	141 917	19 382	30 944	61 463	833 008	765 837

《银行周报》1926年第30期

华茶免税再展一年

　　华茶出口免税问题，前由茶业公所及各大茶商电请财政部，再行继续一年，以利对外贸易之发展。兹悉此事，业经提出阁议通过，准予继续免税一年，令妥筹改良华茶办法，以资推广云。

《银行周报》1926年第44期

华茶对美贸易之过去及现在

龚 骏

中国茶之贸易在历史上最占重要，究其发明，虽不可考，然纪元前二七〇〇年已有茶之一物。第九世纪，茶始传入欧洲，十六世纪，荷兰亚姆斯多得始由荷属东印度输入华茶。一六六八年，英国东印度公司始以华茶运至英国，开中英茶类贸易之始。

华茶之对美贸易也始于一七一一年，由英国所输入之华茶。自是以后，英国乃操纵中美间之贸易，纯由东印度公司司其事，获益良多，故终于一七八四年，为华茶对美输出之间接贸易时代。

一七八四年，美国中国皇后号之驶行中国也，始由中国运回茶种，此后复有数船运回华茶八十八万磅，实为华茶对美直接贸易之滥觞。一七八六年至一七八七年间，美国输入之华茶达一百万磅。此后十年，则每年平均达二百六十万磅，其间百分之五则由英国输入者。

在十九世纪初叶，美国输入之华茶，每年平均已达五百四十万磅，计增加二倍以上。自是以后，华茶之对美输出，年有增加，实际上华茶已垄断美国市场。四十年间，美国输入之茶类，中国茶自百分之四十二又五，增至六十五又五，列表如下。

年次	百分率
1821年	42.5%
1825年	49.5%
1830年	62.5%
1835年	75.5%
1840年	82.0%
1845年	79.0%
1850年	71.5%
1855年	70.0%
1860年	65.5%

一八五六年以前，中国茶实操纵美国市场，即欧洲各国亦莫不乐用华茶，势力之大，莫之与京。殆日本改良茶种，加入美国战场，华茶乃根本动摇，加以我国罔知改革，形势愈益险要。计日茶之输入美国，一八五六年，仅二十五箱，翌年增加一倍。一八五九年，复增至一千一百箱，一八六〇年以后，日茶势力益形膨胀，输出之绿茶，美人争之若鹜。华茶势力虽足与日本相埒，然实际上势力已渐退让于日本。当时印度、锡兰之茶，在美国市场仅不过占百分之一二，荷属东印度更无插足余地，故自一八六五年至二十世纪初年，为华茶与日茶同时垄断美国市场时期。列表如下，单位千磅计算。

年次	美国进口茶总计	中国茶		日本茶	
		数量	百分率	数量	百分率
1865—1869 年	34 789	26 674	77.0%	6 674	19.0%
1870—1874 年	56 642	37 997	67.0%	14 120	25.0%
1875—1879 年	62 330	29 910	48.0%	25 433	41.0%
1880—1884 年	74 784	38 927	52.0%	34 076	46.0%
1885—1889 年	81 606	41 078	50.0%	35 692	44.0%
1890—1894 年	88 000	45 155	51.0%	38 335	44.0%
1895—1899 年	89 629	48 310	54.0%	25 037	28.0%
1900—1904 年	94 342	46 560	49.4%	36 222	38.4%
1905—1909 年	98 353	34 273	35.0%	42 084	43.0%

综观上表，可见在最近数年，日茶在美国之销路，已超过于华茶。自此以后，印度、锡兰崛起竞争，而荷属东印度之苏门答腊，经几次改革，茶叶纯粹，亦颇受美国欢迎。至是华茶在美国市场，可谓由盛而衰，由衰而极矣。日茶受印锡及苏门答腊等茶之侵入，结果亦倾向于减少。印度、锡兰之茶，则节节进步。苏门答腊在一九〇〇年，尚无插足余地，今亦增至百分之十以上。兹将民国三年以来，各国和地区在美茶市之势力分配，由下表以鉴其消长，计算月日，以每年上半年作标准。

年次 \ 国家和地区	印锡	日本	中国台湾（日据时期）	中国	苏门答腊
1914 年	31.1	30.2	16.8	21.5	0.5
1915 年	19.3	29.8	16.3	24.2	0.4
1916 年	32.7	31.2	16.6	10.0	0.6

国家和地区 年次	印锡	日本	中国台湾 （日据时期）	中国	苏门答腊
1917年	27.2	33.2	18.4	19.1	2.0
1918年	30.2	22.0	12.3	16.1	19.3
1919年	15.9	33.2	18.0	9.9	23.1
1920年	37.8	15.8	15.3	13.3	6.3
1921年	39.6	25.7	8.8	15.4	9.7
1922年	39.0	19.8	11.7	19.9	9.9
1923年	36.1	26.1	12.3	14.9	10.2
1924年	38.5	21.6	12.0	17.9	9.5
1925年	45.1	21.5	11.5	11.0	10.1
1926年	44.8	20.6	10.3	13.9	10.1

可见华茶在美之销路，已逐渐下降。民三至民八，平均已不过占百分之十八又三。及民九至今年，平均则又跌至百分之十五又一。而同时印度、锡兰，则自百分之二十七又七增至四十又一，苏门答腊亦自七又七增至九又四。今红茶销路，已为印度所夺，而绿茶气焰又不及日茶之盛。去年俄国销路虽渐恢复，而素来操纵美国市场之华茶，今乃萧沉若是。近则日本复哑哑以推销俄国为事，我华商若不再事整顿，恐今后情景，将更不堪设想矣。

我国茶业浸衰之原因，厥唯两端。一为内部之原因，一为外部之原因。内部之原因，则由于茶商之保守陈法，罔知改革，而对外宣传一层，更从未顾及。政府方面，不特不事保护，反加摧残，在一八四二年至一八五八年间，政府课税，每担为二两半，自厘金实行以后，茶税乃增至四两有半。一九○二年，仍有一度增加，茶商乃不得提高价格，而海外销路则亦舍此而就彼矣。

外部之原因，即日本、印度及荷属东印度之加入竞争也。在日本、印度等处，对于种茶事业，无不悉心研究，以冀改良。印度之茶业公会，提倡尤为显著。至荷属东印度，在一九一六年，由印度茶叶公会会长霍泼氏考察有发展之希望后，始行种植。数年以来，成绩已卓然可观，现在产额已达一千五百四十万磅，据调查可增至一万万磅，是其前途有无限希望也。

总之我国茶之贸易，已入浸衰时期，若不急图整顿，前途鲜有乐观。一九○五年，中国委员会曾一度考察印度、锡兰之茶叶，采办英国机器，复于杭州、福州、上海及其他产茶区域，设立茶业检验所，而于民国九年，并明令免除税收，初以二年为度，嗣后展期四次。今年年底又将满期，九江茶叶公会今正请求永久宽免，并陈说印度、锡兰茶销行美国，本国不但不征收税率，仍津贴商人火耗，存本既轻，推销自易云云。苟此种要求，如能实行，则不特对美输出，尚有一线光明，即销售于各国亦不无生路矣。

《银行周报》1926年第48期

我对于改良华茶之意见

曾邦熙

　　吾偶阅谢君恩隆《论近世界茶运之趋势及华茶历年失败之原因》一文，末段有云："……自印度、锡兰、爪哇、苏门答腊诸国，相率种茶，自是产茶区域顿增，出产渐盛，中原逐鹿，捷足先得。吾国之茶，不得不为人所挽夺，此其原因一也，产茶诸邦，对于茶之种植率用改良方法，技术愈精，生产愈盛，然以有限之销场，而增无限之生产，故近年茶市拥挤，不独吾国为然，即各国亦同受其影响，此其原因二也，近世物质文明，天演物竞，外国对于茶叶揣摩入微，争妍竞巧，务投买主之嗜好，举凡形式装潢，皆能极改良之能事，独吾国凡事故步自封，罔知进取，故同是一物，相形见绌，恒不能博顾主之欢迎。"昔有外国某茶业家尝云"中国之茶品质最佳，独惜于制法不合时宜，致招失败，时至今日，华茶须力求制法之改良，方能与人媲美，譬有优美之丝绸，其制出衣服之形式，乃系乡村之旧式，其质虽美丽，亦断难邀城市中人惯穿新式者之所乐用"等语，其言深切著明，切中吾国商场之弊，"夫质美而未学，于人且不可，于物亦然，所望吾国茶商，关于茶之制法，此后精益求精，务期有以改善之也"……读此段文，吾人即可洞悉华茶失败之原因，而知改良华茶一举，此今日亟亟不容缓者也，故余亦于课余之暇，略贡刍言，鼓吹改良焉。

　　兹者华茶失败之原因，论者很多，无容鄙人赘述矣，但对于改良之意见，尚不多见，余不敏，再将我个人对于改良华茶之意见，述之于后。

　　（一）栽植法之宜改良。考茶树多半生在南温度一带，如两湖、江、浙、皖、赣等省是也，此种茶树本来是一种天然生产品，不大费人工栽植的，每年春二三月，即可采取，制成茶叶，惜乎吾国人民，太不求进步，眼光不远，只知有利可得时，年年照旧法采取，不论茶树之好坏，只图摘得多，一时乱采一番，不问茶树的叶子，粗也好，细也好，万一逢衰年时，则不摘取，亦不培植，视之如废草，相沿至今，茶树之栽植，未有寸尺之改良。反观印度、锡兰等国，则不然，自从考察吾国制茶之易，有利可图，先乃照吾国栽茶的法子，偏地栽植之，以后年年改良，精益求精，于是吾国摘茶一年之内只能采取二三次者，而印度等国则每年可采至七八九次，吾国营茶业多半至九月间收场，而印度则可连年经营之，又彼能用机器制造，而我不能也。盖因我国茶商，每年于八九月之后，无茶可收，苟用机器制造，只能用之四五个月，以后势必停止，而机器不用则起锈，成本又大，势不能也。余忆民国四年间，有茶商在吾湘安化县之东坪市，设厂用机器制造红茶，未及一年，受大损失，就停止营业者，即此因也，而印度等国，用机器制茶，无此种困难，且制成的茶洁而又细，故夺吾华茶在国外之销场矣。今吾人欲谋改良华茶，亦非想法用机器做不可，然欲要用机器做，非根本上从栽植法改良不可，据我个人私意，第一要地方（产茶之区）长官绅士提倡，鼓劝人民改良栽植茶树，采时不可乱摘，年年要去草培植，不可荒废；第二要在各地（产茶之区）设栽植改良所，专门研究这种栽植的法子，俟试验成效时，再传布于各处，照样栽植，或往各地演讲，力劝其照法植之，能照二者而行之，不患栽植法之不良也。

（二）制造法之宜改良。吾国制茶法，各地虽不同，然大略则一也。初先从茶树上摘取茶叶下来，置于火锅烧炒，或置日阳中晒一下，使茶叶稍转弱，用手攞之，或用足攞之，便成细条，再使之发汗一次，烘干之，则成茶也。这种制造法是不大清洁的，尤以足攞茶为最污秽，苟吾人目睹此境，纵爱吃茶亦不愿吃，此种的元气，何况西洋人素来是讲究卫生的，无怪乎西洋人每谓华茶不清洁，不如吃印度、锡兰、日本所制的茶，因他们都是用机器制造的，故我们要求制造之改良清洁也，是要用机器制造才好，顶好在产茶之区设一个制茶公司，专收买未做成的叶子，就是由茶树上摘下来的叶子，完全由公司自己去制造。再者仿设栽植改良所办法，另设一个制造改良所，专门研究制造的法子，如何才好，精益求精，使制成的茶美而且洁，则善也。

（三）营业法之宜改良。我国营茶业的法子是极简单的，规模也是很小的，自营业到今日，尚未见有经营茶叶的公司发现，而营业者与制茶之人每不相连结，此是华茶不能改良的大阻碍。我以为要图振兴茶业，非营业者与制造者合为一体不可，再者宜组织公司招股集成巨资，专门经营茶业，永久不断，若营业法子，旧的尚合宜，不妨采用，若是不宜，则宜设法改良，务期完备为善。

（四）装法之宜改良。我国装茶的箱子大而粗笨，外面糊些带花颜色纸，红红绿绿很不美丽，是不能引外人注目的，现在要改良他，首先就要将装茶的箱子改小，便于人人随时可携带，而外面也要积极讲究美观，颜色也要配得合宜，使购买者看见了这种美丽的箱子，心中就想要买一个，那么货尚未有看见，就能使人引起购买力，可知装法之重要矣。

（五）广告法之注意。近世商业中之利器，无不赖广告之力为之媒介物，甚至广告费每年几十万，可见广告之作用大矣。而吾国茶商都是一般旧商人，未有一点新知识，不知广告之为何物，难怪矣，而日本、印度茶商莫不注重广告一途以推广其营业，甚至摄成种种不堪看的照片（如用脚攞茶之类）散布于各国，使各国人民减少其购买华茶力，而吾国茶商尚未有若何之表现，只好听人侮毁，无怪乎华茶日趋于衰落一途也。今者欲求华茶之发展，亦非借广告之力不可，我国茶商亦宜极力发传单、登报，将日本人侮毁我们的劣绩极力刷洗避脱，再用种种极美丽的照片，如植茶、茶树、制茶、烘茶、装茶等等照片，分布于各国，使各国切实知道吾国制茶情形，总要使华茶见信于外人才好，不患华茶之不起色也。

（六）销售机关之建设。欧美各国在我国营商业者，莫不设有机关通消息，以利商业也，盖商情瞬息万变，设未有通消息机关，迟宕已极，甚至失良机，丧莫大之损失者，意中事也。吾国人民素乏新式商业知识……且大半营业者，都是些小资本，何能有多金，设些空机关，况在本国沪汉茶业中心之地，尚少此种机关，外无论矣，殊不知业茶未有销售机关，以致各省装运集中于汉沪之茶，每每受些中间人的阻碍，又受洋人的卡价，比方茶运来得多，则洋人故意迟延不进货，而茶商要急急于脱手，得现金，故不得不以低价售去矣。试取往年茶情表观之，可以看出来，市价有时高至七十余两不等，有时即落至二三十两，此种现象都是未有销售机关以致之。今欲求华茶之发展，销售机关之建设，是不可缓的，不过此种机关，顶好由公司自己分设，以吾湘打比，如制茶总公司设在安化东坪，则在汉沪两地，均宜设一个机关，流通消息，在汉则可转运至内地各省，在沪则可直接装运往外洋，万一资本雄厚，在俄、美、英、法、德各国，均宜设一个销售机关，那么消息更要流通，不致受中间人的阻碍，如卡价、扣竹杠、手续、折扣等费也。

以上是我对于改良华茶之六个意见，苟能一一实行得到，华茶自必有发展希望，不过欲实行这种计划，非互相连成一体不可，因他们都是有联带关系的，如栽植法不良，则制成的茶自然不好，营业、装法、广告、销售也是一样的，据鄙意，宜集合同志招巨股组织一个大公司，专营茶业，将总公司设在产茶之区，再由总公司分以下几大部：（1）栽植部，专门研究栽植茶法；（2）制造部，专管进货、制造、装法、出货情形；（3）营业部，分设分部于沪汉各地，专司转运广告、销售手续；（4）会计部，管账及银钱出入；（5）文牍部，管理一切文件及往来信件等事。此是公司分部之大概情形，今另列成一表如下：

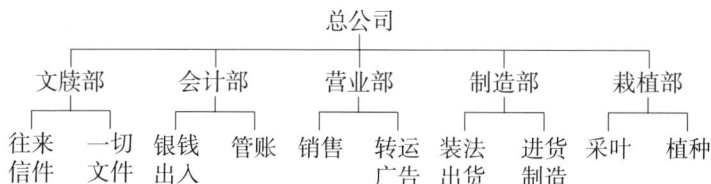

```
                        总公司
    ┌────────┬────────┬────────┬────────┬────────┐
  文牍部    会计部    营业部    制造部    栽植部
  ┌──┴──┐  ┌──┴──┐  ┌──┴──┐  ┌──┴──┐  ┌──┴──┐
 往来  一切 银钱 管账 销售 转运 装法 进货 采叶 植种
 信件  文件 出入           广告 出货 制造
```

如照上图分配，公司的组织是很完善，兼之以分工之法，各部均用专门人才管理，精益求精，不患斯业之不发展也，有志改良茶业者，曷不来群起而谋之。

去年华茶出口略增

去年中国出口之茶比上年度增加几及六万担，其故因俄国需要颇增，向年俄人多购自伦敦，去年则直接向中国采办。再北美洲所购绿茶，数亦不少，因此前年仅出口七十六万五千九百三十三担，去年则增至八十三万三千零八担，红茶以俄人所购为最多，共十一万五千五百三十八担，绿茶则土耳其、波斯、埃及等处共购入十二万一千七百一十九担。其余各国，如美人购红茶五万九千四百五十三担，绿茶四万五千六百六十三担，英人所购尚不及美国之半，德人购红茶六千六百七十三担，绿茶仅二担，此外印度虽为茶叶产地，亦复购红茶四千零九十四担，绿茶二万九千五百六十八云。

归化城之茶贸易

东南各省之茶行销西北，由来已久。史称宋元丰间，与西戎开茶马市以茶易马，是为西北茶贸易见于载籍之始。归化城在明代已为著名之茶马市，迄于现在，此项贸易仍不稍衰，就每年交易额而论，固不及张家口之多。然而归化地方，北通外蒙，西经新疆可通中央亚细亚，其贸易范围既广，而俄蒙各地住民又最以嗜茶著称，如能设法推广销路，此地茶叶之前途诚未可限量也。其贸易状况，可分砖茶及茶叶两项，下分述之。

砖茶，来自汉口，专销蒙古、新疆一带。

（一）经营此业者曰茶庄，概系晋商，规模甚大，其总店以习惯上之关系，均设在原籍地方，财东负有无限责任。在湖北之蒲圻、羊楼司及羊楼峒等处设厂制造，制成之砖茶运至汉口，除就近售与英俄等商转销外洋外，在张家口归化城包头、奉天等埠设立分庄，从事推销。现在归化城设庄者，有下列十二家：兴隆茂、长盛川、元盛川、大德成、宝聚川、巨真川、巨盛川、天恒川、三玉川、大德华、天顺长、义兴茶庄。此十二家之财东："出资者"有三家系榆次县人，其余九家皆系祁县人。此等茶庄概系趸卖批发，不零售亦不另设铺面，仅于本地之货店中租赁房屋数间，以堆存砖茶。店员各约十余人，内分掌柜（经理、副经理）、管账（会计员）、写信（交牍员）、跑街（交际员）。掌柜一人或二人总理全店之事务，指挥一切。管账一人或二人司出纳及登记事项，写信一人司文电撰拟事项，跑街无定额，探厅市面情形及招揽生意均极干练之人，本地市场情形随时以文电通告总店及各处之分庄，消息异常灵通。

（二）交易习惯由货店介绍，售与本地走外路之行家或行商及蒙古之行商。货店者设备多数之房屋，以赁寓客商，并代客介绍交易，从中扣取佣钱为业者也（即南方各省之号栈），本地货店最大者有七家，茶庄多寓于南大街之通顺店内。此地走外路之行家多在库伦、乌里雅苏台、科布多、扎萨克图及新疆之故城子（奇台）等处，设有分店或总店，自以多数之骆驼，贩运内地之货物（如砖茶、布匹、杂货等）而往换取牲畜皮毛、甘草等货而归，规模甚大。至于行商则系能蒙语之汉人，结一团体，以骆驼数头或十余头各载货物，行商蒙古各地，换取牲畜皮毛运回归地，售出后再购他种货物，前往贩卖，此项行商资本例不甚多。蒙古人之行商亦复如此，携其牲畜皮毛来换取砖茶等货，蒙人来者但多寓居本地能蒙语之通事行，由通事行代为之卖买。而砖茶之卖买，要须经过货店之介绍，成交后，货店由买主一方面扣取佣金二分。

（三）货价以银两计，付价方法以标期或对年付款为最多，卖现期者不过十分之一二。茶庄卖标期或对年期时，例以此期间之利息，纳入货价中计算。其日利之多寡，一视对手人之信用及交谊之如何，并无一定。

（四）砖茶之种类甚繁，而销行最多者为下列之数种。

名称	每箱之块数（块）	每块之重量（两）	每箱现时行市（两）	附记
二四砖茶	24	92	18.5	内蒙古之行商者多购之
三九砖茶	39	55	17.5	外蒙销售最多,新疆次之
米砖茶	72	34	23.5	即末砖茶系由汉口兴商砖茶公司以机器压造而成,新疆伊犁一带之缠回消费最多

（民国十四年十月十四日调查）

其中三九砖茶销数最多，约占十分之七，二四砖茶、米砖茶及红茶约占十分之三。

（五）交易时期，大抵每年自旧历八月起，至翌年三月止，以九、十、十一三月为最盛。旧历四月以后，骆驼悉就蒙古草地放牧，直至八月秋凉时始来，故夏秋季节交易极少。

（六）每年交易额约在四万箱上下，往外蒙者约占十分之七，往新疆者约占十分之三。

（七）运费每箱自汉口由铁路运至归化城，需银三两三钱八分（江汉关出口税及京汉路、豫鄂货捐在内）。税捐各项茶砖轻重不等，除羊楼峒之茶厘及江汉关出口税，京汉路、豫、鄂货捐不计外，每箱经过张家口丰镇至归化纳税率如下：

名称	张家口		丰镇杀虎口		归化塞北关		共计（角）
	茶捐（角）	附加赈捐（角）	正税（角）	附加赈捐（角）	正税（角）	附加赈捐（角）	
三九砖茶	2.40	0.24	2.50	0.25	3.30	0.330	9.020
米砖茶	2.40	0.24	2.00	0.20	4.12	0.412	9.372

二四砖茶与三九砖茶同率，惟在归化须另加厘金三分六厘三毫。

上表三九砖茶每箱纳税捐九角零二分，米砖茶九角三分七厘二毫，而羊楼峒之茶厘、江汉关之正税、京汉路之货捐尚不在内。茶商所尤感困苦者，即铁路、车辆之缺乏，货物堆积汉口、丰台等处，无车装运，及辗转营得一二车辆，运到归化，而市场上之机会业已错过，徒唤奈何而已。据茶庄经理所谈，该庄去年九月有拟运归化及张家口之茶砖共十四万箱，在汉口堆存，迟至今年三月底，始克运到。此茶若去年九月运到，至少可销八九成，今年三月到此，只售去一二成，此中损失不小。且以运输壅挤之故，同行中竞争车辆，例须另出运动费若干始得达目的，又汉口天气湿润，砖茶堆积过久，每箱中霉坏若干块，卖买时例须管保回换，因此各茶庄均损失不赀。本年同行中已有五家未往汉口办货，云砖茶庄所感之困苦如此，而走外路商人之往蒙古、新疆者，以砖茶出口，例须向塞北关完纳出口正税。三九砖茶每箱完三角三分，附加赈捐三分三厘，二四砖茶另加厘金三角九分，米砖茶完正税四角一分二厘，附加赈捐四分一厘二毫，外蒙抽税更（多往新疆者假道外蒙亦抽过境税）。今后若无改良之道，此业殊难望其发达也。

茶叶，来自天津，专销本地，营此业者曰茶叶店，概系天津及冀县人其店名如下：天成厚、盛记、阎记（以上三家总店在天津），福昌公、德馨玉（以上两家总店在张家口），裕昌隆、大昌源、宝馨玉、裕和公。

此等茶店专事门市零销，铺面极其宏丽，使用店员亦较茶庄为多，所售皆福建茶。由天津装运整箱来绥，每箱重七八十斤乃至一百二三十斤不等，内系木箱裹以竹皮，外加麻袋以棕绳捆之，共计外皮重二十斤。运到后用六种大小不同之筛，将茶叶筛分等次，最上等者，并须拣去茶梗签去碎末，所费人工甚巨，筛下之茶分为高茶、中茶、次茶、末茶凡四等，大抵每百斤中可筛得高茶十四五斤，中茶二十余斤，次茶四十余斤，末茶十七八斤，附以茉莉、龙井、毛尖、素茶等种种色色极尽光怪陆离之名称，每斤售价，大抵高茶三元上下，中茶二元二角上下，次茶一元六角上下，末茶之最贱者，在四角以上者，每年约可销售十余万元，次茶销数最多，高茶最少，此间民情俭素，尚无奢侈之风也。

《中外经济周刊》1926年第146期

汉口之茶业

茶为中国著名特产，因其制法及采摘时期不同，可分为青茶、红茶、绿茶、老茶四种。青茶制造简单，采摘后经人工搓烘即成。红茶系由青茶再加以手搓、足踏、蒸晒等工作，使其茶汁变成红色。绿茶制成卷形，汁现绿色。老茶采摘较迟，气味浓厚。又因季节上之关系，复别为头茶、二茶、三茶。头茶于谷雨前采摘之，名曰雨前。二茶于谷雨后若干日采摘，三茶则有四五月间采摘之。头茶叶嫩味佳，多以之供作上等饮料。

茶之名称繁多，不胜枚举。单就绿茶一种而言，则有针梅、珠兰、虾目、蟹目、熙春等名称，他如安徽之六安香片、岳州之洞庭碧螺（青茶），均因产地不同，各有其特别之名称耳。

中国产茶之区，以湖南、湖北、江西、安徽等省最为著名。如湖南之安化、桃源、长寿街、平江、高桥、浏阳、醴陵、永丰、蓝田、湘阴、湘潭、聂家市、芸溪、北港、羊楼司，湖北之通山、羊楼峒、宜昌、大沙坪、崇阳、咸宁，江西之宁州、河口、龙港，安徽之祁门、屯溪、婺源、黄山，皆为产茶著名地方。就中以祁门、宁州、安化、桃源所产之红茶，通山、黄山所产之青茶，屯溪、婺源所产之绿茶，尤称特色。此外，浙江杭州之西湖龙井、福州之白毫、安徽黄山之毛尖，在国内亦颇负盛名。查湘鄂赣皖四省产额颇巨，年可四十余万箱，其中以湘省为最多，占总额十分之八。鄂赣两省年各产茶三万箱，皖省不过七八千箱而已。

考中国与外人通商，以茶市为较早。前清咸丰年间英人即来华收买茶叶，初仅与广州粤商交易，销售额甚大。据东印度公司十七年商业统计，由广州运至伦敦之货价，茶占全数百分之九十五，可知茶叶贸易在十八、十九世纪中，已居重要之位置。迨后若美若丹麦若俄，均先后至中国采办茶叶。于是中国茶叶之市场，更扩充而至全世界。汉口为茶叶集散之总枢，因图内地茶商与外间顾客易于接洽之故，乃有茶栈、茶行、茶号、茶庄之设立。惟俄国专门购买茶砖，至光绪年间，始组设茶砖厂，从事制造。兹分别述之如下。

一、茶砖厂

茶砖计分红茶砖、青茶砖、小京茶砖三种，红茶砖与小京茶砖系由茶叶末制成，青茶砖则由茶叶片制成。汉口共有阜昌、顺丰、新泰、兴商茶砖厂四家，其中惟兴商一家乃粤人设立，余皆俄国自办。每家资本自六十万两至一二百万两不等。现在各茶砖厂只制造红茶砖、青茶砖两种，小京茶砖业已停止制造，盖因小京茶砖纯由上等红茶制成，价值甚昂。俄国自经变乱，生计困难，一般人民无此购买能力也。兹将各茶砖厂厂名、资本、地址、机器架数、每年产额、设立时间及男女职工人数等，调查于后。

厂名	资本	地址	机器架数	每年产额	设立时间	男女职工人数	备考
阜昌	二百万两	英租界	五	一	光绪三年	男女共约五六百人	上列阜昌、顺丰、新泰三厂之资本系由素与俄商共往来之买办估计，每架机器生产能力每日可制一百二三十箱
顺丰	一百余万两	旧俄租界	六	一	光绪五年	男女共约五六百人	
新泰	一百余万两	旧俄租界	六	四万箱	光绪二十五年	男工共约五六百人	
兴商	六十万两	硚口	四	一万六七千箱	宣统元年	男工三四百人	

以上各茶砖厂除阜昌与顺丰于民国七年歇业，兴商于去年九月停工外（该厂每年开工一次，今年拟于七月间开工），现在开工者仅有新泰一家，盖因茶砖销路颇狭，向以俄国为大宗，近年俄国需要减少，故营业一落千丈。

红茶砖专门行销俄国，每块重量自二磅至三磅不等，买卖以箱数为单位，每箱装六十四块、七十二块、八十块或九十六块，其重量为一百六十磅、一百八十磅或二百磅。箱系篾制，若装运出口，捆以麻袋，形状大小不一，以便于运输为标准。

青茶砖销路较广，除俄国外，尚能推行于蒙古等处。每块重量二斤至四斤不等。普通每箱装二十四块、二十七块、三十八块、三十九块、四十五块。

小京茶砖纯由祁门、宁州两处所产之红茶制成，形状较小，每块重量二两八钱。

制造茶砖手续，系先将茶筛净（红茶末）或摘净（青茶片），蒸之使润，然后由工人依次置于筒中或镌刻模型上（稍次之茶投入内部，较好之茶则铺于外面），用机器压成方块，取出晒干，即成坚固之茶砖。

茶砖营业在二十年前颇臻发达，每年销售额恒在百万箱以上，近因俄国商务停滞，销路锐减，每年出口不过四十万箱左右，较之盛年，已减少一倍半云。

二、茶栈

茶栈完全为代客买卖之商业机关，介乎茶客与洋行之间，为专办出口生意之居间人，与买办性质相似。其接洽生意方法，系先由茶客携取货样至茶栈，再由茶栈转交洋行，经过种种之试验，然后定夺。如已成交，则由茶栈出具存单一纸，给与茶客收执，并由洋行签字为凭。交割时按值扣取佣金三分，平均分派，茶栈、洋行及翻译各得一份。至洋商检验茶叶品质之法，极为精密，首将同种类之优、次、劣三等茶（分四等五等均可）装于长方形之白本盘上，审察其形状，复将各种茶叶（用八分重可以平衡之戥子）称取八分，依次置于盖碗内，用开水泡出茶汁，经五分钟后分别倒于他杯中，视茶之浓淡，逐一尝其茶味，再将已经泡开之茶叶，散布盘上，辨其颜色，以黄亮者为佳，黑暗者较劣。查汉口茶栈计有六家，同业在河街组设有茶业公所，兹将其牌名、资本及地址开列于后。

牌名	资本	地址	备考	牌名	资本	地址	备考
洪源永	三万两	福缘里	专做祁门红茶生意，故资本较多	协慎祥	二万两	河街	—
永昌隆	一万数千两	河街	—	忠信昌	一万两	小关帝庙前	—
厚新昌	一万两	小关帝庙前	—	协泰兴	八千两	河街	—

茶栈所办货色齐全，无论茶砖、茶叶均可代客买卖，货价一律银码成交，概以箱数计算，箱分红绿两种，红茶装于红木箱内，绿茶则以绿木箱贮之，以示区别。

三、茶行

茶行营业以批发为主旨，交易悉以担数计算。武汉各茶号购办货物，或添配花色，大都仰给于茶行；而各处茶客与本地商人接洽生意，亦多恃茶行居间，为之介绍。如已成交，茶行可按值扣取佣金百分之三，惟现金交易则有九七六扣现之优待（如货价一百两，只兑九十七两六钱）。当期交款，普通亦作九八四扣现（如本比期日交割货价值一百两者，只交九十八两四钱）。同业组织有茶行公会，会址设于大郭家巷内。凡开设茶行，须向湖北财政厅领取部帖，约需银六百余两。现在汉口茶行计有十三家，每家资本自一万两至三万两不等，兹将其行名及地址开列于后。

行名	地址	行名	地址	行名	地址
大明	董家巷河巷	祥泰	董家巷内	郎兴泰	袜子街
正大	董家巷内	中益	董家巷内	郎怡泰	袜子街
复兴祥	董家巷内	协泰	芦席街	齐兴泰	袜子街
隆兴	董家巷内	同元	芦席街	福裕公司	凤麟街
德大	董家巷	—	—	—	—

四、茶号

茶号为零售商店，营业以本街门市为大宗，内地客路亦略有交易。其资本较大者每年直接上山办货，惟购进之茶须经一番焙制方可出售。门市以斤数计算，货价一律洋码。同业曾于民国五年组织武汉茶叶店帮公会，会址设于回龙寺，并在杨千总巷内购置房屋一所，以充会内基金。所订会章，限制颇严，凡新开之茶号，必与该地原有之茶叶店铺相距十家之外，以杜竞争之弊。查汉口茶号计有五十家，兹将其牌名、资本、地址、设立年月及每日销售额，逐一开列于下。

牌名	资本	地址	设立年月	每日销售额	备考
胡元泰	一万元	新街口	民国二年	三百余串	—
齐同源	四万元	中码头	前清设立	五百余串	民国以前设立
朱谦益荣记	五万元	大郭家巷口	民国十三年	八百串	—
周鸿章	四万元	流通巷	民国十二年	五百串	—
车和顺信记	二万元	集官嘴	前清设立	一千串	门市兼批发
老谦益	三万元	老水巷	民国十年	四百串	门市兼批发
王复泰	五千元	四官殿	民国元年	一百五十串	门市兼批发
永长春	五万元	四官殿	前清设立	一千串	门市兼批发
郎怡泰	四万元	马王庙	前清设立	八百串	门市兼批发
瑞馨泰	三万元	龙家巷	前清设立	五百串	—
春兴裕	一万元	张美之巷	前清设立	二百串	—
瑞馨泰	二万元	小关帝庙	前清设立	五百串	—
胡祥茂	一万元	方正里	民国设立	三百串	—
胡祥茂	五千元	土垱下首	民国设立	一百串	—
胡祥茂	二千元	集稼嘴	前清设立	八十串	—

牌名	资本	地址	设立年月	每日销售额	备考
胡祥茂	五千元	广盆硚下	民国设立	一百串	—
谦顺长	五千元	张美之巷新马路口	民国十四年	一百五十串	门市兼批发
同椿美	六千元	新市场下	民国六年	一百串	—
天生裕	二万元	生成里	民国五年	二百串	—
大森祥	一万元	歆生路	民国四年	一百串	—
大森祥	五千元	老圃右首	民国十五年	八十串	—
春茂祥	四千元	老圃右首	民国十五年	一百串	—
春茂永	八千元	小董家巷下首	民国设立	一百串	—
朱谦益铺记	一万元	熊家巷口	民国设立	四百串	—
德馨昌	二万元	前花楼	民国十四年	二百串	—
朱谦益荣记	一万元	半边街	民国十三年	三百串	—
车和顺仁记	一万元	土垱	民国十三年	二百五十串	—
车和顺衡记	五千元	关圣祠	民国十四年	八十串	—
王裕泰	一千元	关圣祠	民国十四年	四十串	—
泰康隆	一千元	朱家巷下	民国十三年	四十串	—
天馨和	一万元	五圣庙上首	民国八年	二百串	门市兼批发
王万泰	一万元	石码头	民国元年	二百串	门市兼批发
王万泰	五千元	存仁巷	民国十三年	一百串	—
袁正兴	四千元	万安巷	民国十年	一百串	—
车广生	一万元	五彩巷	民国八年	二百串	—
抱云轩	二万元	永宁巷	民国六年	三百串	—
馥泰昌	一万元	新街上首	前清设立	三百串	—
车燮记	一千元	太平会馆对面	民国九年	一百串	—
品奇	八百元	长胜街	民国十年	三十串	—
吴天然	二千元	法租界伟英里	民国五年	一百串	—
三星美	三千元	法租界永安里	民国十四年	一百串	—
聚和隆	五千元	华清街上首	民国八年	八十串	—
天成	二千元	华清街下首	民国设立	五十串	—
邓和顺	一千元	华清街巷内	民国十四年	五十串	—

牌名	资本	地址	设立年月	每日销售额	备考
复馨永	二千元	华清街德华里	民国设立	五十串	—
瑞兴泰	三千元	日租界槐荫里	民国设立	一百串	—
邹鸿顺	四千元	白布街	民国设立	一百串	—
同生裕	二千元	华清街下首	民国设立	五十串	—
南华庆	五千元	大郭家巷内	民国十三年	六十串	—
裕丰祥	三千元	半边街	民国十三年	六十串	—

五、茶庄

　　茶庄系属临时性质，各处茶客每年于二三月间携资上山设庄收买茶叶，资本自数千串至数万串不等，货价以钱码计算，收买后由茶客直接运至汉口。茶客多住于号栈内，向各方茶商接洽生意。

　　湖北产茶区域，以羊楼峒、通山两处最为驰名。该处茶山概属自产，租地种茶者殊属罕见。据闻茶之生产费用，每亩施肥及培植等费，年需十余元，大都视茶山土壤之肥瘠而定。惟茶自山间采下，以至制造成茶，须经过采摘、烘烤等种手续。按现在情形，采摘茶叶工资，每日约八百文；烤茶男工工资，每日约一串文；选茶女工工资，每日约六百文；伙食多由主家付给，亦有选茶女工自备火食者，但其工资较高。

　　茶之捐税甚重，除照例完纳茶税外，凡经过税卡，每担缴费数百文乃至一串文。查湖北由出产地运至汉口，每担完税为库平银六钱二分半。湖南茶入湖北境内，每担仅完税六角五分。若湖北茶由汉口运输出口，每担为库平银一两二钱五分，但以完茶税者减半征收。

　　汉口茶业贸易近年来渐就衰落。据民国十三年江汉关贸易册报告，红茶出口为十九万七千九百七十六担，绿茶出口为五千七百九十担；至于茶叶出口，不过七百三十三担而已。其故实由于中国茶商故步自封，不图改良，在国际贸易上殊难与印度、锡兰茶竞争。因是营业日趋失败，中国茶业设非急图改良，殊难立足于国际市场也。

《中外经济周刊》1926年第168期

中国之茶业

茶之沿革及其制造

中国榷茶之法，始自唐德宗，历代因之，为国家专卖品。迨及前清，始弛一切之禁，许各地人民自由种植及制造，于是制茶之业日益普遍。然其时种茶及制茶虽得自由，而于贩运售卖之茶商，则尚须课税。课税之法，茶商先领茶引，每年由户部颁定，于产茶各地由地方官转给茶商。茶商上纳茶引与纸价，照所纳之课而受引，照引之额以购茶，或贩运或出售或住卖，皆以引为信。无引者谓之私茶，向来业此者结一团体，独擅其利。其垄断茶利，与盐商把持盐利无异。此等制度，在清季闭关时代，为禁止私运起见，不得不然。迨至海禁大开，此例遂破。外人在我国开设茶行，专收茶叶，运至各国，于是华茶专卖之权逐渐移入洋商之手。至茶之制造，自古相沿，绝少改革，故今日之制茶法，实与古法无大差别。其制法概要，即将所采之茶叶曝以日光，使之凋萎后，用手反复搓揉数次，待茶叶中所含之液汁完全分泌后为止，盛于竹笼上，由炭火使之干燥。但于干燥前，有使之酸酵变色者，盖红茶之制，即由酸酵变红色（曰过红）。故也，干燥后，用筛将茶叶筛分，以行品质之选别，最初用粗筛，渐次用较细之筛，就其品质而为严密之分选，于是制茶手续乃告完竣。至砖茶之制造，为外国输入之新式制茶法。此盖俄人为输运中国茶入其本国起见，曾在中国设立制砖茶之工厂，故中国砖茶业之历史自与他种茶不同。制造技术之改良，亦较他种茶为早。制茶工厂所用之蒸汽机关多为最新式者，其锅炉则多备有自动焚火器，又压榨时多用水压机。其制造之步骤，即先秤取定量之茶叶，入于毛发织成之袋中，入蒸汽釜中蒸之，约数分钟后取出，置于坚木制成之模型中。先用铁板轻轻压出商标后，如所制为茶叶砖茶，再用压力二十吨之水压机榨之。如为茶末砖茶，所用压力更强，放置二小时后取出，置于温度华氏百度至百六十度之干燥室中，使其自然干燥，俟其全部水分蒸发完毕，即制成茶砖矣。

茶叶产额

中国茶之产额，素无详细统计，有谓五亿万斤者，有谓五亿三千万斤至七亿六千万斤者。今试以中国之消费额四亿万斤为基础，加以茶之输出额八千四百二十四万斤（民国四年以降之平均输出额），则得中国茶之产额为四亿八千四百二十四万斤。试观民国九年世界重要产茶国之茶产额，印度约二亿三千三百万斤，锡兰约一亿五千五百万斤，日本约五千九百万斤，爪哇约四千三百万斤，合计不过四亿九千万斤。合全世界计之，华茶之产额为世界全产额之半，其量亦可谓巨矣。但近年茶叶销路呆滞，其产额大为减退，然亦总在四亿万斤以上耳。

茶之种类

中国人所用茶之名称，有数十种之多，即红绿茶之区别，亦因地方而各有不同。据税关所采用由制造上而分之种类，则分为红茶、绿茶、红砖茶、绿砖茶、小京砖茶、茶末（Dust tea）、毛茶等名称，兹分别详述其名称如次。

（一）红茶。多产于湖北、湖南、福建及安徽之祁门、江西之宁都，其中又分七种：（甲）工夫茶。因制焙最费手工得名。（乙）小种茶。原与工夫茶同类，其分别之点，为叶较工夫茶为粗耳。（丙）白毫茶。面蒙白毛，外观甚美。（丁）珠兰茶。（戊）花香茶。皆以茉莉花或珠兰花配合而成。惟珠兰制法，经过一夜之后，即尽去其花、花香，则杂花于其中而售之。（己）乌龙茶。汁色灰黄，有含香气与不含香气两种。（庚）包种茶。以包纸得名，每包约重四两。

（二）绿茶。多产于浙江、安徽、福建、湖北、湖南及江西之一部，内分珠、雨、熙三大种，大率形圆者为珠，形纤者为雨，介于圆纤之间者为熙。珠又分大小两类，小珠茶系用手搓揉成为圆形之小珠，有一号、二号、三号之别，普通分为麻珠（小）、宝珠（中）、芝珠（大）三种，俗名蚤目、蚁目、蝇目。大珠茶制法，与小珠同，不过其形略大，又名元珠，亦有一号、二号、三号之不同，普通分珍珠（小）、丹珠（中）、熙珠（大）三种，俗名蝶目、虾目、蛾目。雨即雨前，为谷雨前采制之茶，普通分为眉雨、蛾雨、蚁雨、芽雨、熙雨五类。熙即熙春，为春初摘制之茶，普通分为眉熙、正熙、副熙三类。大珠、小珠多产于浙江之绍兴，普通称为平水茶。熙春、雨前多产于安徽之徽州。绿茶之最佳者为熙春，次为小珠，次为大珠，次为雨前。

（三）红砖茶。其原料为红茶叶或红茶末，间有杂以茶根及茶粉者，此外复渗以夏季所采三帮茶之细末，然后用蒸汽压成砖形，每块大抵长八寸半，宽六寸。纯用红茶叶制者，每块重三十六英两，纯用红茶末制成者，每块重四十英两。各按原料之优劣，分上、中、下三等。红砖茶每箱八十块，净重二百二十俄斤。

（四）绿砖茶。其原料概为茶叶，不参茶末，但间有杂以带茎之粗叶及小枝者。

其形式有两种：一、长一尺宽七寸，一、长八寸二五宽二寸二五，价值普通，常较红砖茶为廉。绿砖茶每箱四十五块，净重一百七十俄斤。

（五）小京砖茶。其原料为制红砖茶时筛得之极细茶粉。筛茶粉分作三等，一等粉细如面粉，用作小京砖茶，二、三等粉较粗，用作红砖茶。制小京砖茶之末粉，不加蒸汽，即装入压榨器，以压力六十吨之水压器压成砖形。每块重三两六钱，外面裹以锡纸。

（六）茶末。即碎片茎梗及茶粉等物，俗名花香。茶商择最佳之茶末，任其自然之形式，不加压力，严封箱中，输运出口。

（七）毛茶。又名未烘茶，由出产地转运通商口岸，不另加制封装出洋，著名之茶其名称多冠以茶之产地。兹特就红绿茶二大类，而详述其名称如次：

第一，红茶：

（甲）福州茶。即福建所产之茶，集散于福州市场者，因产地而分为次之种类：

（1）武彝茶，或名淮山茶，为福建崇安县产之工夫茶；

（2）北岭茶，为福建闽侯县产之工夫茶；

（3）白淋茶，为福建霞浦县百淋地方所产之工夫茶；

（4）板洋茶，为福建闽侯县板洋地方所产之工夫茶；

（5）洋口茶，为福建建安县洋口地方所产之工夫茶；

（6）清和茶，为福建政和县清和地方所产之工夫茶；

（7）界首茶，为福建崇安县界首地方所产之工夫茶；

（8）政和茶，为福建政和县所产之工夫茶；

（9）邵武茶，为福建邵武县所产之工夫茶；

（10）沙阳茶，为福建沙阳县所产之工夫茶；

（11）水吉茶，为福建建瓯县水吉地方所产之工夫茶；

（12）东风塘茶，为福建建宁县东风塘地方所产之工夫茶。

（乙）湖北茶。湖北及湖南两省所产之茶，多集散于汉口市场，普通称为两湖茶，湖北茶中分为次之数种：

（1）宜昌茶，此为集散于宜昌市场之茶；

（2）羊楼峒茶，此为湖北蒲圻县羊楼峒地方所产之茶；

（3）羊楼司茶，此为湖北蒲圻县羊楼司地方所产之茶；

（4）崇阳茶，此为湖北崇阳县所产之茶；

（5）通山茶，此为湖北通山县所产之茶。

（丙）湖南茶。湖南之茶多集散于汉口市场，普通分为次之种类：

（1）安化茶，产于湖南之安化县；

（2）桃源茶，产于湖南之桃源县；

（3）长寿街茶，产于湖南平江县之长寿街；

（4）高桥茶，产于湖南浏阳县之高桥地方；

（5）醴陵茶，产于湖南之醴陵县；

（6）浏阳茶，产于湖南之浏阳县；

（7）湘潭茶，产于湖南之湘潭县；

（8）聂家市茶，产于湖南临湘县之聂家市；

（9）云溪茶，产于湖南岳阳县之云溪地方；

（10）平江茶，产于湖南之平江县。

（丁）安徽茶及江西茶：

（1）祁门茶，产于安徽祁门县；

（2）修水茶，产于江西修水县。

第二，绿茶：

（甲）徽州茶。安徽旧徽州府六县中，除祁门县外，其他五县所产之茶，统称曰徽州茶。盖祁门所产者为红茶，且皆集散于九江及汉口之市场，故与徽州茶有别也。

（乙）九江茶。江西、安徽两省所产之茶集散于九江市场，统名曰九江茶。

（丙）屯溪茶。此亦为徽州茶中之一种，因集散于皖浙边界之屯溪地方，故名曰屯溪茶。

（丁）平水茶。浙江旧绍兴府八县所产之茶，统名曰平水茶，因此等地方所产之茶皆集散于平水故也，其茶多为小珠及大珠茶。

（戊）武园茶。此为集散于福建武园之绿茶，分为长行司正茶、充眼生茶、正眼生熙春茶之三种。

此外，如六安之香片、洞庭之碧螺（青茶）、杭州西湖之龙井、黄山之毛尖等茶，在国内皆负盛名。

中国茶普通因制造季节及收获时期，而分为春茶及夏茶之二种，细别之为头帮茶、二帮茶、三帮茶及四帮茶，兹分述于次：

（甲）春茶。春茶比夏茶叶厚，液汁亦较浓。

（1）头帮茶，一名头春茶。在清明后谷雨以前，摘叶制造者。

（2）二帮茶，一名二春茶。在谷雨后十日内外摘叶制造者，头帮茶摘采后四十日，即为二帮茶摘采之期。

（乙）夏茶。夏茶比春茶叶薄，液汁淡，故夏茶之价常较春茶为廉。

（1）三帮茶，一名三春茶。为谷雨后二十日内外摘叶制造者，二帮茶摘采后四十日，即为三帮茶摘采之期。

（2）四帮茶，一名四春茶。为三帮茶摘采后经一个月，摘叶制造者，有时与前者共称为三帮茶。三帮茶与四帮茶鲜有用以输出者。

在湖南之安化，因制造时期而分为春茶、子茶、采花茶、白露茶之四种。春茶摘叶期在谷雨小满前，子茶摘叶期在芒种节后小暑节前，采花茶摘叶期为立秋，白露茶摘叶期为白露节。在上海市场，因制造地而分为次之种类：

（甲）路茶。在生产地方制造完了，运至上海交易者曰路茶。

（乙）毛茶。将茶叶运出生产地于上海地方制造者曰毛茶。

（丙）土茶。买集杭州毛茶及各地之毛茶，于上海再行精制者曰土茶。

（丁）样茶。收集在上海地方为货样之茶，而混合制造者曰样茶。

徽州茶全为路茶，平水茶之大部分为路茶，一部为毛茶，又高岭所产之茶亦有名曰岩茶者。

茶之产地及运路

按我国产茶之地，以两湖为最，皖、赣次之，浙、闽又次之，兹将各省产茶著名各地列于下：

湖南省：

岳州府属：临湘、聂家市、白荆桥、巴陵、云溪、渔口、晋坑、北港、平江、语口；长沙府属：湘乡、湘潭、醴陵、张家碑、浏阳、高桥、长寿街、安化、硒州、湘阴、益阳；衡州府属：祁阳；常德府属：桃源；宝庆府属：新化；其他各府：江南坪、桥口、黄沙坪、朱溪口、楼底、蓝田、永丰。

湖北省：

武昌府属：咸宁、马桥、柏墩、通山、阳芳林、蒲圻、羊楼峒、羊楼司、崇阳、白霓桥、大沙坪、小沙坪、通城、兴国州、龙港；荆州府属：宜都；宜昌府属：鹤峰州、长阳；其他各府属：驳岸、栗树、虎爪口、城内、西乡、桃树凹。

江西省：

南昌府属：武宁、义宁；吉安府属：吉水、龙泉；广信府属：铅山、河口镇；

九江府属：瑞昌；宁都府属：瑞金；饶州府属：浮梁。

安徽省：

徽州府属：祁门、婺源、歙县、屯溪；宁国府属：太平；池州府属：建德；六安州属：英山、霍山。

福建省：

福州府属各县、建宁府属各县、邵武府属各县。

浙江省：

绍兴府属：诸暨县；宁波属：奉化、镇海、柴桥、定海；温州属：平阳。

除上六省外，若四川、云南、广东亦均产茶。四川茶自打箭炉输入西藏，云南茶由蒙自出口运往安南，惟因交通不便，销路无几。广东茶行销南洋各埠者，皆售于华侨。兹但就六省而论，以湖广为最。湖北茶全出汉口，湖南茶则由岳州转运，亦自汉口输出，合计两省输出之茶叶年额四十万担，尚有砖茶三四十万担在外。次之则皖赣两省之茶，十之六七溯洋子江经九江而出汉口。据最近海关之报告，约三十万担，其小部分则由浙江运上海，不过十二三万担。又次之则为闽浙茶，闽茶从前极盛，当甲午前输出海外有三十万担，而中国台湾（日据时期）茶尚在外，且多系精茶，有花香、殊、工夫、小种、乌龙、白毫等名目，今则不足二十万担，向由厦门输出。今则三都澳开埠，可以直达外洋，其附近之沙埠实为茶市之中心。故论华茶之输出口，除福建茶自成范围外，余皆以汉口为中枢，由汉口上京汉车可以直达天津，一部分换装京奉车，分配于东三省、西比利亚及俄国，一部分换装京张车分配于内外蒙古及库伦。惟欧美各国，皆由海道经上海转运。盖天津为陆路机关，司西北诸省及俄领本部之贸易。上海则为水路机关，司南洋群岛及欧美诸国之贸易，此其销路之大要也。

中国茶之销路可分为国内、国外两种，试分述如下：

（甲）国内销路。中国国内所销之茶又可分为华茶及外国茶两大类。近年华茶之国内销数，无完备统计，不可稽考。至于中国所销外国茶，大宗来源为印度、锡兰、爪哇、俄国、太平洋各口及日本等处。据海关报告，自民国三年至十三年之十年中，外国茶进口之数以民国五年为最巨，以后减退甚速。兹将近十年外国茶输入国家和地区总计列表如下：

国家和地区	民国三年 担数	值关平银两数	民国四年 担数	值关平银两数	民国五年 担数	值关平银两数	民国六年 担数	值关平银两数	民国七年 担数	值关平银两数	民国八年 担数	值关平银两数	民国九年 担数	值关平银两数	民国十年 担数	值关平银两数	民国十一年 担数	值关平银两数	民国十二年 担数	值关平银两数	民国十三年 担数	值关平银两数
香港地区	13 725	381 870	11 492	267 694	14 749	340 097	13 730	348 311	12 636	310 691	13 394	309 843	15 321	354 262	25 179	552 887	22 796	548 167	19 343	482 380	21 803	460 481
爪哇等处	32 628	890 132	225 114	688 124	56 635	1 669 262	57 572	1 427 330	8 663	130 689	19 445	294 294	13	80	2 493	29 721	44	885	71	3 346	25	1 155
印度	84 331	2 468 502	103 824	2 992 346	139 550	4 516 619	79 396	2 227 575	4 562	113 292	9 523	231 947	397	18 227	463	26 869	557	40 270	648	54 593	915	75 739
英国	12 369	350 507	2 143	64 613	4 470	136 982	1 643	58 275	84	2 940	35	1 480	54	2 706	158	5 934	30	2 220	21	1 633	8	480
俄国	25 898	896 915	47 630	707 012	16 295	193 885	18 747	226 391	8 404	195 634	24 229	501 488	19 469	346 737	14 922	280 737	84 070	1 015 932	12 529	123 613	19 395	205 480
日本	23 775	464 324	12 983	262 561	19 162	400 350	27 801	505 350	14 794	216 015	12 576	150 054	11 025	169 431	6 337	168 727	5 521	162 216	4 332	124 198	7 824	161 502
其他各国	6 603	121 544	15 452	262 304	5 549	15 209	3 471	46 698	1 148	24 414	2 560	39 430	1 586	39 515	3 452	61 963	1 224	24 398	1 217	28 939	2 146	39 864
总计	199 329	5 573 794	418 638	5 244 654	256 410	7 272 404	202 360	4 839 930	50 291	993 675	81 762	1 528 536	47 865	930 958	53 004	1 126 838	114 242	1 794 088	38 161	818 702	52 116	944 701
复出口	55 228	1 235 036	35 915	599 977	24 332	673 295	12 916	363 680	2 754	64 514	1 092	42 220	2 350	67 930	5 101	98 209	11 825	194 540	37 193	530 000	14 078	165 766
净进口	174 101	4 338 758	182 723	4 644 677	232 078	6 735 992	189 444	4 476 505	47 537	929 161	80 670	1 486 286	45 515	863 028	47 903	1 028 629	102 417	1 599 548	968	288 702	28 038	778 935

（乙）国外销路。茶为吾国输出品之大宗，世界各国咸仰赖之。徒以墨守成规，不知改良，加以印度、锡兰红茶勃兴，精制远胜于华茶，日本绿茶亦收改良效果，风行于美国市场，于是昔日欧美各国市场上最占势力之华茶遂一落千丈，而为印度、锡兰及日本所侵占。然犹能在世界市场上占一位置者，则以本质尚良。要之华茶所以犹能维持不坠者，完全得诸天惠，而人力不足以副之，殊可慨也。查华茶运销世界之起源，实基于康熙十六年，英国东印度公司由华运茶叶三千五百九十斤至英国。厥后由英人运售华茶，年盛一年，更代运华茶于他邦。当光绪初元时，华茶每年出口总额有一百七十六万余担，而最盛时期为光绪十二年，竟达二百二十余万担，自是以后遂日趋跌落。当时海外市场已有竞争，然犹能保持一百五十万担以上之出口总额也。迨民国七年，竟一落而至四十余万担，较之五年，几减四倍。其原因则以红砖茶向以俄国为销运大宗，该年俄以内乱，商务停滞，其余英美市场亦各有大量减少，遂成此空前之剧减，自是以后终未能逾百万。民八稍有增进，亦只七十万担，民九且更减至三十万担。去年输出总额较有增进，市面情形亦比较稍为活动，然亦只五十七万担耳。兹以光绪二年迄于民国十三年举数列表，以觇华茶衰败之趋势焉。

历年华茶出口数目表

年次	担数					
	红茶	绿茶	砖茶	小京砖茶	茶末	共计
光绪六年	1 661 325	188 623	232 969	—	14 301	2 097 218
光绪二十二年	912 417	216 999	566 889	16 234	292	1 712 831
光绪二十九年	749 116	301 620	618 458	7 679	657	1 677 530
光绪三十三年	708 273	264 802	604 226	10 729	22 095	1 610 125
民国元年	648 544	310 157	506 461	8 499	8 039	1 481 700
民国二年	542 105	277 343	606 020	9 843	6 798	1 442 109
民国三年	613 296	266 738	583 883	12 145	19 737	1 495 799
民国四年	771 141	306 324	641 318	30 712	32 858	1 782 353
民国五年	648 228	298 728	560 185	26 669	8 823	1 542 633
民国六年	472 272	196 093	443 636	7 917	5 617	1 125 535
民国七年	174 962	150 710	75 160	63	3 322	404 217
民国八年	288 798	249 711	143 394	1 440	6 812	690 155
民国九年	127 832	163 984	11 695	—	2 395	305 906

年次	担数					
	红茶	绿茶	砖茶	小京砖茶	茶末	共计
民国十年	136 578	267 616	23 546	46	2 542	430 328
民国十一年	267 039	282 988	22 616	12	3 418	576 073
民国十二年	450 686	284 630	8 613	—	57 488	801 417
民国十三年	402 776	282 314	19 382	2	61 461	765 935

历代华茶出口价值表

年次	价值(两)					
	红茶	绿茶	砖茶	小京砖茶	茶末	共计
光绪六年	29 298 788	4 196 441	2 132 304	—	100 636	35 728 169
光绪二十二年	19 409 486	6 630 070	4 751 295	364 644	1 391	31 156 886
光绪二十九年	13 134 875	8 362 574	4 674 120	159 569	2 436	26 333 574
光绪三十三年	15 435 277	9 172 335	6 767 151	226 546	134 702	31 736 011
民国元年	15 798 971	11 036 391	6 734 071	150 405	57 689	33 777 527
民国二年	14 387 869	10 889 666	8 447 102	203 065	9 067	33 936 769
民国三年	16 203 581	10 785 584	9 034 278	235 100	198 553	36 457 096
民国四年	27 596 791	15 250 729	11 669 864	768 551	276 584	55 562 519
民国五年	18 970 992	14 231 307	9 719 215	565 135	73 768	43 560 417
民国六年	12 395 822	8 966 112	7 508 094	193 027	44 632	29 107 687
民国七年	5 731 286	7 043 983	1 262 444	1 233	27 926	14 066 872
民国八年	8 796 928	11 055 610	2 454 024	33 941	57 933	22 398 436
民国九年	3 187 793	5 359 558	300 645	—	25 139	8 873 135
民国十年	3 667 914	8 558 759	343 625	1 079	34 411	12 605 788
民国十一年	6 950 518	9 671 194	312 463	282	31 618	16 966 075
民国十二年	13 991 559	8 360 748	128 675	—	394 359	22 875 341
民国十三年	12 025 551	8 363 350	275 745	47	462 528	21 127 221

　　观于上表，吾人于华茶历年以来，每况愈下之形势，已可了然。若不亟起图之，则海外市场，恐无华茶之立足地矣。回溯光绪三十四年，华茶出口总额尚有一百六十万担，当时英国市场上所销之华茶，不过六万余担。若以近来出口总额仅四五十万担为比例，则英国市场上华茶之不绝迹者亦几希矣。爰于下章引论其失败之

由来，俾资徹省焉。

英、俄、美三国为中国茶叶之三大销场，兹分述如次：

英国列世界需茶国之第一位，为华茶最初输出之国（见前）。输出之茶，几全为红茶一种。光绪初年，华茶输于英国者，已达数千万斤之巨，英人怵于漏卮之巨，乃极力提倡印度、锡兰二处之茶叶，以与吾抗。然至光绪十二年时，华茶之输入英国者，犹见增加，乃达于一万五千数百万斤。其时印度、锡兰输入英国之茶额，已可与华额相埒。越二年更超华茶额而上之。光绪三十年英国入口之茶，几全为印、锡二处者所占。盖英国既以不平之税律加之华茶，又复禁其入口，毋怪华茶之不与敌也。计是年由中国输英者降为五百一十余万斤，不过占其总输入额十分之二十四而已，嗣后则与年递降，更较光绪三十年而不如矣。

俄国列世界需茶国之第二位，为我国近代第一大销场，所销之茶几全为砖茶。民国二年我国输入俄国之茶额为九千零六十万斤，至民国四年增为一万一千六百一十八万斤。然自后因俄国革命，华茶以输运不便之故，对俄销额遂一落千丈。至民国十年，其数额不过为二百四十七万斤，其减退之度，较诸对英国者为尤甚。华茶外销骤减，实受对俄滞销之影响。近者中俄协约签字后，两国通商恢复，我国茶叶输出业或有起色之望。

美国列世界需茶国之第三位，为我国近代第二大销场，所销之茶以绿茶为最多，几占全额十分之九。查一七九〇年已达二百二十万斤，一八二二年增至一倍以上，一八四〇年忽增至一千五百万斤以上，占其输入总额百分之九十九，亦可见其重要矣。印度茶于一八四〇年、日本茶于一八五〇年始有输入美国，为额极微。然近年竞争之结果，印度、日本茶输入美国者，已超出我国至四五倍之多，即新起之爪哇及苏门答腊亦几有越我而上之势。查我国绿茶在美失败之原因，非由于品质之逊于日茶，实由于日人之极力宣传及其制造上之取缔与改良，以迎合美人之习好。如用机器揉捻及蒸煮法以制茶叶，香味皆易泡出，美人泡茶只泡一次，故多乐用日茶也。兹将累年华茶总额出口国家和地区表列下：

历年华茶出口国家和地区表

（单位：担）

国家和地区	民国元年	民国二年	民国三年	民国四年	民国五年	民国六年	民国七年	民国八年	民国九年	民国十年	民国十一年	民国十二年	民国十三年
香港地区	95 788	103 377	89 982	118 657	129 636	78 433	88 872	97 278	95 607	120 675	109 403	131 619	124 354
印度	9 586	17 124	16 147	20 939	10 716	32 476	23 304	18 249	9 759	30 130	47 654	76 806	53 595
土、坡、埃等处	29 973	15 784	13 428	27 407	16 821	5 016	13 205	4 543	17 604	33 014	64 769	85 643	115 149
英国	97 905	76 086	140 795	169 999	120 190	34 954	37 333	213 388	36 287	31 514	75 911	167 542	205 475
德国	61 615	40 601	33 188	—	—	—	—	—	31	5 064	20 425	32 508	25 579
和国	14 211	6 270	14 864	830	—	—	—	1 686	2 788	5 362	13 370	28 913	25 834
法国	75 555	64 214	45 202	74 219	31 032	21 419	27 853	61 440	28 528	15 450	40 458	219 905	28 615
义国	33	27	34	28	793	552	191	1 812	832	4 324	7 569	18 522	14 359
俄国	839 689	905 967	902 716	1 162 842	1 049 933	733 653	95 705	165 334	11 566	24 715	27 594	12 064	53 455
日本及朝鲜	18 376	4 106	11 181	7 585	3 731	10 315	10 838	6 497	7 130	7 287	9 086	11 710	6 400
坎拿大	24 586	10 256	16 032	17 699	12 135	11 084	5 663	6 996	4 947	5 436	13 935	11 835	5 218
美国及檀香山	157 562	143 835	170 521	137 672	145 534	171 600	72 398	83 582	71 343	127 547	121 261	140 953	79 473
澳洲纽丝纶等处	10 801	11 182	7 706	15 345	2 397	613	1 360	3 313	3 448	1 668	6 248	22 458	8 603
其他	46 020	43 282	34 001	29 131	19 715	25 420	27 495	26 037	16 036	18 142	18 390	20 939	19 826
共计	1 481 700	1 442 111	1 495 797	1 782 353	1 542 633	1 125 535	404 217	690 155	305 906	430 328	576 073	981 417	765 935

华茶失败之原因及改良之要点

华茶失败之原因，论者不一，日本楢原氏之论，颇中要肯，兹录之。其言曰：中国人民之培植茶园，皆农民为之。茶园之旁多种菽麦，无专种茶树之地，亦无专事制茶之人，故茶树之培养、茶叶之采摘、制造之方法，皆墨守旧章，不知改良，出品因此日劣。出品既劣，价格必落。农民更减少制造费以补之，故愈陷于粗制滥造之弊。加以华商不通海外情形，不顾将来得失，贪利挽伪，以致欧洲市场华茶声价堕地，而印度、锡兰乘机崛起等语。查吾国之植茶事业，其种茶者皆系个人营业，无一定之栽培法。凡有十亩之园者，土人遂呼之为大园主。植茶之法参差不一，制茶之法尤多不合。凡产茶之处，数月前茶商由四方云集。先与茶园主为生叶卖买之契约。至茶萌芽时，雇附近之妇女、幼童采摘其叶加以焙制。近年来粗茶售与俄人为茶砖原料者，往往获利，遂以摘嫩叶制精茶为不利，故唯贪目前之利，皆制粗茶，殊不知果能制造改良，用新法以制成精茶，输出于欧美市场，又何难争胜。要知华茶品质，实在印锡之上，现在所不及者惟制造装置之未得法耳。而其大要，尤在无贩买机关，既无团体，又乏资本。茶市定价，授权外人，洋商以种种手段抑勒茶商，茶商转而抑勒茶户。茶户不堪其损失，有愿将茶叶售与俄人者，有拔去茶树改种他物者，是诚华茶失败唯一之主因也。故欲推广茶叶出口，其有待于国家之维持保护者，至为重大也。

《中外经济周刊》1926年第173期

北京茶叶之需给状况

北京饮茶之风极盛，不独上流社会嗜之，即下层阶级如车夫、苦力等人，亦莫不皆然。盖茶叶一物，能涤除烦燥，人之操作愈苦者，其渴饮亦愈甚。故北京车夫、苦力，于其勤劳之余，相聚倾壶长吸以为快，不过多购零包茶叶而已。此等人殆视茶叶与食粮同为其每日必需之品，其消费之总量，并不亚于上中社会。而市内公众品茗之场所，亦指不胜屈，其中形式最古者为茶馆，城内外大街小巷莫不有之。此等茶馆有兼售食物者（俗名茶饭馆），有说书助兴者（俗名清茶馆），顾客以中流以下阶级为多。至略仿南方之形式者，谓之茶楼，概起于光绪二十六七年以后，如劝业场、第一楼、青云阁、东安市场等处，入座以中等阶级为多。而公园、戏园及各游戏场中品茶之人，为数亦夥。此外路旁所设之茶摊（花儿市最多）及游行街上之茶挑，亦到处皆可见之，故茶叶一项实为极大消耗品。据茶业中人计算，北京茶叶每年消费总额约为三百七十万斤乃至四百余万斤。城内外之茶叶店，大小不下三百余家。

北京茶叶之种类，可大别为绿茶、红茶两种，其中绿茶销数最多，约占百分之九十九，红茶不过百分之一而已。红茶来自汉口者为最多，福州次之；绿茶以徽州及浙江货为最多，福州货次之，六安货（安徽霍山产）最少。在光绪二十六七年以前，北京销行之茶，概为六安货，嗣后以风气变迁，六安茶销数逐渐减少，迄于现在，其势力已一落千丈。而所以起如是之变迁者，则有三因：（一）……乱后，南方人来京者日多，类嗜徽州、浙江之茶。例如龙井茶，在光绪二十六七年以前，每年所销不及五百斤，现在每年销数常在一千担以上（每担一百斤）。（二）六安茶气味虽佳，而不耐冲泡，经两度冲水之后，味即淡薄。从前北京人饮茶概使用盖碗，每碗至多不过冲泡三次而已，自南式茶楼设立以来，改用茶壶，六安茶遂以不耐数度之冲泡，而日就淘汰。（三）六安叶片单薄，起茶时易生末茶。据茶叶店谓六安茶每箱筛出之茶末梗片，约占百分之三十，而徽州、浙江、福州等处之货，则每箱至多不过出百分之十六，故北京业茶者亦不喜办六安茶。现在六安茶之销路，已改趋于山东方面，北京专办此茶者，仅有鸿记六安庄一家（大栅栏），为数亦日就减少之途也。

北京茶叶之来源，有直接往产茶省份采买者，有就天津批买者，有就北京各大茶店批买者。（一）资力薄弱之茶店，多系就本京各大茶商批买。在十余年前，尚有外路客商运茶来京，其时客商到京，咸住于茶行之内，将货物委托茶行代为出售。茶行对于客商，每日征收伙食银一钱，卖买成交时，扣行用三分。当时北京开设茶店，但使信用确实，即有客商供垫货品，习惯上第一年来货，第二年清账。故茶店之资本，只敷装潢门面及各种设备费为已足，并不另备货本。专有外路客商及本京六大茶商，向产茶者分安设茶庄，采买各种茶叶，供给茶店之需。民国以来，茶行取消外路，客商已无来京者。各茶店除向天津批买外，全仰本京各大茶商之供给。而年来茶价昂贵，运脚用费亦较前增涨。各茶商与茶店之交易，多须现款，或按期清账，亦不似从前之常年压垫资本矣。（二）往天津办货者，系向天津之茶叶栈纸局（经售闽浙纸张兼营茶业）及茶店（如正兴德、全祥等家）批买。订立合同后，由转运公司包运，转运公司并可以代办报关及代收货价。货物到京，由车站货厂搬运至前门外打磨厂各货栈，通知各茶店交运费包单后，即可提货。各茶店亦有自行运货者。（三）直接往产茶省份采买者，概属资本雄厚之茶商，其规模既大，办货手续亦较为繁难，经手者概系富有经验之人。

直接往产茶省份采买之方法：（一）红茶系往汉口采买。（二）六安茶从前往安徽霍山设庄收买，现改在河南周家口办货，运至郾城，装京汉车运京。（三）皖、浙、闽茶系在徽州、淳安、福州等处安设茶庄，从事收买。徽州所属歙县、休宁、婺源（此两县均属绿茶，集于屯溪，多往外洋）、祁门（产红茶集于汉口）、绩溪、黟县（此两县产额较多）皆产茶，而歙县绿茶出产最富，故北京茶商前往设庄者亦最多。该县产茶地方在县北黄山一带，北京茶商通常于每年春季，派人前往山中安设茶庄，其房屋器具，均临时租用。办事人分掌柜、过秤、看货等，各有专责。事务过忙时，并可雇本地人，帮同看货，事先并于各处张贴收买茶叶之广告。其地山户（种茶者）将茶叶摘下后，略为晾晒，再盛入竹笼（俗名焙笼，每笼约可盛十斤）中，用炭火烤干，俗名上焙。即肩负至各茶庄求售，茶庄即按货优劣给价收买。收买之时期，多则二十日，少则半月。收买足额，即行收庄，将所收茶叶盛入口袋，挑运至深渡镇（镇在歙县城西南，北距黄山九十里，西距屯溪九十里，民船可下航至杭州）可通民船之地方，改装木箱，雇民船运送。装箱之前，须就地雇工将茶叶重行烘焙一次，烘后不得十分冷透，即行装箱。盖过冷，则装箱时易致碎损。箱系木质，每装茶一层，即以布盖其上，用两足力踏之使紧，再装再踏之，务使紧固，故一箱可装一百三四十斤，箱外编以竹皮，更加麻袋绳捆之，即可交民船运送。由深渡镇下驶，涨水时七日可达杭州，水浅时须十日，或半月不等。若在浙江之淳安县设庄采买，收茶以后，即可上焙装篓，交民船运送，省挑送之烦，水程亦可省三数日。民船运至杭州时，须过塘至拱宸桥换船，运至上海，约二日可到。茶抵上海，若系无须薰花之素茶龙井等，即可交招商局轮船运送天津。若须加工薰香者，则由上海运至福州，经薰窨之后，再运至津。故北京茶商前往徽、浙等处者，通常于旧历二月底或三月初，由京起程，每家同时派人四五名，例必有一人先往福州，预为薰茶之准备，以便茶到福州时，即可加工薰制也。

在福州设庄收茶者，其租房屋、置器具一切手续，均与歙县相同，惟不必深入山中，即在南台下渡一带安设茶庄，专有茶贩子前来兜售，茶庄收买后，连同上述徽、浙运来之茶，一并薰制。福州产薰茶用之茉莉、珠兰等花甚富，专有花贩子供给。茶庄从前薰茶场，多设在南台，后因水患，乃移至仓前山之下渡，亦因其地距税关较近，便于报关故也。茶叶薰制后，统交招商局，运至天津。由福州出口时，须纳出口税，抵天津又须纳进口税，均值百抽五。若在歙县之黄山收买者，厘税手续尤繁。计由深渡镇等处起运时，即起引完税，路经街口汪家屯、淳安、严州等处，须验票四次，抵潼关（距严州三里）又须重行起引纳税。至杭州验票一次，运往上海时，须在杭州关报纳出口税，由上海运至福州薰窨者，入口时，须向福州海关报纳进口半税。薰制后欲运天津，须经税关吏查验，确系原货，则准其报纳复出口半税，至天津仍须纳值百抽五之进口税。通常为免向厘卡直接交涉起见，将厘金、水脚统包与船户承办，尚可省却若干开支。年来运货水脚逐渐增涨，较五年前约涨十分之三，原产地之茶价（山价）亦渐昂，闻今年山价比去年约增涨十分之三。由原产地运到北京，所需运费税厘及各种花销之数，常比山价约增至两倍云。

北京茶商最先往南方办茶者，为冀州寇姓。有清之初，徽商方、张、汪、吴四姓，始运茶来京，其后鲁商孟姓（瑞蚨祥鸿记）亦加入，俗所谓六大茶商是也。现时经营此业者为鸿记，鸿记、六安庄、吴德泰（均在大栅栏）、吴恒瑞（在宣内大街路东，灯市口吴瑞春，东四北路东德丰茶店、星聚茶店，宣内大街路东祥瑞茶店，隆兴寺口德一茶店，皆其联号）、吴鼎和（西单牌楼）、锦泰（锦十坊街）、庆林春（劝业场本店在福州）、隆泰（在西四牌楼，后门外永泰茶店、安定门内同泰茶店、海甸聚泰茶店，皆其联号）、方景隆（石头胡同南口外）、王森泰（在前门外大街，安定门内和泰茶店、前门大街利泰茶店，皆其联号）、吴鼎裕（在崇外大街，海甸及清河镇之德利茶店，彰义门内协力茶店，皆其联号）、恒通（东安门大街）、景泰（米市大街）、肇新（骡马市）、洪裕茂（菜市口）、张一元（在大栅栏及观音寺，花市张玉元茶店、崇外西夹道张正元，皆其联号）、汪元昌（东四牌楼）、正祥等十八家。各家往南方办货之资本，多则二十余万元，少则五万元。所办之货，除在北京发售外，亦就天津批卖。此等茶商，在南方多另立庄名，例如福州京帮茶庄，即张一元景泰及汪正大（已歇业）外，概不用其本店名称，而另立庄号，如鸿记曰泉祥、正祥曰光线、肇新曰乾太成、吴恒瑞曰同德、王森泰曰生泰是也。其资本损益计算，亦北京与福州各别行之。

北京茶店购进茶叶后，例加以筛分，其法系先拣去茶梗，再以数种大小不同之筛子，依次筛分之。下之筛茶，分为高、中、次、末凡四等，六安茶则筛分之后，尚须簸去薄片。茶店亦薰制香茶，其所用之茉莉花，系南西门外各花厂所产（每年旧历五月节收买），薰成之茶，往往用"双薰""双窨"等名称。筛茶薰制，均甚费工夫，故茶店用人，往往达三四十名之多。

茶店门售之茶，往往随意设定种种新奇名称，将同等之茶，任意分为数种，售价不同，以图厚利。以故市上种种茶名，如"蒙顶云英""名岩珍眉""仙源佳品"等类，多至不可胜数，其实毫无深义。现在北京最畅销之茶，为香片、龙井两种，红茶、素茶销数无多。在民国十三年以前，门售价码，均系钱盘，忽跌忽涨，各茶店议改用洋码，然以习惯猝难遽改，乃定为整斤用洋码，零包仍用钱码。现在普通售价，茉莉香茶每斤售三角二分乃至三元二角，珠兰香茶每斤四角八分乃至二元四角，龙井每斤九角六分乃至三元二角，红茶每斤四角八分乃至二元四角，零包售铜元二枚乃至六枚不等，较五年前增涨一倍（按各茶店定价，有茉莉茶最高至十二元八角，龙井最高至九元六角，此等高茶，不过徒备一格而已，其实购者甚稀）。北京所售之杂茶，有午时茶，来自杭州，每盒售银三角，普洱茶产于云南，系由云贵客商每年随云贵药品带来，骡马市大街同丰帽店所售者最著名，每斤九角六分乃至三元二角不等。此外有苦丁茶，系六安之老叶揉碎者，专为饲骆驼之用（可医热病），近年到货极少。又有俗名"土茶"一种，系用枣树叶制成，产于西山昌平及十三陵等处，乡人背负来京，因其价廉，下层阶级用者不少，屡经各茶店以有碍卫生，呈请官厅查禁，现在各茶摊、茶挑使用此茶者仍多。

北京茶店合组之茶行、商会，系民国二年成立，现有会员九十七家，该会代收牙税，年额二千五百元，由各茶店分摊，每年分四月、十月币期缴纳。

《中外经济周刊》1926年第179期

苏俄推广茶业

一九〇七年俄国种茶之地，仅四百七十海克塔，至一九一四年增为七百三十五海克塔，一九二二年以来，俄政府竭力提倡种茶、制茶，于是茶业更日见兴盛。种茶地面现达一千七百五十海克塔，收获干茶叶数量初仅八十万磅，现达二百万磅。俄国茶地四分之三属诸国家，其余为普通农家所经营。雪克发地方之茶田，大概完全为政府所种，普通农家之茶田，在一九二四年时，仅占地一百八十一海克塔，现亦增为四百四十海克塔。该国现已添设制茶厂两所，凡国内出产之茶，可全由本国茶厂焙制。闻俄政府以茶业利益甚巨，尚拟设法推广云。

《中外经济周刊》1926年第188期

日本茶叶产销状况述要

茶叶自中国传入日本，相传在西历八○五年，嗣是行销逐渐推广。至十三世纪初，已成为全国通行之饮料，现在日本约共有种茶地面十二万英亩，主要产地为奈良、京都、三重埼玉、静冈等县，而静冈所产约占全国产额之半，尤为首屈一指。日本茶叶之收获分四期。第一期自五月至六月中旬，第二期自七月中旬至八月，第三期至八月中旬至九月，第四期在九月以后。日本所产以绿茶为多，闭关时代仅供国内销用。至一八五三年，始输入美国，近十年平均，日本每年约输出茶叶三千万磅以上，其中约百分之九十运销美国，次要销路为坎拿大，上年俄国亦销日茶七十余万磅，历年输出总额比较如次。

（单位：磅）

1916年	41 460 431
1917年	42 345 974
1918年	41 400 514
1919年	27 799 723
1920年	22 816 015
1921年	16 552 971
1922年	27 100 484
1923年	25 709 400
1924年	22 342 128
1925年	25 131 125

《中外经济周刊》1926年第190期

一九二七

十六年度本市出口之茶

我国茶叶向为出口之大宗，奈年来经营者墨守成法，出品日劣，同时日本、印度等国之竞争益烈，出口总数遂年年降落，然终乏正确之统计，非业中人不易洞悉其情形。本局得茶业会馆报告十六年份出口茶叶销地，经本局整理制就图表，汇刊于下：

1.茶叶到销余存比较表

（单位：箱）

红茶			绿茶		
到	销	存	到	销	存
4 309 378	4 297 237	12 141	441 346	407 129	34 217

2.红茶运销各国比较表

（单位：磅）

国别	十六年	十五年
德、荷、丹诸国	688 013	868 764
美国及坎拿大	1 274 141	1 113 151
英国	5 974 274	5 893 194
法国	399 953	299 630
北斐洲	316 795	394 354
海参崴	3 616 799	4 332 128

3.绿茶运销各国比较表

（单位：磅）

国别	十六年	十五年
德、荷、丹诸国	63 796	56 131
俄国	2 834 266	1 915 733
美国、坎拿大	4 152 522	6 244 709
英国	1 063 090	413 493
法国	1 860 048	2 005 720
海参崴	2 343 533	1 746 665
北斐洲	5 679 906	7 127 751
印度及波斯	1 330 518	2 361 223

4.茶末运销各国比较表

（单位:磅）

国别	十六年	十五年
英国	494 100	1 575 000
俄国	1 843 800	1 097 250
按此数并汉口出口在内,上海约占三分之一		

5.红茶来源比较表

（单位:箱）

祁门	88 227
宁州	39 571
温州	6 277
两湖	175 304

6.绿茶来源比较表

（单位:箱）

平水大帮	133 131
路庄大帮	18 437
珠茶	21 430
凤眉	1 632
珍眉	112 706
秀眉	57 829
熙春	96 721

7.茶末来源比较表

（单位:箱）

祁门	19 493
宁州	11 679

《上海特别市农工商局半年刊》1927年第1期

华茶在英销路渐有起色

我国茶叶销售海外，以英、俄为大宗。华茶在英之销路，迩来因印度茶、锡兰茶销路日增之故，华茶运销英国，突见疲缓，自前年起，因我国茶商极力整饬之结果，又复渐见起色。印度受华茶之打击，销路已较前减色。我国驻伦敦总领事昨报告度华茶在英销售情形，谓华茶在英销售渐广，印茶逐渐减少，锡兰茶并无增减，惟因茶色不纯，尚难发展云。

《商业杂志》1927 年第 6 期

中国茶产销状况

中国茶叶南产为多，如山茶及各种植、采、晒、薰、炒、泡等，均有专法。其余各国皆认中国之茶叶，为饮料之滋养品，其每年由中国出口运至各国者，以数百万磅计。又印度、锡兰红茶，日本……绿茶，每年输入中国者，竟达一千余万磅之多。现中国政府，亦扩充输出，增加生产，并研究种茶新法，并予以嘉奖。近查各茶，虽有船来，而中国之茶叶，仍占优胜之位置云。

《商业杂志》1927 年第 6 期

送茶娘歌（歌谣）

寸　中

新扯田塍两面光，
一交绊了送茶娘。
倾了细茶犹自可，
泼了细茶满陇香。

"我的姐也，看你如何回去见家娘！"

《新女性》1927 年第 7 期

茶一①

九月份本埠茶市，走销尚属畅达。全月共成交八万六千八百六十一箱，比八月份减四万一千五百九十三箱。在月初四五等，日英法行家，均以海外来价太小，不敢孟浪进货。及至七八等日，摩洛哥订购珍眉电报，纷至沓来，市面顿呈发展气象。婺源高庄珍眉，销路最俏，屯溪、遂安之货，亦相继畅销。中旬有四万余箱之到源，销路以法国市场陈茶已近廓清，需要叠起，比上旬又大进步，就中尤以珍眉、珠茶、针眉等项，市面最佳。大帮、贡熙两项，虽不十分疲滞，然仅协助会锦隆两行搜办，市盘步跌，殊难立住。红茶如祁、宁两路，英、俄虽尽力搜买，市价坚挺，而湘、鄂两省之货市面仍呆。十九日至二十四日，市况略形疲静，俄、法两庄，对于中庄之珍眉、贡熙，进意虽浓，然华商多抱随盘就市之态度，交易旺而市盘倾跌，湖州路庄大帮，锦隆、同孚购去数帮，亦见跌三四两。二十五日后，俄国协助会因俄市华茶销畅，见白头庄乘时抢办，恐供不应求，乃扫数搜买贡熙，由乾记、洪源永、永盛昌等茶栈，陆续提出大堆，谈成万余箱，交易之旺，为开盘后所始见，价亦步涨一二两，珍眉亦为带挺。婺源、屯溪之高庄货，来源已告竭蹶，英、法等庄需求仍殷，惟中低庄货存底尚有，市价尚无回高之可能。他如湖州、大帮销路久疲，又跌二三两，路庄大帮，销路尤呆，皆受美市日茶充塞价廉之影响。然总观绿茶大势，本年产额既非过丰，销路有如此之速，亦可谓佳遇矣。兹将九月各茶成交数与八月份比较，及月末存底，列表如下：

茶名	9月成交数(箱)	8月成交数(箱)	比较(箱)
珍眉绿茶	33 098	25 904	增 7 194
贡熙绿茶	21 789	23 165	减 1 376
针眉绿茶	7 970	7 029	增 941
大帮绿茶	3 799	6 672	减 2 873
虾目绿茶	2 590	3 578	减 988

① 为区别题名，"一"为整理者添加。后同。

茶名	9月成交数（箱）	8月成交数（箱）	比较（箱）
秀眉绿茶	2 424	2 291	增 133
贡珠绿茶	658	2 230	减 1 572
蕊眉绿茶	1 205	1 131	增 74
凤眉绿茶	257	404	减 147
蛾眉绿茶	325	136	增 189
贡熙绿茶	680	185	增 495
芽雨绿茶	24	12	增 12
眉雨绿茶	170	56	增 114
珍眉陈茶	281	764	减 483
贡熙陈茶	478	无市	全增
秀眉陈茶	310	无市	全增
针眉陈茶	21	无市	全增
平水绿茶	11 398	29 004	减 17 606
祁门红茶	413	6 438	减 6 025
宁州红茶	7 106	5 905	增 1 201
温州红茶	512	93	增 419
祁花香末	138	3 266	减 3 128
两湖红茶	222	无市	全增
福建红茶	无市	101	全减
宁花香片	506	1 392	减 886
宁花香末	421	464	减 43
湖花香片	无市	144	全减
河口红茶	66	352	减 286
合计	96 861	120 716	减 23 855

存底茶名	箱数（箱）
路庄	47 611
土庄	14 616
平水	29 849
工夫	3 175

茶二

十月份茶市，洋庄购买力强健，大势甚佳，总共成交十一万零六百五十五箱，比九月份增二万三千七百九十四箱，以二十前后交易为最旺。上旬，贡熙一项，莫斯科来电订购，协助会大举开办，交易独畅，价涨二三两。珍眉因英伦、摩洛哥两市场，销路发动，上中庄货，走销亦佳，价亦涨三四两，低庄货则如故。针眉、秀眉等货，亦比前活动，惟湖州路庄两路大帮，去路仍呆。十一日后，摩洛哥订购珍眉、珠茶之电纷至，成交极旺。贡熙因上中货售罄，交易见减，路庄大帮，美销完全停顿，市盘逐步低落。平水大帮，锦隆洋行购万余箱，因疲滞已久，亦跌价三四两。十六日后，纽约销路发动，锦隆洋行乃大批购进，计自十七日至廿二日止，连续购进二万八千余箱，交易之盛，近今所未有也。价自四十二两至四十五两，无甚上下，珍眉、贡熙低庄货，摩洛哥、孟买、巴斯等处，已略有走路，人心渐定，往后各茶存货均薄，市面渐呈衰落气象，然英、法白头各庄，进意仍殷，供不应求。珍眉一项，婺源北部最优等货，交易尚旺，价开百五十两，已涨起三四两。贡熙因俄庄宣告停办，白头庄销胃较小，市势见衰。平水大帮，美庄虽继续订购，然无前此之盛，价亦平定。其余针眉、蕊眉疲滞如故。现下本埠红、绿茶存底，不上六万余箱。红茶英、俄两庄尚饶进意，绿茶则法国销路极畅。珍眉、珠茶市价步涨，茶商获利已丰，针、秀、蕊眉虽略疲滞，不足忧矣。兹将十月份成交茶箱数，与九月份比较，并月末存底列表于下：

茶名	10月成交数（箱）	9月成交数（箱）	比较（箱）
平水绿茶	49 146	11 398	增 37 748
珍眉绿茶	16 583	23 098	减 6 515
贡熙绿茶	20 397	21 789	减 1 392
大帮绿茶	1 136	3 799	减 2 663
针眉绿茶	5 325	7 970	减 2 645
虾目绿茶	1 956	2 590	减 643
秀眉绿茶	2 181	2 424	减 243
蕊眉绿茶	552	1 205	减 653
贡珠绿茶	529	无市	全增

茶名	10月成交数（箱）	9月成交数（箱）	比较（箱）
凤眉绿茶	386	257	增129
蛾眉绿茶	765	325	增440
眉熙绿茶	764	680	增84
眉雨绿茶	269	170	增99
芽雨绿茶	32	24	增8
贡熙陈茶	无市	478	全减
秀眉陈茶	无市	310	全减
针眉陈茶	无市	21	全减
珍眉陈茶	无市	281	全减
祁门红茶	972	413	增559
宁州红茶	2 437	7 106	减4 669
两湖红茶	178	222	减44
温州红茶	97	512	减415
祁花香末	753	138	增615
芝珠陈片	24	无市	全增
蕊珠陈茶	10	无市	全增
宁花香末	6 047	412	增5 635
宁花香片	无市	506	全减
河口红茶	无市	66	全减
湖花香片	116	无市	全增
合计	110 655	86 194	增24 461

月末本埠存底茶叶箱数如下：

茶名	箱数（箱）
路庄	35 516
土庄	14 616
平水	16 249
工夫	4 339

中国茶业概况

毅 民

世界产茶之地，以中国、印度、锡兰、爪哇为主要产地。我国茶叶本系大宗出口品之一，在输出品中实占重要位置，每年运销国外为数颇巨。统计当最盛时，每年输出约三四千万两，销数之广，人皆知之。民国十四年，茶之输出总额为八十三万三千零八担，较诸光绪十二年，输出额最巨之二百二十一万七千二百九十五担，其锐减之数，诚使人有今昔之感。我国产茶之地，以安徽、江西、浙江三省为最，其他江淮以南诸省均产之。如安徽省，则以婺源、屯溪之绿茶，祁门之红茶，最为著名。我国茶叶，运销国外者，有红茶、绿茶、红砖茶、绿砖茶、小京砖茶以及茶末、毛茶七种。红茶大都运往英、美、俄、德、暹罗、新加坡及澳洲等处，绿茶则以法、俄、英、美、印、土、埃及……坎拿大为主要销路。其他茶砖、茶末、毛茶等，则大都运销于……新加坡、澳洲等处。溯自民国七年以来，我国茶叶销路，颇有江河日下之概，输出额仅四十万担至八十万担，值关平银一千一百万两至二千二百万两，约占输出品百分之二点七四至百分之二点八五。茶业顿滞，甚至有一落千丈之景色，揆厥缘由，约有以下三端：我国商人心术多诈，其初样子极好，而交货时往往杂以次货，外人虽难受一时之愚蒙，然其后之交易，遂大受影响，盖中国人既不顾信用，以鱼目混珠，于是华茶之销路，日见退化，此一端也。近年以来，外茶之竞争甚烈，印度、锡兰诸地，皆植茶树，制法精良，出产丰富。外商以彼地之茶，与中国不相上下，且货真价实，乐与通商，遂夺华茶之销路，此又一端也。我国茶商，墨守旧法，不知改良，对于茶树之栽培、采炙及装置，均不如外茶之考究，以至收叶不丰，装置不能贮久。成本既贵，出货又迟，茶销停滞，此又一端也。有此三端，以故华茶出口，遂渐乎衰颓，良可慨焉。兹将最近十五年茶叶输出情形列表于后，俾知茶业衰落之一斑。

兹将最近十五年茶叶输出总数列表如下：

年份	输出总额（担）
1912年	1 480 000

年份	输出总额（担）
1913年	1 423 000
1914年	1 490 000
1915年	1 780 000
1916年	1 550 000
1917年	1 120 000
1918年	400 000
1919年	300 000
1920年	380 000
1921年	430 228
1922年	576 073
1923年	801 419
1924年	765 935
1925年	833 008

观上表可知，近年来华茶销路较前略有转机，倘能乘时急起直追，或可恢复以前地位，愿茶业人士勉之，兹将最近华茶出口分类列表于下：

一、红茶（black tea）

年份	担数（担）	价值（关平两）
1922年	267 039	6 950 518
1923年	450 686	13 991 559
1924年	402 776	12 025 551
1925年	335 583	9 700 008

二、绿茶（green tea）

年份	担数（担）	价值（关平两）
1922年	282 988	9 671 194
1923年	284 630	8 360 748
1924年	282 314	8 363 350
1925年	324 564	9 593 321

三、红砖茶(brick black tea)

年份	担数(担)	价值(关平两)
1922年	20 902	286 660
1923年	7879	149 033
1924年	15 048	218 769
1925年	103 774	2 021 897

四、绿砖茶(brick green tea)

年份	担数(担)	价值(关平两)
1922年	1 714	25 803
1923年	734	9 642
1924年	4 334	56 949
1925年	38 143	495 859

五、小京砖茶(tablet tea)

年份	担数(担)	价值(关平两)
1922年	12	285
1923年	0	0
1924年	2	47
1925年	0	0

六、茶末(dust tea)

年份	担数(担)	价值(关平两)
1922年	2 600	19 212
1923年	55 224	363 834
1924年	59 351	435 162
1925年	14 443	121 314

七、毛茶(leaf unfired tea)

年份	担数(担)	价值(关平两)
1922年	818	12 406
1923年	2 264	30 525

年份	担数(担)	价值(关平两)
1924年	2 110	37 366
1925年	14 501	213 269

德兴茶税征收局

局名	德兴茶税征收局											
月份	1月	2月	3月	4月	5月	6月	7月	8月	9月	10月	11月	12月	全年
正税比额	无	无	无	无	527 925	2 556 000	2 970 000	1 517 625	879 188	824 625	208 687	无	9 484 050

浮梁茶税征收局

局名	月份	正税比额
浮梁茶税征收局	1月	无
	2月	无
	3月	无
	4月	无
	5月	15 858 159
	6月	1 695 044
	7月	3 144 165
	8月	2 951 970
	9月	1 639 332
	10月	948 598

局名	月份	正税比额
浮梁茶税征收局	11月	无
	12月	无
	全年	26 237 268

《江西财政公报》1927年第13期

十年来丝茶贸易概况（下）

子　明

茶类贸易

　　民国六年，吾国运往国外茶类，在最近十年中，可谓首屈一指，计出口红茶四十七万二千二百七十二担，绿茶十九万六千零九十三担，砖茶四十四万三千六百三十六担，毛茶一百四十五担，茶末五千四百七十二担，未列名者七千九百一十七担，共计一百一十二万五千五百三十五担。按此成绩，虽可人意，然比较五年，已觉逊色不少，至其减少之原因，由于英国禁茶进口，红、绿茶遂无销路。砖茶则因西比利亚铁道停运商货，砖茶向以俄国销场为最大，今既无从输出，而俄国罗布票市价，又大跌落，故砖茶销数，大受打击也。

　　民国七年茶市，中外茶商俱受损失，为向所未有。查红茶出口，向以往俄销售为多，约占出产全数四分之三，就每年平均计之，大率有二千八百五十万磅。是年因该国内乱，除西伯利亚稍有销场外，贸易全无，以致是年运出数量，减至三百万磅，英国止限政府一部分略有祁门、宁州两茶之销数，计三百万磅。惟无船可装，运往之时较迟，美国贸易锐减，是年仅有一百万磅，上年则有一千万磅。此因爪哇茶之竞争，两年来，该茶运美者甚多，并非先有受主，乃姑存栈房静待销售。其所以然之故，系因澳洲销场，有非英茶一概不得进口之禁令，加之俄国销场断绝，更兼和国销场受协约国之束缚，不准多运，遂有如斯成绩。汉口砖茶莫斯科顾客竟无问津者，幸秋间有海参崴顾客，除将现货悉数购置外，且复定制甚多。内地出产，绿茶照常，惟因汇价高，运费贵，价值因之更昂，以致美国贸易缩小。摩洛哥及非洲北面其他各处，因战事影响，转运维艰，市场到茶甚少，故法政府于十二月间曾在上海采办二万五千担，上海存茶因此稍得流通。

民国八年，茶市较上年为佳，惟以俄国销路断绝，其他市场，即极少之数，亦不克吸收。伦敦限制华茶入口之禁令，是年虽已解除，但华茶在英销售，每磅须纳税一先令，英茶则只纳税十便士，两相比较，华茶未免吃亏甚巨也。吾国茶商鉴于华茶出口之日趋厄境，乃于是年呈请政府，请将出洋茶叶免税。九月二十七日，经政府指令照准，自是年十月十日起，所有华产之茶报运出洋者，应纳之海关正税概予豁免，以二年为限，一应税厘，亦一并核减五成。华茶遂得稍舒喘息，是年出洋茶数，英国绿茶占有六万九千四百一担，红茶十三万七千六百八十四担，实为近年来无与伦比之数；法国绿茶占有五万三千六百三十二担，红茶七千八百零八担；美国绿茶占有七万二千九百三十一担，红茶一万零五百一十四担，内有二万二千担，系由陆路及太平洋各口运往俄国者。

民国九年，第一季茶市仍旧不佳。俄国绝无销路，中国红茶市况，疲弱达于极点。祁门茶收成计有五万八千半箱，售出约有一万二千半箱，每担值价二十三两至六十五两。宁州与武宁茶两种，收成计有一万二千半箱。汉口茶是年已不由外商采办，收成仅有三万四千半箱，华商购去计有四千半箱，尚有前两年存茶七万半箱，未能售罄。绿茶内地收成计有十六万六千半箱，质地优美，其为上等者销路颇强，非洲北部运去好茶甚多，因中国绿茶仍为该处土人所乐用。平水、湖州两茶，因美国存货拥挤，市面困顿，不无损失。熙春茶收成计有一万五百半箱，而售出只有二千二百半箱，其所以售出如此之少者，因俄国销路阻断，不能运往中亚洲市廛上之故耳。

民国十年之茶市，大致引为乐观，足称快意。汉口与九江红茶，是年意在推去陈货，其新茶之采收，极为有限。幸印度及锡兰茶之产额亦复减少，故是年之短收，所得效果，如愿以偿，上年茶季存货几千销售尽净。祁门与宁州茶收成大减，品质亦次，然所出之产额转瞬尽为上海市场吸收而去，得价亦优。宁州茶每担由二十二两至五十五两；祁门茶每担由三十两至四十六两。汉口茶品质太劣，叶长过老，香味不足，销路未见畅达。九江绿茶市面颇佳，系因日本茶叶缺少，于该国内得有销场之故，存货脱售，颇为如意。查绿茶销路向以美国、亚洲中部及非洲、摩洛哥为市场之中心，是年运往美国者计十一万八千三百七十二担，英属印度二万八千零八十二担，土耳其、波斯、埃及等处三万二千八百一十四担，法国一万二千六百九十五担。砖茶与毛茶增加甚多，但茶末运出之数，继续减跌。又出洋茶税之豁免期限，是年十月十日已满，又蒙政府批准展限一年云。

民国十一年之茶季，可谓颇佳，出口茶商获利优厚，惟山家自称所得不多。红茶一项，销路极旺，其额远出上年。计祁门茶有四万二千半箱，宁州茶一万三千半箱，汉口茶十万半箱，价格均尚满意。当八月份时，欧洲缺货，华茶销路最旺，年末境内红茶无存，致俄国之需求，莫能供给。绿茶收成品质，略上在上年之上，是年九江出口之数，较上年为多，欧洲及北非洲销路坚固，美国购入仅为少数也。总计是年出口红茶二十六万七千零三十九担，绿茶二十八万二千九百八十八担。茶末在伦敦价格颇高，是年出口加增不少，砖茶无甚变迁，惟毛茶所减甚巨，再海关豁免出口茶税，又蒙政府允准展期一年云。

民国十二年出口茶总数量计八十万一千四百一十七担，比上年增加二十二万五千三百四十四担，其所以有如此成绩者，系因印度、锡兰及爪哇之收获不甚满意，而往年仅销少数红茶之各市场，是年需求加增故也。是年红茶大率运往英国，计十三万四千九百零六担，美国七万五千六百二十七担，香港地区七万一千九百三十一担，和国二万七千八百四十七担。绿茶多往土耳其、波斯、埃及等处，合计六万七千三百九十八担，兼运美国六万四千九百七十三担，香港地区五万三千八百四十二担，印度四万七千七百四十担，法国一万八千三百八十五担。查是年红茶收成，虽较前期丰稔，而行销甚易，上好者脱售尤速。宁州二茶恶劣不堪，然茶价颇高，绿茶品质尚属中平，惟其叶既粗，又较前季为大，其故由于乱采者尚少，由于培植之疏忽者居多也。再海关豁免出口茶税，又蒙政府允许展期至民国十四年底云。

民国十三年之茶，因天时人事之不良，失意之甚，为多年所未有。红茶贸易，虽云活动，且得善价，而山家方面，仍报损失至二十万两之谱。是年红茶仍以运往俄国者居多。祁门茶售价为三十一至九十两。宁州茶则为三十至六十五两，福州工夫茶品质恶劣，较前尤甚，惟产额约增百分之十五，贸易尚好，收盘之时，仅存三千五百包。新泉小种茶品之佳者，殊占优势，因制茶人谨慎从事，不欲挽以杂质，增其重量也。自推行此法后，产额约减百分之二十六，其佳者之价格，每担为八十五两。收盘时约有二千三百包，未经售出，盖皆系劣质耳。绿茶色味虽略低，而销路活泼，价亦增加五六两，且求过于供，年终收盘，存货尽销。其畅销于土耳其、波斯、埃及、美国……印度、法国等处者，计有二十五万四千六百三十九担云。

民国十四年，以受国内政治及经济之影响，致使茶叶成本加重，售价高涨。英伦销场为之气沮，美国更因绿茶价格过昂，即转注意于日本之茶。但俄国与北非洲销路异常畅达，茶商仍有利可获也。红茶价格，大概较上年每担提高五两，其价之所以提高者，多半由于国内不靖、捐税繁苛及海员罢工时期船运维艰之故。至工夫茶之产额，因年景欠佳，兼之英美需胃薄弱，遂减少百分之二十五。幸赖俄国需要畅盛，又值锡兰茶获歉收，于是此种红茶之贸易，可称满意。绿茶来源缺乏，北非洲投机购入，及俄国之购买增加，均为绿茶价格特涨之原因。其中春眉最上者，每担竟达一百两以至一百四十两，即寿眉亦售五十两至六十两。再海关茶税，复蒙政府允许，继续豁免，期以一年云。

民国十五年，一般茶商颇觉失意。红绿茶收获虽皆丰稔，但价格之高，与外洋对于华茶愿出之价实相径庭。前季俄国销路畅盛，大启人希望之心。惜是年俄国需求锐缩，所期望该国将有巨大之贸易，竟未能实现，全年仅购去十七万二千半箱，较之上年之三十一万九千半箱，几差一半。红茶质地，据称胜于上年，开盘之时，上海市价选庄祁门之最优者，每担由一百一十五两至一百三十两，汉口、湘潭茶二十四两，安化茶四十六两。绿茶收成亦较上年为佳，最初湖州、平水、秀眉、珍眉等茶价格，达前所未有之巨。惟价格涨高，市场不合，顾客为之气沮，故茶商卒至失意也。夏季上海茶之出口，极形畅旺，美、英、俄及北非洲较上年同季购入，共增多红茶约一万六千担，绿茶三万八千担。而销于俄国之砖茶，因该国政府取缔茶之进口，较去年同季较少一万四千担之巨。六月将终，茶市开盘之时，商人因成本昂贵，只得将价抬高，市面为之萧瑟。及至秋季，贸易稍见回复，但期望于俄国之好景，已皆失望。英国较上年同季多销一万余担，而美国则减销约四千担。至于绿茶，美国有添补缺货之必要，商人方面在内地垄断大批绿茶，以图投机，致令价格飞涨，加以太古栈房回禄为灾，将运美国之平水茶二万二千箱，完全焚毁，价格益见增高，故秋季出口，较诸上年同季减少九千担。及入冬季，虽汇兑低跌，商人得将存货善价而沽，然市面殊觉寂寥。直至年底，始稍有生气，再海关豁免出口茶税，又蒙政府允许展期一年。兹将民国六年至十五年直接运往外洋之茶类，按年担数及价值，分别列表于下：

民国六年至十五年直接运往外洋之茶类按年担数表

(单位:担)

茶名	民国六年	民国七年	民国八年	民国九年	民国十年	民国十一年	民国十二年	民国十三年	民国十四年	民国十五年
红茶	472 272	174 962	288 798	127 832	136 578	267 039	450 686	387 064	329 455	292 527
绿茶	196 093	150 710	249 711	163 984	267 616	282 988	284 630	278 767	321 201	329 197

茶名	民国六年	民国七年	民国八年	民国九年	民国十年	民国十一年	民国十二年	民国十三年	民国十四年	民国十五年
砖茶	443 636	75 160	143 394	11 695	23 546	22 616	8 613	19 382	141 917	141 872
毛茶	145	201	278	516	2 399	818	2 264	2 031	14 428	39 641
花熏茶	无	无	无	无	无	无	无	1 227	725	2 338
茶片	无	无	无	无	无	无	无	9 981	2 227	5 317
茶末	5 472	3 121	6 534	1 879	143	2 600	55 224	59 351	16 443	20 847
茶梗	无	无	无	无	无	无	无	8 040	6 413	7 426
未列茶名	7 917	63	1 440	无	46	12	无	92	199	152
共计	1 125 535	404 217	690 155	305 906	430 328	576 073	801 417	765 935	833 008	839 317

民国六年至十五年直接运往外洋之茶类按年价值表

（单位：关平银一两）

民国六年	29 107 678
民国七年	14 066 872
民国八年	22 398 436
民国九年	8 873 135
民国十年	12 605 788
民国十一年	16 966 075
民国十二年	22 905 341
民国十三年	21 127 221
民国十四年	22 145 688
民国十五年	26 165 267

《银行周报》1927年第41期

华茶免税续展一年

华茶出口免税期限，原截至去年十二月底终止，前由上海茶业公所及各大茶商，电请北政府财政部，再行继续一年，以利对外贸易之发展。兹悉此项免税，已通过北政府阁议，命令准予继续免税一年，并令妥善改良华茶办法，以资推广云。

《中华农学会报》1927年第53期

六安茶业

安徽之青茶，以六安为最著名，太平茶次之。近之谈茶者，几以六安、太平二县名代替最好青茶，就其实际言之，六安茶之以六安为名，以其地为六安州而已。研究中国茶品者，当知中国土质宜种茶树之处甚多，每一产茶区必连附一二县，特以中国交通不便，农民迫于运输费巨，各地皆认种植易售之品为有利，而不尽种茶。各省大资本商亦安于平日趸卖国内之利，不肯提出茶叶若干，研究改制，为运销国外之预备，此六安、太平二县之茶产所以长为完全青茶且无国外销路者也。兹暂不述太平，专就六安之状况，分述于后。

六、霍二县之茶山。安徽种茶之地甚多，南如桐城庐江、西如霍邱，亦均产茶，惟茶田较少，产品不佳耳。安徽中部茶区，以六安之西南部、霍山县之西北部所产为最佳。六安境内之大河曰淠河，北通淮河，南至大河口，其地为东西二河之汇合地，西河为二山河之水所合成，至于两河口而合，皆由山内流出。两山河所环之地，皆盛产茶，名曰内山茶，品质最佳。然六安境内之西部之大山脉，不尽产茶，茶树最多之地，仅烟墩集以南，至金家寨稍南各地。其中最大之山曰齐山，六安之瓜片，以是山所产为最佳。烟墩集以北之山，多种麻。闻六安县全境，共分一百五十八保，境内多山，山田之形状，每块递高，形状上遥视若梯，名曰冲田。种稻之田，皆由上放水至下，其不放水者，皆种麻，总计稻田、麻地之数，约占全田数十分之六，种茶之地约占全田数十分之四。东河为霍山县境内各小河所合成，至下符桥合而为一。霍山县境内所产之茶，犹较六安为多且佳。清时贡茶，皆采霍山县境内之青山茶。二县境内茶之售卖所，共有数处，西河最大之售所曰麻埠镇流波礵，凡山内所产之茶，皆售卖于此，而尤以麻埠镇为最多。东河之售所曰乌梅尖山、独山镇、黑石渡、石曹末、潭炮、山根，每年售出数，以乌梅尖山、独山镇、黑石渡为最多，青山一带之著名产茶地，如诸佛庵、戴家河、落儿岭、洗儿塘、吴溪河、小溪河等地，皆于黑山渡等地售卖，名曰外山茶。

六、霍二县种茶之概况。六、霍二县茶田内之茶树，大率为地主原买物，茶田之买卖法，大率按照田内茶树美恶、树秧种类、种植年数、朝阳（谓向阳）与否分等，每亩最好茶田须售洋一百数十元，约有茶树七八十株，每株每年可共得制成叶（即管树人所烘炒）二斤，山中管树租户售给庄客之每斤价，平均计算，约每斤三角，即每株好茶树，每年可得叶价六角，所有田内之树，亦略如谷田例，由管树人任摘叶、制叶、培肥料及看护等事，按年用银元缴租。茶田之租价率，肥料由管树人备者，约合所产十分之三，由田主自备肥料者，约合十分之四。所有茶田，每年加增新田，但茶子一物，并不能每子发芽。凡新田拟种茶树者，须购多额茶子，每掘小坑一个，掩茶一掬，每掬茶子，至多发秧二三根，种茶者于茶秧略长后，再察看种子未发出处之多寡，从事分移，凡新种茶树之田，必数年无息可获。盖茶树之种植，由埋子至于成树，须历时五六年。至高之树，亦仅四五尺，人立地面，皆可采树颠嫩叶。每一茶田成后，可享利五六十年。茶树之性，每长至三十余年后，因力衰而歇枝一年，田主察知茶田歇枝，必自备丰足肥料（每年亦加肥料但较少），令管树人按法培壅，翌年即复原状，树间每年所落茶子，亦每于老茶树傍发生小秧，管树人每按本山茶树稀密及年久与否，酌量移存。关于采摘方法，大率按照茶树发芽生长之性质及其所宜，每树每年共采茶叶数次，其第一次采摘期，每在清明前七八日，但采数尚少，且须按采摘定法，凡茶叶采于谷雨前者，皆名上茶。茶商所分之等级，共为六种，即白毫、贡针、银针、雀舌、瓜片、梅片等是也。过谷雨则渐近夏令，采期愈后，茶质愈劣，且无论续发嫩叶，旧留大叶，香汁皆逊，故习惯上名谷雨后茶为大茶而分为三种，曰蜂翅、兰头、大兰，向来以春季采下者为佳，但六安管树人之采茶，每至五月半后，始每次减其价。茶叶种类中又有粗茶一种，粗茶之汁味，甚不适口，无论置叶多寡，皆无香气，所用肥料，以芝麻饼为主，忌用土豆饼，现在该地麻饼价每元十二三斤。

制法及庄客备运法。所有色之青黑，系茶叶烘干后之天然色（清明前茶略带黄色，白毫之色青白），烘制时并未加任何物品，每一运出茶叶，须烘三次。第一次为管树人之初烘，管树人之卖茶，对于粗细茶分二种，凡清明前摘下之茶，如白毫、贡针等品，皆预在山内烘至八成干，始抬向各庄趸售。瓜片以下各茶，则仅于山间用大锅略炒，至茶叶略变颜色为止。管树人之烘茶，系用炭火，其法系将采下新叶，铺匀大筛上，地面平铺烧红之炭，架一铁架，高约一尺数寸，架上置筛，此时地面所置炭火，既绝不冒烟，筛底距火犹远，筛上之新叶，可因火之热，徐徐卷缩，司烘工人时用竹箸将筛内新叶翻拌，以免上下干湿不匀之虞。然茶叶经过初烘，犹易重湿，谓之回性，庄客收得各种新茶，皆必令工人重烘，始储入箱内或篓内待运，临运时犹必须略烘一次，以加足火候。所用火烘之法，皆略与管树人之烘细叶同，惟于临运时之烘，火力略小而已。庄客将得新茶后，尚须将黄叶嫩梗，另雇女工拣剔。该地乡间妇女，多于茶市时以拣茶为业，各庄客之拣茶工例，分计日、论斤两种，计日工每日每人给工钱二百四十文，作工时间，为由早晨八时起至午后五时后止，每日每人能拣茶叶四斤余，论斤者每斤给工钱六十文，所有工人伙食，皆系自备。

　　庄客之种类及运输法。六、霍二县各售茶所之庄客约分二种：（一）皖北庄客，（二）邻省及远省庄客。皖北庄客，以寿县、正阳关之庄客为收货最多。英山、潜山二县，在习惯上虽称皖庄，因邻近之故，亦多在六安设庄，但每年办货数，皆较正阳关为少，专为批发本县小店，无供给他县之关系也。正阳关之茶庄，皆有批发本县小店及邻近小店之生意。凡皖北各县之不在六安设庄及续添货物者，皆在正阳关批发，故庄客较多，办货数亦较多。六安茶叶之销路，每年以售于天津、山东、江苏等地为多。各售茶所之庄客，除麻埠外，亦以此三省为最多，但各庄客皆有惯往地，各省庄客之设庄地点，各不相同。据调查所闻，山东庄客，多在独山镇、石曹末、潭炮、山根等地设庄，专办东河外山货。皖北庄客多在麻埠设庄，专办山内货，天津、江苏多在乌梅尖山、黑石渡设庄，专办东河货。装运之方法，亦各不同，正阳关之庄客，皆由竹筏载货，运至正阳关登岸。亳州、涡阳等县之庄客，多于竹筏运至正阳关后，再雇人力帆船装运天津。山东庄客之运货，由竹筏运至正阳关后，再由兴汇等三小轮公司之拖船运至蚌埠，始改装津浦火车运往各该地。江苏各县之运货，须由竹筏及小轮拖船运蚌埠改装火车运至浦口，再由大轮运往各地。惟近年江苏所销青茶，以太平货为最多，山东、天津、江苏等省庄客之装茶器为大号有孔竹篓，篓内满衬蓼叶，为隔湿遮雨之用。大篓内复有小篓四只，小篓之制造法亦同大篓，每小篓所容之茶，约十二斤余，约每大篓一只共装茶叶五十斤。蚌埠宁蔚记茶庄之运茶，亦用竹篓，但较小，且不另置小篓，每大篓所容茶亦约五十斤，亦兼用木箱，惟木箱之制造法，较正阳关之木箱简单。正阳关茶庄之运茶，悉用内衬白铁木箱，每大箱一只可容茶叶二百斤，每小箱一只可容茶叶一百斤。各售货所之茶行情形，因各本本销茶数目，而有大小多寡之分也。

一九二八

华茶运销俄国之现况

前两年对俄贸易突飞猛进

最近运俄砖茶一千万余基罗

据美记者爱德华亨脱氏调查：汉口茶市，现由英、俄、印国商人合作经营，从前极大之砖茶贸易，现已近于恢复，媒介于华俄两方之间者，系一英国商行，盖汉口俄国贸易全由中央合作社，系"全俄销费社中央协会"之唯一代表专营，而该社乃在英国注册者也。中俄茶市本来极盛，大战中突然跌落，苏俄革命开始后数年间跌落更甚。迫一九二五年，中俄往来密切，苏俄又大销华茶，当北伐军占领武汉，鲍罗廷尚具势力时，赤俄人随来者甚众，咸以巨金采购华茶，运销俄国。当时茶市极兴盛，华商方面颇有恢复大战前盛况之希望，其后……赤俄人均被逐，一切俄商行皆停业，独中央合作社因系英国注册故，巍然独存。上届茶市季中，该社在汉口制造并运往苏俄之砖茶，共约一千一百万基罗。所用茶末，除购自中国外，并从印度、锡兰、爪哇购入。盖华茶味较淡，不合俄人口味，故挽用他种茶，除中俄间之砖茶贸易外，该中央合作社又与他国商人来往，如印度等处茶叶，由英、荷两国商行供给，而美、英、荷、比等国银行皆经手汇款等事，至于南洋各埠之茶运至汉口砖茶制造厂及砖茶在制造中与制成后运往苏俄，其间一切保险，大都归美国保险公司承办。砖茶制成后，均取道海参威运赴苏俄，据汉口中央合作社经理美迪溪氏称：中国所产之茶，除自用者外，几全部销于俄国。其行销他国者，不及汉产额全部百分之五，故中国砖茶贸易可谓全赖于苏俄。在大战前，从事于制造及运销砖茶至俄国之行家甚多，其后逐渐减少。自一九一六至一九二六年，从中国运往俄国之砖茶数量，以基罗格兰姆计，列表如下：

1916年	33 880 192
1917年	16 839 978
1918年	4 547 180
1919年	8 675 337
1920年	700 547
1921年	1 427 553
1922年	1 388 268

1923年	521 086
1924年	1 172 611
1925年	8 585 978
1926年	8 583 256

　　观上表，可知俄国革命后，华茶销路大跌，迨前两年俄人在汉口握有势力时，茶市突然扩张。去年以来，贸易极秘密中进行，故无数目可供调查云。

《农事双月刊》1928年第3期

华茶包装亟应改良

英茶商之劝告

　　我国出洋之茶，向用木板制成茶箱装载。惟因板料稀薄，经数次舟车上下，到沪已多数破烂不堪，致华洋双方争执之事，层见叠出。比年以来，茶商虽有取用坚固，或西冷箱装载。然其中十之六七，尚未改良。华茶在国外声誉，此点亦不无影响。近日英商锦隆、怡和、天祥等行，曾致函茶业会馆劝告。其原函云：启者，数月前因华茶包装恶劣，屡接外洋来信，颇不满意。兹接纽约转运会社及太平洋转运会社来信，具道各情形，特此奉闻，以资改革。各船行屡不满意箱板及包装之恶劣，"湖州平水尤甚"，故议增加水脚，太平洋方面由六元增至八元，纽约由十二元增至十四元，此即每吨增多二两五至三两水脚，或五钱银一担，此乃茶客之损失也。且各转运公司云：如用西冷，或用坚固箱，每吨重可折价两元。华茶衰败，至如此境，又复无情增加费用，则更不堪设想矣。祈注意力劝茶客讲究装法，以资改良。数年前某茶客曾于箱内四角添加坚固三角木条，此法颇善。请会馆力劝各客人，复用三角木条，所加使费有限，而所补益者实大也。华茶运到美国，例将箱茶放入饰柜内陈列。货到无可陈列者，盖因箱板太劣，且有破碎者，损失又大。敝行运美之货，总数内百分之二十五尽皆破坏，修理费亦云甚矣。鄙意以为如茶客于箱内不加角条，则由买家代办。但费用归客，此事于华茶前途关系极大。望会长特别注意，力为劝导改良，以助华茶之不足也云云。

《农事双月刊》1928年第4期

侨胞崛起振兴茶叶

爪哇华侨资本家合设绿茶制造厂

先图扩充美国方面销路

将予日本茶叶以大打击

爪哇特约通讯：现有华侨资本家多人，鉴于我国茶叶在世界市场之销路，愈形不振，若不亟图挽回，势将被日本、锡兰等茶所排斥尽净，决计各设一大绿茶制造厂于爪哇，先图扩张美国方面销路，已与美国售茶行家有所联络。该厂拟专收国内各处名叶，再加调制。爪哇华侨赞成者甚多，咸拟投资。据熟悉茶市者言，此举若成，日本茶之对外输出，将遭莫大打击云。

《农事双月刊》1928年第4期

华茶复振中之重大警告

……华茶运销俄国向占出口额一大部分……俄商因羡生妒设法抵制华茶……秘密派人来华购买茶秧茶种……我国茶商处此生死关头应即严防偷运，精益求精……

我国茶叶，近年为印度、锡兰、日本……各地洋茶所抢夺排挤，海外销场，一落千丈，几有一败涂地之势。幸最近一二年间，华商极力改良，于是渐有转机，海外销场，略为起色。英、法两国，均复采用华茶，而尤以运销俄国者为最巨，占出口额之大部分。讵俄人见华茶入口日多，因羡生妒，遂欲自行种植，以为将来抵制华茶之地步。近已派人分赴内地各产茶区域，秘密购买茶种及茶树秧苗，以备运回试植。闻本年一月间，已被秘密运去祁门红茶种种百余箱。现各地茶商以俄人此举，若一日被其试种成功，则华茶销俄之路，将永断绝。应一致严限茶种茶苗出口，以维实业。昨日本省茶商，已接到此项警告，并请一致严防偷运，精益求精，及拒绝俄人采购茶种。查茶叶为我国巨大出口品之一，其重要几与生丝相埒，今俄人既有此自植自给之图，亦一可注意之事也。

《农事双月刊》1928年第5期

湖北建设厅令夏口县长据委员石肇基呈复遵查旅汉湖南岳临茶业商会呈控汉口茶行剥削茶商一案逐条呈核由

八月二十二日

为令遵事，案据旅汉湖南岳临茶业商会吴赤伯等呈称：呈为痛陈茶行苛刻，恳予严令铲除，以苏商困，而维茶业事。窃我岳临两邑，原系产茶之区，政府明令减税轻厘，以示优异，无非鼓励国货之出口也。迩年以来，茶商运茶到汉，本利相衡，有亏无已，溯厥由来，实汉口各茶行以茶商知识浅陋，素无团体组织，散漫可欺，茶商饱经蹂躏，痛甚切肤，敢将各茶行种种劣迹及应予更改之条逐一陈之：

（一）破坏法定秤码：汉口市面所用之称，概以钱秤关秤为率，与茶商原籍之称不相上下。近来茶商每一百斤茶到汉售与各行，只称六十一二斤，调查该行售出仍作一百斤，且茶商、茶包二百斤以内者，将秤打平时明丢八斤，在二百斤以外者，每丢十斤。此种丧良之举，未审根据何例，任凭如何交涉，各茶行采经济压迫手段，取一致强硬态度，不可理喻。现在湖北财政厅已有统一秤尺斛之规定，业经通令各属，凡用称码者，一律改用关秤，而该行等玩视政府法定，私用大秤如故，此应请严令改用关秤者一也。

（二）操纵金融：汉口各项生意，均以洋码为率，该行出货亦然。今年该行等异想天开，买茶改用钱码，如同行违误，则议罚酒席十棹，光洋二百元。但该行只用钱码以定茶价，及结账时复折洋码，每元照市价抬算三十余文，辗转盘剥，茶行公会贴有，同兴公、同裕生等栈紧要声明可证，此应请严令改用洋码以符统一币制者二也。

（三）多算印花：粘贴印花，国有定章，乃该行以茶商愚昧可欺，于售茶清单上，如贴印花一分者，则收洋一角有奇，贴一角者，则收洋一元以上不等。茶商与该行交易甚巨，受其多算不赀。现有该茶行交茶商结单可据，此应请严令照章粘贴照花算洋者三也。

（四）更换样茶：茶商卖茶，先将原茶包成小件，由经手分送各行，待其评定标价，如茶商愿卖者，此样茶即存该行。若行有涨势，尚无多大问题，行情见下，该等枝节丛生，竟将原茶样斟换，或将好茶搀和其中。待次日交茶时，云不对样，抑勒减价，由数串至数十串不等，忍心害理，至此而极，此应请严令再不更换者四也。

（五）少补袋价：茶商装茶之麻袋，在茶称后，自应将袋退还，乃该行等揩袋不退，每只麻袋仅补钱一百四十文，近来各项腾贵，每袋需洋一元左右，该行等不照市价补袋，其损人利己，已可概见。现有该行交茶商结单可证，此应请严令照价弥补或准退袋者五也。

（六）恃帖居奇：查牙帖之设，恐弱小商民受奸商垄断诈欺也，凡行家领帖，在原则上系代客买卖，值百抽佣一点五，双方攸宜。兹该行值百抽用五点四，未知有何根据，既不代客买卖，显系屯积居奇，似此恃帖妄抽，孤行其是，与牙章原则大相背谬，此应请严令更正以符定案者六也。

（七）其他骗勒：茶商之茶抵汉时，各茶行争先迎起其行，迨茶起行之后，请求定价，而该行搁置不理。迨行情下降时，则将茶揩买。茶商有知识者，欲将茶转出别卖，而渠措词留难，尤有异者。茶商卖茶于该行，其抬包力、堆包力，理归该行负责，方为平允。往年该行只扣茶商抬包钱一百六十文，堆包钱四十文，挖渍并无其例，去年以来，该行等陡扣抬包钱八百文，推包钱三百文，如要复称，又加抬包、堆力钱一串数百文。倘包稍有旧痕，该行管行人狂噬某包有水渍，用刀割破，将贵重之茶，满布地下，听其没收，还除挖渍费由六百至三串文不等，丧心病狂，变本加厉，有该茶行公会贴同兴公、同裕生等栈之章程可为覆按，此应请严令根本扫除者七也。

综上七端，系举该行等最大压迫剥削而言者，余不惮述，现值北伐告成，训政开始，我政府对于商瘼民隐，极端关心，岂容此奸行仍旧专横？若不彻底铲除，从重究办，不特茶商后患不堪设想，尤有失政府维持国货之至意，达三等代表茶商，对此不平等之苛刻条件，誓死奋斗，务达解除目的。用敢将上列弊端暨汉口奸茶行一览表，一并赍呈钧厅，恳赐察核，迅予查明，依法究办，庶奸有所惩，□岳临两县茶商蒙其福利，即国货前途亦端赖提倡矣，迫切陈词，无任屏营之至，附呈汉口剥削茶商之茶行一览表及副呈各一件，等因据此，除批示仰候委员石肇基前往查明具覆再行核办外，当经检发副呈及一览表。令行该委员迅即前往逐条调查明晰具报，以凭核办各在案。去后，兹据委员石肇基复称：呈为遵令查复事，案奉钧厅一一二三号令开，为令遵事，案据旅汉湖南岳临茶业商会高达三等呈控汉口茶行剥削茶商，举出最大七端，恳予查究到厅，并附呈汉口剥削茶商之茶行一览表一纸。据此，合行检发副呈及一览表，令仰该员迅即前往，逐条调查明晰具报，以凭核办，切切，此令。附检发副呈一件，等因，奉此，遵即前往汉口，先赴旅汉湖南岳临茶业商会，将所呈各条，向该会职员详细质讯，旋赴茶行商会，细查该会所属各行，对待岳临茶商有无种种盘剥情事，更向其他方面从事访察，冀获真象。兹将查得情形，仍照原呈所指七条分别胪列，并取有证据数件，一并附呈：

（一）原呈破坏秤码。每百斤称少三十余斤，并明丢十斤八斤不等，该岳临帮执有清单数纸，内有一纸逐项注明，并粘贴是日钱价单，细加察核，尚与所呈相符，即将此单取附于后，以资证明。惟据商会茶行所述，系通用二十两称，每百斤除五斤补秤，并云秤码大小，各处原不一致，只在愿买愿卖等语。据此，则双方所隔只有多少之分，其非十六两秤码，及另除补秤，已为通例，证以注明清单所载磅秤，内中不无曲折。

（二）原呈操纵金融。该岳临帮谓茶行改用钱码，抬价付洋，辗转盘剥，并指出茶行商会紧要声明为证据。茶行商会所言，向以钱为准，至要洋与否，听客自便，均照钱店市价折算，问其有无紧要声明一事，该行会即取出一张付阅，限定钱码收茶，方能获利，且严定罚则，此中不无可议之点。

（三）多算印花。该岳临帮呈出清单（即第一条附单），背面实贴印花二角八分，单内扣银五钱。据行会所言，此个人事，与公会无涉，但已由公会通知实贴矣，通知单呈。

（四）更换茶样。双方均无证明，此关于道德行为，决非定例，亦难决无此事。

（五）少补袋价。盛茶麻袋，每袋由茶行补茶商钱百四十文是实，据岳临帮言，是时百物价涨，麻袋价值已达一元，不应拘守旧时限制，据行会所言，茶须有袋，本可不给袋价，但我行帮只守惯例，故仍给钱。

（六）恃帖居奇。据茶行商会所言，实系九七扣佣，"三分"尝因生意需要关系，津贴津纪一二分，如当时扣现则九七点六，如半月期限则九八点四，此向例，亦各业通例也。据岳临帮呈出清单（附第一条），依单核算，系九四点六扣，合佣钱五点四，原呈相合。

（七）茶行争先起茶到行，事后留难掯买及挖渍扣钱等弊，此种商情，势所不免，然亦决非茶行商会议定通例，如限用钱码之类，划归一致也，至于抬包、堆包，此系临时雇用外班所需之费，与行无涉，另有同业公议力资价格一览表可证（一并取呈），惟表内所列搬包岳州帮每件二百文，原呈行家扣钱系三百文，略有歧异。

所有以上各条均属确实情形，理合检同证明数件，一并缮折呈复，伏乞鉴核，附呈证明单四件，等因，据此，该商民吴赤伯等所控汉口茶行各条据，查多属实在情形，该行商等殊属不合，亟应抄发汉口剥削茶商之茶行一览表一纸，并检同证明单四件，令仰该县长即日会同汉口总商会认真持平办理具报，以凭核夺，此令。

茶业生产之合作经营

刘 轸

一、各国茶叶生产之组织

我国茶叶之衰落，其最大原因，厥为缺乏健全之茶业组织，无异一盘散沙，致茶叶之产制销脱离环节，不相连系。产销过程中受多数中间商人之层层剥削，茶叶出口且操在洋商之手，由是对内生产改良，对外推广宣传，均付诸缺如。反顾印、锡、爪、日、苏诸产茶国家，各有其特殊茶业组织，或借雄厚资本，或因组织严密，发挥团体力量以改良品质，增加产量，采用机器减低成本，推广销路等事业。是故他国茶业之兴，我国茶业之衰有由来矣。各产茶国之茶业经营及组织可概括为三种方式：

1.资本主义之大规模企业经营制度

英属印度、锡兰及荷属爪哇、苏门答腊等地之茶叶经营均为大规模企业制。多数系股份公司性质，开辟大面积茶园，设置完备机器制茶工厂，聘用专门人才为技师及经理，自产、自制、自销，每公司茶园面积大者一千余英亩，小者二三百英亩，平均约四五百英亩，合我国三千至四千亩，年可产精制茶二十万磅至三十万磅。在企业经营制度之下经营者拥有雄厚资本，故能具有远大之眼光，一应设备完善，易采科学方法改良品质，增加产量，成本因而减低。且每个茶厂与茶厂间为谋共同利益，易产生联合组织，如联合会协会。利用联合力量，举办有关共同利益之事业，如研究推广宣传等，印度之茶业协会及爪哇之植茶业联合会即其最著者也。

2.管理茶农茶商之茶业组织

日本之茶叶生产方式与印、锡绝然不同，其产、制、销过程与我国近似，仍须经过生产至中间商、制造商、出口商等阶段，但自一八八五年便创立茶业组合制度，由政府用法律规定强制茶业者加入。凡属茶产地之乡村之茶农，茶叶集中市场之精制商、中间商均须加入为社员，服从其组合内之一切规约或命令。由村町茶业组合，成立郡县以至中央茶业组合联合会。自生产改良至对外销路之推广，皆属组合之事业。政府并将茶叶转口税及出口税征收所得归郡县组合及中央联合会作事业经费，每年达八十万元至一百万元，故于改良、推广、宣传等事皆能一一举办。

3.社会主义之集团茶园组织

革命后之苏联，实行第一次五年计划，便推行集团农场制度。茶农加入集团农场，共同生产，共同制造，政府并于茶业区域适中地点，设立耕种机站，供给农民耕种机及制茶机，必要时且贷放资金。此制度实行后，茶叶质量均突飞猛进，茶农生活亦因以大见改善。至于茶农制出之茶叶均交协助会转售与各地合作社，再分配与消费者。

二、中国茶叶合作运动之萌芽

我国茶叶合作运动肇始于民国二十二年，由安徽祁门茶叶改良场指导下，在该场所在地之平里村设立一茶叶运销合作社。是年祁门各茶号之营业多亏本，而该合作社反有百分之十五之盈余，故是年茶季终了，当地士绅纷起请求该场指导组织合作社，同时银行界方面对流通农业金融亦极重视。四省农民银行且委托金陵大学农业经济系在产茶区从事精密详尽之调查，以作放款之张本。二十二年合作社增至四社，惟茶季终了，即有一社大告失败。迨至二十三年九月关于祁门茶业合作社之指导，改由全国经济委员会农业处负责，同时上海银行亦派员莅祁门调查。于是二十四年合作社已扩充至十七社，二十五度又扩充至三十六社，社员数目增至一千三百人，制茶箱数达七千六百四十四箱，合作社之数虽激速增加，但因组织不健全，管理及技术之指导未能周到，故合作经营未能达于理想境地，即以二十四年而论，十八社中亏欠者十社占半数以上，计一万八千七百三十一元，盈余者八社计五千四百八十六元，盈亏两抵，实亏一万八千三百五十元。江西省农村合作委员会在武宁、修水二县亦组织茶叶合作社，并向江西农业院订购揉捻机，办理长期机器贷款，较之安徽祁门仅放短期制茶、运销贷款又进一步矣。此外浙江省茶业改场亦于二十五年试办，福建茶业改场正在筹备，均因抗战关系遂告终止。观此，中国茶叶生产合作运动已在萌芽中，此后之发展及成功，全赖合作界、茶业界之密切合作及劳力推进，与夫政府之积极提倡焉。

三、茶业生产合作之意义

茶叶之生产经过栽培、采摘、初制、精制等过程，一般茶农虽尽了产制之最繁重工作，但其利益远不及茶号之仅举行精制及茶栈之作中间商不劳而获。若以品质而论，则制成品之色香味完全系之于茶农之手，茶叶精制仅能整齐其形状外观，不能改变其本质，目下我国茶业最大病根，因农村破产，茶农贫困，故茶树栽培极端粗放，生产减少，缺乏制茶设备及技术指导，遂至品质恶劣，成本昂贵，更以茶贩、茶号、茶栈、洋商利用茶农之贫困及无组织，用高利借贷，压抑茶价，采用大秤，结算茶价时抹除尾数，除样茶、吃磅、过磅延期、九九五扣息、厚取佣金，种种陋规，明敛暗夺，直接间接剥削茶农，故一理想茶叶生产合作社，乃合农工商三位为一体，即茶农加入合作社之后同时亦是茶工茶商矣。其意义在政府方面，茶叶改良场技术改良之推广及全国茶叶出口贸易之统制，可收事半而功倍，其结果既可改茶叶品质，又能增加生产数量及减低生产成本，则我国茶叶在国际市场之恢复指日可待，在银行机关方面以国家之资本，扶助茶农，发放贷款有安全之保障，在茶农方面共同生产，采用机器大量制造之结果，可以改良品质，划一标准，增加产量，减低生产成本，及减除高利贷及中间商人之剥削，所得利益当非粗制乱造，毫无组织，任中间商操纵剥削之时代所可望其项背也。

四、茶叶生产合作社之组织系统

现在皖、浙、闽、鄂等产茶省省政府均设有茶叶管理处及茶叶改良场，欲组织茶叶生产合作社，必先健全茶叶管理处之行政管理机构及充实茶叶改良场之设备，与夫技术人才之培养，然后两机关取得密切合作，共谋该省茶业之改进发展，茶叶管理处负各县合作社之监督、奖励、取缔及接洽贷款等事项，茶叶改良场则专负技术指导、工厂设计、茶叶分级及茶叶检验等责，将来县合作社联合会成立后，再进一步联合组织省联合会，而后由管理处改良场、省联合会合组全省茶叶改进委员会，省联合会未成立前，暂由管理处改良场、合组委员会，共同办理茶叶训练班，该班分合作及技术两科，前者卒业学员专负合作社之组织及合作社成立后业务之指导及监督，后者专负茶园之管理、采摘、工厂设计，鲜叶品质检定评价及制茶等事项，茶叶改良场在适中地点设立分场二三处，以便负责指导邻近各县合作社之茶叶栽培制造，盖一省仅设一总场，距离太远县份有鞭长莫及之憾。各分场之技师在制茶期间巡回视察各合作社，随时指示应改进及注意事项，以纠正各该社指导员之错误，或疏忽之处，各县联合会须设立模范制茶工厂一所及办理茶叶传习所，传授该县青年合作社员以栽制技术及训练技工，区联合设立模范茶园，以为各合作社茶农之示范，模范工厂茶园及传习所均直接受改良场各分场之指导。冬季农闲期间，由县联合会召集社员参加短期讲习会及讨论会，并于每茶季终了即举行茶叶品评会，评定各合作社制茶之优劣，以资奖励，村合作社业务区域之范围，视茶叶之生产状况而定，事先加以调查，惟社员茶园离初制工厂最远者不能超过三十里，盖相距过远，鲜叶在运输途中容易酸酵变坏，村合作社鲜叶年产量在五百担以下者仅设立初制工厂，所制出毛茶托邻近有精制工厂之合作社精制，或二三社共同设立联合精制工厂。

《农林新报》1928年第10—12期

上海特别市政府指令第二九〇六号

令社会局为拟具华茶整理意见请鉴核存转由呈件均悉，所拟《华茶整理意见书》颇有见地，已函转工商部核办，并发登市政周刊，仰即知照，附件分别存转。

此令

中华民国十七年十月十七日

附原呈

呈为华茶外销日滞，谨拟整顿办法及改革茶税意见仰祈鉴核转呈事。窃职局以茶为我国出口大宗，对外贸易向占重要，自印度、锡兰、日本诸国讲求培种烘制之法，政府又助以推销奖励之力，因之出品日精，销路日广。华茶即直接受其影响，茶商营业一落千丈，茶农亦以无利可图，或有改种杂粮者，国计民生，相关甚巨。今值训政伊始，百事待举，茶业之整顿尤属急不容缓。兹由职局拟具《整理茶业意见书》，其中最关重要者为出口税及其他茶税之整顿。查各国茶业出口均无出口税，只由茶业团体抽取改良费若干，内以整顿茶叶，外以扩充销路，法良意美，实有采用之必要。况关税自主瞬将实行，茶税问题亟待解决，正宜乘此时机，建议国府为农商。请命仰祈钧长鉴核存转。谨呈市长张。

附《整理华茶意见书》。

社会局局长潘公展

《上海特别市市政府公报》1928年第16期

茶（六月九日）

本周洋庄祁、宁红茶，连日大帮涌到，俄商乘机缓缓提选，谋心抑价。英德商行亦同此心，还盘较前均低七八两不等，各号因银根紧急不得不就范，围抢先脱手。祁红共沽出一万一千余箱，俄商占半数。宁红共沽出五千余箱，全是俄商独买。觉此情形非俟英市开盘，获利难望起色。绿茶平水大帮已到一万四千余箱，双方谈盘相隔尚远，不易开出。屯溪珍眉仅到四字，布样即沽，价一百十五两至一百三十两，比旧高二十两左右，令人万想不到。遂安珍眉随到随沽，价自一百另二两至一百十三两，湖州珍眉价仍八十两外，温州及土庄货仍是五十余两，不大畅销，针眉屯溪货竟沽七十两，遂安货亦沽四五十两。此宗市价多数抵埠，定难站住，贡熙到数未多，闻俄商需候一星期后，再行开办，而白头行销数无几，亦不肯先行开盘云。

《银行周报》1928年第22期

民国十六年之丝茶贸易观（续）

仲　廉

茶类贸易

去年华茶出口总额，共达八十七万二千余担，较之上年约增加三万二千余担，就价值而言，共计三千一百六十余万两，在我国大宗输出品中居第七位。自民七以降，华茶输出殆以去年为最盛，查去年华茶贸易极可注意者，厥有二端：一为各种茶价大半高昂，而买主竞争剧烈，并不嫌其价昂；一为俄销异常踊跃，凡属优等茶类存货颇为缺乏，实为我国对外贸易之好现象也。兹就近十年来华茶输出额列表比较如下：

年次	红茶	绿茶	砖茶	其他	共计
民国五年	648 228	298 728	560 185	35 492	1 542 633
民国六年	472 272	196 093	443 636	13 534	1 125 535
民国七年	174 962	150 710	75 160	3 385	404 217
民国八年	288 798	249 711	143 394	8 252	690 155
民国九年	127 832	163 984	11 695	2 395	305 906
民国十年	136 578	267 616	23 546	2 588	430 328
民国十一年	267 039	282 988	22 616	3 430	576 073
民国十二年	450 686	284 630	8 613	57 488	801 417
民国十三年	387 064	278 767	19 382	61 453	746 666
民国十四年	329 455	321 201	141 917	30 944	823 517
民国十五年	292 527	329 197	141 872	75 721	839 317
民国十六年	248 858	333 216	173 148	116 954	872 176

上表所列去年各种华茶输出，除红茶外，较前年度均为增加。其中以俄销增加为最巨，英、美销路较为减少，可见俄销与华茶出口关系之密切。自十三年中俄协定成立以后，俄商直接来华购办，不复假手于英商。英伦茶市中即少却一部分销路，华茶对英贸易因之而受影响，加以去年茶价过高，亦为英销不振之原因，故华茶输出实以俄国为最大消费市场。欧战以前，每年输往俄国之茶，虽合英、美、土、坡、埃之销数计之，亦不及俄销之巨。民四运往俄国华茶竟达一百余万担，实为民元以来最大之销数。民七俄乱勃发，往俄华茶几于完然断绝。吾国茶类出口总数，乃随之一落千丈。虽欧美各国销路尚不甚恶，但俄销不复华茶出口仍无增加之望。迨至十三年五月中俄协定成立，运俄华茶骤形增加，计十二年运俄华茶共为一万二千余担，十三年增至五万三千余担，十四年又增至二十七万四千余担，去年度又增至三十余万担。如无去年广州事变发生，中俄邦交继续维持，则今年华茶对俄输出额，尚有增加之可能也。兹就去年各国输入之华茶列表比较如下：

国家及地区	各种红茶		各种绿茶		各种砖茶		其他		总计	
	十六年	十五年	十六年	十五年	十六年	十五年	十六年	十五年	十六年	十五年
香港地区	47 643	34 893	47 331	45 240	108	72	22 504	14 575	117 586	94 780
澳门地区	2 238	2 940	12	—	—	2	47	10	2 297	2 952
安南	390	4 398	62	155	—	—	166	23	618	4 576
暹逻	513	1 022	680	586	—	—	—	12	1 193	1 620
新加坡等处	8 725	21 625	769	793	—	—	72	220	9 566	22 638
爪哇等处	881	1 205	3	144	—	—	—	—	884	1 349
印度	2 895	6 179	11 338	25 160	—	—	19 599	20 163	33 832	51 502
土、坡、埃等处	6 673	6 050	106 353	92 719	—	—	16 299	8 335	129 325	107 104
英国	61 624	78 334	3 301	6 149	—	6 847	23 680	15 988	88 605	107 318
那威	11	12	—	—	—	—	—	—	11	12
瑞典	62	1 030	—	—	—	—	—	—	62	1 030
丹麦	343	229	—	—	—	—	44	—	387	229
芬兰	260	397	—	—	—	—	228	—	488	397
但泽	483	18 039	—	108	—	—	—	274	483	18 421
德国	10 511	19 096	1 046	153	—	—	272	763	11 829	20 012
荷兰	15 043	1 106	—	—	—	—	1 092	2	16 135	1 108
比国	182	9 536	—	28 527	—	—	4	2 279	186	40 342
法国	9 514	262	27 842	1 571	—	—	5 882	106	45 238	1 939
西班牙	666	14	613	130	—	—	—	—	1 279	144
瑞士	—	3 573	29	11 825	—	—	—	134	29	15 532
意大利	3 266	2 630	128	31 602	—	—	2	—	3 396	34 232
俄国	57 901	45 625	66 079	12 409	170 718	134 378	6 294	346	300 992	192 758
朝鲜	8	16	68	67	—	—	151	193	227	276
日本	300	2 928	5 752	5 664	2 322	258	286	978	8 660	9 828
菲律宾	416	1 555	153	38	—	—	133	76	702	1 669
坎拿大	4 250	3 317	931	1 919	—	—	252	482	5 433	5 718

国家及地区	各种红茶		各种绿茶		各种砖茶		其他		总计	
	十六年	十五年	十六年	十五年	十六年	十五年	十六年	十五年	十六年	十五年
美国	11 529	20 694	60 327	63 781	—	316	16 767	10 008	88 623	94 799
南美洲	739	1 722	391	5	—	—	—	8	1 130	1 735
澳洲、纽丝纶	1 390	3 809	—	158	—	—	295	838	1 685	4 805
南非洲	402	261	—	294	—	—			402	555
合计	248 858	292 497	333 308	329 197	173 148	141 873	114 069	75 813	869 283	839 380

去年华茶出口情形，除俄国……丹麦、荷兰、法兰西、西班牙、坎拿大、土、坡、埃等处外，其他各国均为减少，其中增加较大者为俄国，其次为法国。民国十五年运俄茶计十九万二千余担，去年增至三十余万担。法国由前年度一千九百余担增至四千余担。西班牙前年度为一百四十余担，去年度增至一千二百余担。……安南、爪哇、那威等国则均较前年度为减少，然其所减少之数额远不及其他各国增加额之巨，故输出总额较前年度仍为增加。去年红茶产额就全体而论，似不及上年之收成，然销路颇畅，头批祁门茶当地视为劣货，而伦敦作为佳品，俄国亦购去巨额。二造茶每担由五十三两涨至六十两，存货完全告罄。去年绿茶销路亦畅，茶价之高昂实为五十年来所未有，故一般茶商大都获利。迨至年终广州发生变乱，国民政府乃与苏俄断绝邦交。日本茶业组合中央会议所即利用机会，扩充日茶在俄之销路。据日人所传消息，谓苏俄远东国营贸易局之理事斯克罗夫氏谓苏俄在中国南部最大之输入品，为各种制茶。今中俄断绝邦交，俄国所需之茶，必求之于他国而改变其贸易方针，将来红茶与砖茶可仰给于印度、暹逻，绿茶可全部在日本购买，至从美国输入之货向经上海者今亦改从神户云云。

当时我人观于是项消息，即发生种种感想：（一）中俄邦交断绝后，中俄贸易不免发生影响。（二）华茶对外输出因受日茶之竞争，将来销路不免减退。现幸中俄邦交虽绝，中俄通商仍属进行，华茶对俄输出或可不致减退。惟我国茶商对于华茶今后销路之如何扩充，基本之如何巩固，应有相当之设施。同时政府亦应提倡保护，如取消不平等关税，设立茶叶试验场，奖励出品，减轻内地税率，合植、制、售三者组织强有力公司，改良装潢与制法，注意广告宣传，均为推销华茶所刻不容缓者。国人若不忍坐视华茶之一蹶不振，则当此千钧一发之机亟应加以注意也。

综之，我国丝茶贸易，现在已入于严重时期，在内则因时局不靖运输困难，工资增加，成本加重，在外因受外人之压迫，海外销路，渐次减少。商人若狃于旧习，不图改良，则我国丝茶业之前途，实不堪设想也。

《银行周报》1928 年第 38 期

一九二九

江西茶务局组织大纲

第一条 江西省建设厅，为期本省茶务之整理与发展，特设茶务局，办理关于茶之指导、改良、宣传及奖励各项事务。

第二条 本局设局长一人，综理全局事务，由建设厅遴选合格人员，呈请江西省政府委任之。

第三条 本局分设二股，每股设股长一人，股员三人，事务员若干人，其分掌事务如下：

第一股，掌理营运、检查、取缔、奖励、宣传、调查、统计等事项。

第二股，掌理指导、改良、栽培、制造及茶业团体之组织等事项。

第四条 本局设技术员若干人，分掌一切技术事项。

第五条 股长及技术员，由局长遴选合格人员，呈请建设厅核准委任，股员事务员，由局长委任，呈报建设厅备案。

第六条 本局办事细则另定之。

第七条 本组织大纲，自奉。

江西省政府核准公布之日施行。

第八条 本大纲如有未尽事宜，得由建设厅呈请。

江西省政府修正之。

《江西建设公报》1929年第1期

华茶出洋免税与茶商人之自觉

全国商会，最近具呈国府，请免华茶出洋一切厘税。查出洋华茶税厘之减免，始于民国八年。当时上海茶商，因受欧战之影响，华茶输出，一落千丈，又以山价日高，成本加重之故，茶商困惫不堪，大有不能维持之势。而是时英国政府，已决定优待印、锡等茶，每磅征收入口税十便士，华茶照旧，每磅征收入口税十二便士，照当时磅价计算，华茶一担，比之印锡茶一担，须多征税银四两八钱有奇，是即华茶之成本，又须加重四两八钱有奇也。因是陈情政府，请豁免出口华茶国内一应税厘，以轻成本，俾可竞争于海外市场，以挽回华茶贸易衰颓之势，并有以救济茶商之艰难也。后经北京政府部处咨商，准许出洋华茶应纳之海关税，暂行豁免二年，所有此项出洋华茶，内地一应税厘，亦予一并核减三厘，以示提倡，并即从民国八年十月十日起实行，以二年为限。其用三联单入内地采买之各种绿茶，运抵通商口岸时，应完海关抵补内地税厘之半税，并即比照减征内地税厘五成办法核收。此为华茶出洋免税之嚆矢。迨民国十年冬，出洋华茶免税，已届满期，而当时祁、宁等茶，滞销如故，积困未苏，外洋贸易，依然失败，于是茶商又纷纷呼吁，请将出洋华茶，免税展期，是以民国十一、十二两年，展期两次，民国十二年十月，又届满期。而华茶对外贸易，毫无进展，盖以英国对于华茶既施以不平等之税率，以阻碍我之销路，则华茶势非廉价不能得英商之购买。当时俄国又未经国际上之正式承认，不易运销，美国市场，又以印、锡、瓜哇、日本等茶之麇集，互相竞卖，交易困难。而锡、印、爪哇、日本对于出口之茶，奖励周至。印、锡、爪哇出口之茶，一概无税。日本虽征出口茶税，尚不逮华茶出口税四分之一。华茶对外贸易之困难，固系实情，呈请续免税厘，亦非无故。是年上海茶业会馆代表，复请展期，并以各茶结束全在年关，并请嗣后续展，改至年底为止。经部处核商，续展至十四年年底为止，民国十五六年，亦即照例展期。迨十六年秋，上海茶业会馆，呈请国民政府。经国民政府财政部核准，对于出口箱茶及茶末、茶砖应纳出口正附各税，一律豁免，延至于今，全国商会又复有出洋华茶免税之呈请也。

查自民国八年迄今，免税已九年，展期已七次，经过之时日，不为不久，政府之保护，不为不周。然而华茶对外贸易之成绩如何，茶商对于茶之改良努力如何，茶商呈请出洋华茶免税，在茶商仅希望出洋华茶免税，在政府于免税保护之外，实希望茶商自身努力于品质、焙制、装潢之改良。据去年国民政府财政部批准予免税文中，有："……惟详考华茶在欧美销场，日就式微之故，实因产品纯驳不一。往往化验时，查出毒质，故饮者视为危险之品。纵无外茶竞争，销路亦将断绝。该茶商等亟应集合群力，改善产品，分等划一，务使纯洁，庶能挽回舆论，重旺销路，否则仅恃政府免税，殊不足以挽回其江河日下之势云云………"于此可以见国民政府对华茶保护奖励之至意也。于今贸易现象则又如何，不难以统计数字而证明之，观于下表华茶历年输出之数，必了然矣。

年次	输出总额（担）
民国四年	1 782 353
民国六年	1 125 535
民国八年	690 155
民国九年	305 906
民国十年	430 328
民国十一年	576 073
民国十二年	801 417
民国十三年	765 935
民国十四年	833 008
民国十五年	839 317
民国十六年	872 176

据上表以观之，民国十余年来，华茶对外贸易，日有衰落之感。而免税后之民国九年，尤为民国以来华茶出口最少之新纪录。最近两三年来，虽已稍稍增加，比之民国九年，似乎大有进步。但一与民国四年相较，犹未及其半额。然则蠲免税厘，尚不足以增进对外贸易乎。或海外茶市竞争激烈，使华茶无以立足乎。不然华茶品质，比之印、锡、爪哇、日本等茶犹有逊色乎。抑制造、装潢之不良，货品之劣变，俾外人疑华茶含有毒质及泥沙之渗杂而不欲购买之乎，此则研究华茶与注意华茶贸易及茶商人所应讨论者也。

茶为中国之特产品，亦为中国重要之贸易品。曩昔我国对外贸易，丝茶并称。而去岁茶在我国输出物品中，已降至第七位，犹在皮货蛋品之下，仅占输出总额百分之三有奇耳，衰颓之势，可以知已。若政府不予保护，茶商再不改良，华茶将有绝迹于海外市场之一日。溯华茶之输出，远在数百年前。当十七世纪之初，英国市场，即已有华茶输入。十八世纪中叶，又有多量输入于美。至十九世纪中叶，为华茶对外贸易最盛时代，输出数量，达三亿万磅以上。当时印、锡等茶，在海外市场，尚微末不足，何况日本。及至十九世纪之杪，华茶对外贸易渐减，而印、锡、爪哇之输出日增。二十世纪之初，华茶已不复保持在世界市场之第一位矣。二三十年间，华茶已由第一位而退居于第四位，言之殊可慨也。夫印、锡、爪哇茶贸易之所以盛者何哉，固由于政府之保护与奖励，然亦由于茶栽植家及茶商人之努力，而有以使之然也。华茶之所以衰败者，初固困于厘税，而茶之栽植家与茶商人之因循守旧，不知改良，实为一重大之原因。今以产茶国历年输出比较表，列举于下，以贡参考，借以明华茶在世界市场衰落之大势焉。

产茶国历年输出比较表

（单位：千磅）

年次	中国	印度	锡兰	日本	爪哇
1896年	118 322	150 421	110 095	42 677	7 196
1897年	212 879	152 245	144 460	43 636	—
1898年	215 984	158 539	122 396	39 931	—
1899年	224 874	177 164	129 662	40 915	—
1900年	196 462	192 301	149 265	38 027	16 830
1901年	162 131	182 564	144 276	36 219	17 643
1902年	206 739	183 711	150 830	39 933	17 801
1903年	224 421	209 552	149 227	45 834	22 704
1904年	193 861	214 300	157 929	42 550	30 034
1905年	182 937	216 770	171 257	33 406	25 650
1906年	187 170	236 090	171 258	31 797	27 455
1907年	214 962	228 188	181 126	34 205	29 266
1908年	210 151	135 089	181 437	31 571	36 580
1909年	199 792	250 521	189 586	35 948	36 679
1910年	208 107	256 439	186 925	38 874	40 639
1911年	195 041	263 516	184 721	39 077	50 363
1912年	197 560	281 915	186 632	35 507	61 691
1913年	191 534	291 715	197 419	29 541	64 939
1914年	198 463	302 557	191 839	33 748	71 323
1915年	237 439	340 433	214 900	39 311	101 603
1916年	205 521	292 594	208 090	41 460	98 006
1917年	150 052	360 632	195 252	42 346	80 236
1918年	53 869	326 646	180 818	41 401	61 853
1919年	91 984	382 034	208 561	27 780	110 792
1920年	40 719	287 525	184 770	22 816	93 680
1921年	57 377	317 567	161 612	16 553	67 652
1922年	76 808	294 700	171 808	27 100	80 714

年次	中国	印度	锡兰	日本	爪哇
1923年	106 856	344 774	181 940	35 709	90 138
1924年	102 125	348 476	204 931	22 342	105 113
1925年	89 000	359 700	209 500	52 121	94 500

此次全国商会呈请国民政府续免华茶出洋厘税，就华茶之衰落现象言，就国民政府提倡国货、保护产业言，华茶出洋免税自属必要。而茶商人如仅以政府之免税，即引以为满足，对于茶之品种不加改良，茶之栽植不加研究，茶之采摘不加讲求，烘焙宜如何适当，选拣宜如何精密，装潢宜如何精制，装箱宜如何坚牢，品质宜如何防其劣变，均一一不加注意，而仅恃政府之免税，以为贸易即可以振兴，销路即可以推广者，是真必无之事也。观过去九年之成绩，可以知之矣。是以一国之产业，一面固须政府之奖励与保护，一面尤须赖各业商人自身之努力。不然，徒负政府之苦心，财政上之缺损而已，于产业何益哉。

窃思一国之物品，能推销于他国，畅行无阻，而立于不败之地者，必有其特异之点。所谓特之点者，如非价廉，即为物美。价廉则已有压倒国外货品之功能，物美亦必大受顾客之爱用，如其价又廉而物又美者，则其对外贸易，必能日增月加，畅销无阻，世界市场，必为我有。然欲达此目的，谈何容易，是以一国产业之振兴，务必上下合作，官民努力。出口土货，成本务求其轻，品质务求其良，然后对外贸易，方有进展之望。方今生活程度日高，一物之输出，不知经过多少中间商人之手，层层剥削，成本已高，又有所谓保险费也、堆栈费也、运输费也，到他国进口有税，由本国出口亦有税，况如华茶。输入国为保护自国物产起见，而又课之以不平等之税率乎，故为奖励华茶之生产、维持茶商之困惫及发展华茶对外贸易计，势非将一切税厘蠲免不可。此次国民政府及财政当局，准全国商会之请，已将华茶出洋一切税厘，予以蠲免。惟厘税蠲免之后，应如何规画改良，尤属重要。在茶商人方面，若仍故步自封，不求改进，成本虽因免税而减轻，品质或作伪舞弊而劣变。政府对华茶虽永久免税，或一时有利于茶商，终难图华茶贸易之恢复，此则茶商人所应自觉并应亟起谋之者也。

《工商半月刊》1929年第1期

皖省茶税、茧丝税之新比额

皖省政府第七十五次会议通过各局比额概数如下。

（甲）茶税局。（一）休黟五万六千元。（二）婺源四万元。（三）祁门三万六千六百元。（四）歙县五万一千元。（五）泾太三万三千元。（六）铜石二万一千元。（七）秋浦一万一千元。（八）宣郎广二万三千六百元。（九）麻埠兼流波碙七万三千元。（十）霍山兼诸佛庵三万三千四百元。（十一）管家渡兼舞旗河二万九千元。（十二）毛坦厂兼兴儿街三万四千元。（十三）两河口一万二千二百元。（十四）八里滩一万二千元。（十五）大里河一万一千元。（十六）黄栗杪五千八百元。以上十六局共计比额四十八万二千六百元，内除各局坐支五万二千余元外，仍有四十三万有零，较之旧税增十余万。

…………

婺源茶业之概观

婺源绿茶，质优产富，为国内箱茶出口大宗。沪上路庄绿茶市面，几视婺茶开盘价高下为标准，其在茶市立场，至关重要。去岁各茶号结束，大概因成本过昂，甚多亏折。惟以前岁盈余甚丰，虽受顿挫，仍坚持不衰。故本年茶号情形，仍不减于去岁。兹将关于茶业概况，择要分述如下：

气候。婺邑茶叶有山茶、洲茶、园茶三种。气候亦随地而不同，山茶多寒，园茶向暖，洲茶寒暖匀一。去冬婺未降雪，茶树未遭冻折，今春天时适宜，茶身发育有力。近日洲、园茶均已萌芽，长如雀舌。山茶较迟，亦露青嘴，茶质味厚香清。立夏前如无暴寒热，茶质之优，可操左券。

培壅。茶户对茶树培壅工作，视年岁之佳否而勤惰。年来婺茶销增价贵，各山户莫不致力于种茶事业，视为恒产。对于茶地之施肥、刈草、除虿、松土，尤克尽能事。婺茶销路，得有今日之地位，亦未始非茶户培壅辛勤之所致也。

茶号。婺人经营商业，以茶号占多数。全邑营红绿茶号，大小约有三百余家，其中分内外两帮，内帮则在本邑开设茶号，外帮则在屯溪、祁门、浮梁、玉山、河口、修水、福建、两湖设庄办茶。今岁外帮茶号，除祁、浮已早进山开场外，修水进山者仅两家，河、玉因……而裹足，两湖共有四家，福建因累年亏折未往。一般茶商群集视线于本邑，本年全邑茶号，除旧有未减外，四乡新添十余家，其中规模较大者，计北乡清华一家、漳村两家、思口一家、里程一家，临时添设者，想亦不少也。

金融。茶号既如是之多，所需银根亦至巨。沪上各茶栈以婺茶号多殷实，莫不放胆经营，竞放茶票，今岁尤其。故各号金融，均颇灵活，驻婺各分栈，刻正分头接洽迎客。惟旧岁婺号售出之茶，因洋行延期过磅，兑银迟滞，不无稍受影响。

人工。茶号所需男女工人至夥，如制茶、焙茶、拣茶，至少均须百余人。除制茶概用男工茶师外，焙拣俱女工。年来因茶号增多，女工颇感缺乏。西南及城乡以号少，人工足敷雇用，工资亦较廉。宜北乡茶号栉比，女工时虞不敷。去冬各号鉴于焙拣女工缺乏，不能赶制，均早派伙携款赴各村雇定，预付工资，争先恐后。制茶茶师工资，亦各提高，以免他号雇夺。其余箱板柴炭，均预早定，买价亦较旧稍涨，可见今岁婺源茶业之盛矣。

《工商半月刊》1929 年 9—12 期

徽属红绿茶近讯

婺源子茶已露青嘴。婺邑今岁春茶，因雨量稀少，产额蚀收，故新头茶收园开秤，周间即告售清，缓进茶号，均苦无茶可买，计全邑各号办进茶数，敷制一帮者约十分之二，二帮在十分之六，三帮则绝无仅有。现因绿茶沪市飞俏，洋商择购高庄，婺茶最合其选，屯婺各号目光，一致趋重婺茶，咸望子茶出新丰收，多多搜办。近日洲山园子茶均露青嘴，如天降雨少许，四五日后可以采摘。现各号纷纷赶办现洋，以备收买子茶之需。

首字珍眉开始启运。婺邑茶号，自搜办新茶进庄后，无不加紧工作，期早成箱运沪。婺东首字高庄珍眉，已有四家向茶税局上引，计共一百零八箱，刻已配载，准日内启运开行。其他北乡各号如吉泰醉春、吉祥隆最优标、吉生昌婺源、益太祥天香、利生祥婺珍等顶上珍眉，近日均可成堆，不日启运。障山高庄新茶，前之居奇未售者，现均由北乡各号四十余家麇集抢办，货价之俏，未之前闻。

屯溪茶价激涨九十元。屯溪茶号近以沪市绿茶趋俏，新旧庄号风起云涌，较旧倍形热闹，惟休属茶产不丰，兼之本年缺额，益呈供不敷求，纷纷派伙四处搜办。刻屯市各号，均标价收买婺源茶，连日婺茶贩运到头茶百余担，为各号抢办，售价竟激涨至九十元，较之初开秤市价，已增四十元之多，顶高庄水叶最优之货，标至一百元。无如标价虽高，头字新茶，早被婺号搜办净尽，间有货到，均系茶贩居奇之货，无大宗进胃，故各号进茶多未尽量。据一般老于茶业者言，今年绿茶之高价，可称徽州自有茶业以来所未有。

红茶淡销中之祁、浮茶市。祁、浮各号自首帮箱茶运出后，莫不延颈企踵，渴望沽讯，讵连日报电，谓首字大帮抵沪，俄协会观望未动办，英、美、法销胃频数，市面颇难乐观，将来不免亏折。各号得讯，莫不焦急异常，前之预办现洋搜买子茶者，今亦持慎临时停办，故两路子茶虽已出新，市面顿呈淡寂云。

《工商半月刊》1929年第12期

杭州茶业状况

产区

浙省所产之茶，以杭州之龙井茶，与绍兴之平水茶，为最有名。每年出口不少，至于产茶之县几遍全省，今就其产量较多者摘录列表于后：

县名	担数	县名	担数	县名	担数
嵊县	50 000	绍县	39 778	诸暨	14 000
杭县	13 700	平阳	10 900	余杭	10 000
缙云	9 000	遂安	8 300	新昌	8 000
临安	7 100	淳安	7 030	富阳	6 200
浦江	5 190	分水	3 800	开化	3 200
江山	3 044	余姚	3 000	天台	3 000
武义	3 000	东阳	2 700	武康	2 425
於潜	2 400	镇海	2 300	丽水	2 000

县名	担数	县名	担数	县名	担数
建德	1 800	桐庐	1 674	青田	1 300
仙居	1 000	长兴	618	永嘉	600
杭州市	550	松阳	550	安吉	500
其他各县	3 327	—	—	—	—

种类

茶叶之种类不一，大概可分为绿茶、红茶、茶片、梗末四种。因其采摘时间之迟早，故有明前、雨前之分（凡清明前所采者称为明前，谷雨前所采者名为雨前）。更因形式之不同，复有旗枪莲心之别（芽茶之最嫩部分称为莲心，芽茶之外瓣名为一旗一枪）。此外复因选择之优劣，而有最优、超等、上上、极品之名（此种形容词，冠于各特殊茶名之前，各茶铺任意选择并不一律）。兹将最近杭城茶铺出售之货别名称列表如下：

绿茶

名称	价值	名称	价值
最优等狮峰（或称特选最优龙茶）	每斤洋八元	极品上狮贡（或称最优龙茶）	每斤洋六元四角
极品狮贡（或称超等龙茶）	每斤洋四元八角	龙井上贡茶（或上上龙茶）	每斤洋三元二角
龙井贡茶（或称拣选龙茶）	每斤洋二元五角六分	龙井上明前	每斤洋二元二角四分
龙井明前	每斤洋一元九角二分	龙井旗枪	每斤洋一元六角
龙井上莲心	每斤洋一元四角四分	龙井莲心	每斤洋一元三角六分
龙井上雨前	每斤洋一元二角	龙井雨前	每斤洋一元另四分
龙井芽茶	每斤洋九角六分	本山龙雀	每斤洋八角八分
拣选青雀	每斤洋八角	本山芯	每斤洋三角八分四厘

红茶

名称	价值	名称	价值
顶上乌龙	每斤洋三元二角	最优乌龙（或称最优红寿）	每斤洋二元二角四分

名称	价值	名称	价值
九曲上红袍	每斤洋一元九角二分	九曲红袍 （或称极品红寿）	每斤洋一元六角
九曲红寿 （或称九曲岩毫）	每斤洋一元一角二分	上君眉(或称小种)	每斤洋五角六分
大红袍 （或称九曲上红寿）	每斤洋九角六分	君眉	每斤洋四角八分
上红梅	每斤洋四角四分八厘	红梅	每斤洋三角八分四厘

采摘

我国种茶，不过农人之一种副业，罕有大规模之经营。而植茶之地，尤多七零八落，凡培植、采摘、烘焙诸事，皆农夫及其家人任之，未有采用机器，或科学方法者。且茶株多嫌太密，缺乏营养致茶枝不易发展，而修剪之事，往往无人顾及。至采茶之时，不问树之年龄几何，任意折采，惟求多获，因之茶树既乏休养，元气大伤。

杭州采茶分为三期，俗称头茶、二茶、三茶。凡立夏前所采者属于头茶，立夏后所采者为二茶，自霉天至伏天所采之茶名为三茶。头茶叶小而嫩，气味浓郁，品质最优。二茶叶虽较大，然质地柔软，尚不失为上品。三茶品质较次，叶厚而大。茶于立春后发芽，至清明始可采摘，采茶之职多以女工任之，但以不明植物生理，致年龄未及二岁之茶树，亦有向之采叶者，故结果遂致一蹶不振。

制法

茶之制法大概可分五步，即晾青、揉搓、烘焙、酸酵、筛分是也，但绿茶不必酸酵。

新鲜采下之茶叶，包含水分甚多，欲去水分，可将茶叶摊于竹帘上曝之，时时用手翻动，使叶之全部，因受日光而干燥。若遇天雨或气候潮湿之时，则改在闭室中举行，此种去水工作，名为晾青。绿茶之晾青，时间甚短，故非常小心，盖恐时久酸酵也。

茶叶经过晾青，过多之水分虽去，然难免有余存水分及液汁，于是举行揉搓。其法或以手搓叶如球，或用脚踏之使卷，务使液汁尽去，叶脉断折，然后曝之日中，叶遂卷曲，揉搓之举，在制茶上甚为重要。盖茶品之高下，与水分液汁之多寡，及叶身之柔硬，有连带关系也。

酸酵者，红茶与绿茶不同之点也，红茶于搓揉后，将叶曝于日中，使其酸酵。如叶色过暗，则盖湿布于叶上而曝之。自能使颜色变淡，茶叶于搓揉曝日后，乃摊于铁丝网制成之大筐上，下置炭火，不时将叶翻动，使叶之各部，同受烘焙。绿茶一经烘焙，颜色立淡；红茶烘焙之后，颜色较美。

茶自采摘以至烘焙均粗细不分，故制成后，须经过筛分，盖所以分茶叶等级也。茶以嫩小为贵，粗大为下，故每筛一次，即得一种茶，其最细筛所分之叶为最优之品。

有时茶叶于搓揉之后，又有增香之举，其法于烘焙时，加以花朵。普通多用茉莉、珠兰，间有用玫瑰代，代者名为花茶，但增香多施用于中等茶叶，至上等茶叶，罕有增香者。

茶铺于进货后招用大批女工，将各种茶叶，仔细拣选，重编等级。故虽同属一种茶叶，质量较优，茶片或称毛茶，乃叶中之最粗者，品质甚次，故列于粗茶。至于茶之梗末，只可作为制造砖茶之用。杭州之梗末，多运往上海，盖当地无茶砖厂也。

装包

杭州茶叶之运往外埠者，皆以木箱装运，木箱内复置铅胆密封。木箱共分大、中、小三种，大箱一百六十斤，中箱一百斤，小箱六十斤。门装销售者，分装纸包及小洋铁罐，装潢颇佳，或方、或圆，大者可盛茶叶一斤，中者八两，小者四两，携带既便。

销路

浙省茶叶之输出外国者，多由杭、甬、瓯三处，运至上海，罕有直接装运出口者。查杭州本处茶叶产量，不过一万四千余担，各地茶叶汇集杭州者，约五万担。其中在本地销售者，约计四分之一，运往各省者，约占四分之三。杭州城厢茶叶行九家，年销茶叶四万五千担以上。茶叶铺五十余家，年销一万七千余担，每年茶行、茶铺之贸易总值，约在三百二十万元左右。平均市价，每斤自大洋三角至大洋八元，兹将杭地之茶叶行及著名茶铺汇录于后。

行名	籍贯	所在地址	铺名	籍贯	所在地址
全泰昌	安徽	侯潮门外	方正大	安徽	羊坝头
保泰	安徽	侯潮门外	吴恒有	杭县	鼓楼前
源记	绍兴	侯潮门外	大成	安徽	清和坊
庄源润	宁波	侯潮门外	方仁大	安徽	仁和路
同泰	杭县	侯潮门外	方福泰	安徽	联桥大街
隆记	绍兴	侯潮门外	鼎兴	杭县	保佑坊
公顺	宁波	侯潮门外	吴兴大	安徽	荣市桥
裕泰	安徽	侯潮门外	德茂	杭县	湖墅
永大	安徽	侯潮门外	翁隆盛	杭县	清和坊
—	—	—	永春	杭县	清和坊
—	—	—	吴元大	安徽	望江门街
—	—	—	德长	安徽	湖墅

杭州茶业，以徽帮最占势力，至于每家贸易状况，则相去甚远。茶行中之公顺、全泰昌，茶铺中之方正大、翁隆盛、方福泰，每年贸易总值皆在三四十万以上。其余茶铺之营业，则数万数千不等，间亦有南货或糖食铺子而兼售茶叶者，然交易甚微。

捐税

浙省全年茶叶出产，总值约在一千万元以上。即就全省茶捐而论，亦已超过三十万元。故茶叶抽税之方法，颇有记载之价值。据最近调查所得，每百斤茶叶，须抽税洋一元九角八分计开：

茶捐	一元三角
附加税二成	二角六分
塘工捐	四角
印花税	二分

组织

茶业之组织有二，即茶业会馆与茶业分会是也，前者隶属于总商会，后者乃商民协会之分会。茶业工会虽为一种新组织，然实际上并无何种工作；茶业会馆，虽无住会职员，但议订茶价，评裁纠纷，并有业董作为对外代表，乃握有茶业实权之团体也。

《工商半月刊》1929年第13期

华茶对俄贸易概况

华茶对俄贸易，按关册报告，一九二七年为三十万零九百九十二担，合银一千零二十八万七千六百三十五关平两。较之一九二六年，数量增加七万四千余担，价格增加三百六十余万两，盖以是年因俄国采购极为踊跃，竞争颇烈，故市价上涨不少。产地收成似尚不及前年，然销路甚旺，产区成本，较往年为低。而上海市价之高，实为五十年以来所未有，兹就各种茶价分别言之。大概红茶较前年，每担涨一两余，红砖茶约涨五两，绿茶约涨九两，绿砖茶约涨五两。故一九二七年份对俄贸易约有三百六十余万两之增加，一九二八年份海关报告尚未发表，其详虽不可知，然摘录海关日报所记，似更较一九二七年份为旺，总数约有银一千三四百万两，则较一九二七年份，又增加三百余万两，可知华茶对俄输出，年有增加。吾人自当加以特别注意者也。

一、上海、汉口为对俄华茶贸易之中心

华茶出口，于过去十年间在中俄贸易上，常占重要地位，其基础亦极为巩固。盖以华茶品质甚优，而又适合于俄人之嗜好，断非印度、锡兰、日本等产茶所能望其项背也。

我国销售俄国之茶，概为湖北、安徽、江西、浙江、福建等省所产，由汉口、九江、杭州、宁波、温州、福州等处运集于上海。汉口所特制之红绿砖茶，因其有特殊之品质，专销俄国。其他之红绿茶运销俄国与运销欧美者，品质大概相同。红茶以工夫为主，绿茶以小珠、熙春、雨前等为主。

华茶对俄出口之径路，征之既往事实，大约有下列之变迁。

（甲）囊昔西比利亚铁路尚未开通，陆路概由天津方面，经过恰克图。海路则由亚岱萨，两者并行，常占重要地位。

（乙）西比利亚铁路开通后，从海参崴输出者骤增。欧洲大战以后，船只吨位

缺乏，从亚岱萨者几成杜绝状态，而陆路运往者，亦因贸易衰败年年减少。

（丙）一九一七年，俄国革命勃发，一时华茶对俄输出几至绝迹。其后（一九二四年五月）中俄协约成立，复有输出，经海参崴、亚岱萨，运往者逐年增加。

（丁）一九二七年年末，我政府声明对俄绝交，禁止俄籍船只进口。于是由亚岱萨输出顿绝，仅赖中外船只之便，运往海参崴向之由陆路、欧俄各口、太平洋各口及黑龙江各口输出者，现仅集中于海参崴一埠矣。

征之既往，验诸现在，华茶之对俄输出，实以上海、汉口两埠为中心。在夏令增水期内，虽间亦有由汉口直放亚岱萨或海参崴之船只，其他概由上海输出。上海虽有船只直航亚岱萨，但为数极少。至一九二七年秒，中俄绝交后，中俄华茶贸易仅由上海装往海参崴而已。

苏俄政府对于采购世界各国产茶及国内消费分配事务，曾设茶业托辣斯之国家经济机关。至一九二七年年末，中俄绝交以前，上海亦有茶业托辣斯支部存在，管理华茶之购买运输事务。绝交以后，森得鲁秀斯全俄中央消费合作社为驻华代理，受海参崴茶业托辣斯管理。

森得鲁秀斯（协助会）在上海、汉口均有营业所，且在汉口有制造砖茶厂，受茶业托辣斯之指导，在两埠市场中，直接由我国茶商采购者也。

运输机关自绝交后，俄籍船只不能进口，其后用中东铁路商务公司出面，租用中外籍船，令英丹船公司代理运航。但近来因船只吨位关系，常有装日、英、和兰等国轮船，然终以装英丹公司船为原则上海、汉口之协助会，为茶业托辣斯之代理者。一经购进，该茶即非私人所有，成为国家所有物，以后一切之处置，须待政府机关之命令矣。至茶业金融机关，初归远东银行任之，后归大通、花旗及远东银行三家经理。

由我国出口之茶，到海参崴后，即先上栈。于是茶业托辣斯与协助会之间，核算账目，将存欠关系理楚。一方面海参崴之茶业托辣斯支部，对于在莫斯科之茶业托辣斯本部，报告进货之详细情形，并对于以后该货之处置请示方法。如莫斯科本部令其运送，则海参崴支部将该货送到哈伐洛斯克，再由该处分送于指定之消费地点，配给于消费者。

一九二七年末，因中俄绝交之结果，俄国在华机关仅有非国营之机关森得鲁秀斯、中华东省铁路商务公司、远东银行等数处而已。由全体观之，此等机关在上海财界之实际势力固极微弱，但由茶业界观之，森得鲁秀斯实际上仍隐然有伟大之势力。一九二七年末，因中俄绝交之故，森得鲁秀斯亦遭封禁，但上海我国茶商联合会曾请愿于国民政府，以求解除，并叙及森得鲁秀斯在上海、汉口两埠，每年所采办之茶约值银一千余万两，实为华茶海外输出总额之一半云云。即至于今，上海茶市场，常由协助会而左右也。

二、俄国之茶业托辣斯

俄国茶业托辣斯，本部在莫斯科，支部及办事处则遍设于苏俄国内之重要都市。其重大使命，即于苏俄联邦内所需要之茶，向外国采办，并配给于国内需要者。其在莫斯科本部者，称为"茶珈琲饮料工业中央管理局"，当然受监督官厅夸斯托尔之监督。一九二七年，茶业托辣斯在上海设有支部，管理上海、汉口华茶对俄输出之采办事务。绝交以后，凡在我国之采办事务，统归协助会担任之。在克里希哥氏为驻华通商代表时，上海茶业托辣斯支部受其监督及绝交关系，通商代表与茶业托辣斯支部，咸受撤消之命令，而茶业托辣斯即委任协助会为在华代理者。以后关于出口茶之采购运输事务，全由海参崴茶业托辣斯支部，直接命令协助会办理。在海参崴之极东夸斯托尔支部，当然为监督官厅，监督海参崴茶业托辣斯支部，与监督他种商业相同。其监督之程度，以检查账簿及其他会计为主，关于直接采购及配给事务，毫不干涉，皆归茶业托辣斯主持之。

三、关于购茶之金融

协助会之购茶资金，在上海与大通花旗远东各银行，皆有往来。其财政背景，因有苏俄政府之关系，故银行方面之信用甚佳。

上海支部聘用之买办，为陈翊周氏（上海博物院路忠信昌茶行主人）。其交易方法，系在上海市场中，向一般中国茶行，直接采购，以现买现交为原则，并不派人到产地采购。对于中国茶行之产地采购，亦不与以资金之融通，即于上海茶行之存货，亦不肯收作担保品而放款。

汉口营业所，一面聘用买办，向中国茶行直接采购，一面再托新泰洋行、阜昌洋行等广为采购，每年交易有六百万元之巨。汉口营业所、新泰洋行（汉口分行）等，皆有制造砖茶厂，其原料因价格关系，不仅用中国产茶，有时亦采用锡兰、印度产茶。又新泰洋行虽名为英人商行，实属俄人经营，与茶业有极深关系。在一九二七年以前，凡输俄之华茶概归其代理采购。

四、装出手续

除由汉口直装海参崴或亚岱萨者外，其余在上海、汉口所购进之茶，皆须搬进森得鲁秀斯所有之堆栈，俟完全改装后，然后装运。至茶箱之改装，概由文监师路一号贝乐洋行办理，从堆栈至公司船间之搬运，概归罗泰洋行办理之。

森得鲁秀斯所购进之茶，概由中东铁路商务公司出面，以装英丹轮船公司所属船为原则。近来因吨位关系，随时装载意泰公司、渣华轮船公司等船，其运费上海、海参崴间，每吨约六元左右。国民政府为奖励输出起见，华茶出口，一概免税，惟由原产地至上海，厘金税尚未全，免须付一半。

五、华茶对俄输出数量

兹据海关统计，对于华茶出口到俄之数量及其运出径路，分别研究之如下：

运出路径	1925年		1926年		1927年	
	数量（担）	价格（两）	数量（担）	价格（两）	数量（担）	价格（两）
（一）红茶工夫						
欧洲各口	—	—	2 630	103 675	—	—
太平洋各口	114 607	3 172 145	31 659	890 469	33 070	1 034 001
（二）他类红茶						
陆路	11	327	199	6 139	8	247
黑龙江各口	—	—	1	35	—	—
太平洋各口	713	31 344	13 766	474 110	24 823	1 030 743
（三）绿茶小珠						
欧洲各口	909	27 552	125	3 716	1 738	73 726
太平洋各口	743	22 520	1 015	30 176	215	9 120
（四）绿茶熙春						
欧洲各口	2 502	75 149	13 714	437 640	10 071	383 202
太平洋各口	2 380	72 114	2 876	105 667	1 233	46 916
（五）绿茶雨前						
欧洲各口	7 359	222 977	11 056	576 128	31 842	1 924 849
太平洋各口	4 367	131 864	6 296	328 085	3 829	231 463

运出路径	1925年		1926年		1927年	
	数量(担)	价格(两)	数量(担)	价格(两)	数量(担)	价格(两)
(六)他类绿茶						
欧洲各口	106	3 212	6 707	260 304	17 029	625 380
太平洋各口	5	177	2 222	61 079	122	4 269
(七)红砖茶						
陆路	1 039	19 635	118	1 782	2 477	41 316
黑龙江各口	623	10 137	1	22	—	—
太平洋各口	100 939	1 974 960	83 195	2 798 266	92 971	3 615 416
(八)绿砖茶						
陆路	—	—	89	1 513	—	—
太平洋各口	37 727	490 451	50 975	524 992	75 270	1 147 590
(九)毛茶						
欧洲各口	—	—	—	—	2 831	53 704
太平洋各口	—	—	—	—	4 463	65 693
(十)花熏茶						
太平洋各口	207	9 178	315	14 000	—	—
(十一)茶末						
太平洋各口	—	—	31	271	—	—

综计以上列表内运出径路分别之如下：

运出路径	1925年		1926年		1927年	
	数量(担)	价格(两)	数量(担)	价格(两)	数量(担)	价格(两)
欧洲各口	10 876	328 890	34 232	1 381 463	64 511	3 060 861
太平洋各口	261 688	5 904 752	192 350	5 227 415	234 996	7 185 211
黑龙江各口	633	10 137	2	57	—	—
由陆路	1 320	19 963	406	9 434	2 485	41 563
共计	274 517	6 263 742	226 990	6 618 369	301 992	10 287 635

至一九二八年份之统计，海关尚未发表，故对俄出口之全数量，颇难得其详细。惟根据海关日报，摘录同年份由上海到海参崴出口数量如下：

红茶	52 326
绿茶	31 551
毛茶	7 625
红砖茶	131 268
绿砖茶	84 988
共计	307 758（18 319英吨弱）

就海参崴一埠言，较前年份之出口，超过六千七百六十六担，又较前年份经太平洋各口者，骤增七万二千七百六十二担。回顾一九二七年末中俄绝交之事实，而对俄国输出总额，反增加甚速，实出意料之外。

六、华茶对俄输出增加之原因

华茶对俄输出既如上述，然因种种不良之影响仍能有今日之盛况，约有数因，兹略述如下：

（一）华茶适合俄人嗜好。华茶之对俄输出，其渊源极远。因色香味等，皆深合俄人嗜好，俄人既成习惯，不肯改用他种产茶，其中砖茶一项尤为我国特产，他茶不易仿效，现在汉口亦曾采用印度、锡兰产茶，作为原料制造，然仍不能及其万一也。

（二）政府奖励出口。出口茶业之盛衰于国民经济关系甚巨，政府为奖励出口起见，将茶出口税一概豁免。

（三）俄政府之奖励进口。苏俄政府因中俄绝交，一时有报复之意，对于华茶进口，亦将加以禁止，用锡兰、印度、日本等产替代。当时驻日、苏俄通商代表，亦曾有计划，但结果适得其反，一九二八年反较一九二七年进口增加，观前表可以明矣。且苏俄政府于中茶绝交前，曾令通商代表业茶托辣斯、苏俄商务舰队（Soviet Merchantile Fleet）及中东铁路商务公司等机关，对于输出茶之采购及运输，与以种种便利。绝交以后，亦设代理机关。若就运费言，上海、海参崴间每吨只六元（在英丹轮船公司或再有折扣亦未可知），其运费特别低率。较之上海、神户间，每吨须九元者（但有一成回扣），相去远矣。

（四）采办华茶较为有利。华茶对俄输出，实占全国茶输出总额之一半，而运往俄国者，仅由森得鲁秀斯一机关购买之，故市场中之采购情形，颇能操纵自由。而上海、汉口之市况，亦有由森得鲁秀斯支配之状况，非如日本、锡兰有茶业公会存在，故不能完全支配市场。且在我国采购时，较之在输出于欧美者，常占优势，其难易及利害关系，当有天壤之别，况嗜好又深合俄人乎。

俄销断绝中之华茶救济策

自中俄事件发生，华茶俄销已告断绝，影响茶业，至重且巨。本市茶业会馆迭呈社会局，请予救济，恢复俄销，以维茶业生计。该局以华茶对外贸易，仅以俄国为最大市场，今既遭此事变，确受重大打击，惟数十年来华茶衰落之原因。由于民间之不知改革，此次虽受挫折，正可乘机以图改进，而恢复欧美销路。爰由该局拟具救济办法十条，呈请市长核转行政院，采择施行。兹探录其办法如下：（一）由外交部令驻外各公使，调查各该国需茶情形；（二）由工商部推放巨款，在需茶各国利用广告，尽力宣传；（三）派遣人员分赴产茶国，调查栽培方法及推销情形；（四）由农矿部派专员分往各省产茶区，调查茶业情形；（五）请行政院通令产茶各省，筹设茶业改良场；（六）请教育部于农业学校课程标准中，凡产茶各省，应立茶业科目；（七）由财政部通令运洋华茶一律免税；（八）由铁道、交通两部，酌减茶叶运费；（九）劝令山户提倡早摘，提高品质；（十）严禁着色茶叶出口，以免外销再失信用。

工商部商减茶税

工商部为救济运俄华茶起见，特咨财部，略谓向由俄商营运之茶，一旦改运他国，或交由别国商人改运，均毫无把握。为减轻茶商负担起见，拟请暂将内地五成原税豁免，以恤商艰，请查办见复。

救济华茶已有办法

交部令各轮船公司减轻运费

前以华茶被俄方抵制，本埠各茶商纷起呼援。兹由行政院训令各轮船公司减轻运费，以资救济，文云为令遵事，准行政院秘书处函，奉院长发下上海特别市政府，呈为拟具救济华茶办法，请鉴核施行一案，奉谕分交主管部酌核办理等因，相应抄同原呈函达查照等因，准此。查原呈第八项内称，华茶在山成本，固较各国为低廉，但因沿途捐税之苛重，运费之昂贵，每至成本加重，此后对于茶叶运费，无论火车、轮船，亟应一律减轻，则成本既轻，外销自必易于发展等语。查茶叶素为我国对外贸易之大宗，近年输出逐渐减少，几至一蹶不振，虽有种种关系，而运费昂重，亦其一因。当此救济华茶外销之际，各轮船公司对于出口茶叶运输费用，自应一律酌予减轻，以资补救，除分令外，合行令仰该公司遵照办理。具复备查此令。

《工商半月刊》1929年第17—20期

中国茶商之转机

自……发生后，俄国方面停止购买中国茶叶，故我国茶商颇受影响。但此等打击，竟使中国茶叶发现另一销场。盖中国绿茶，甚为非洲人民所欢迎，需要日见增加。从前非洲之亚尔及利亚地方所用之饮料，以咖啡为主，自中国绿茶输入非洲后，咖啡之销路，遂为中国绿茶所夺，以后咖啡在非洲市面上，必渐减少，可断言也。现在由中国各地向非洲东部输出茶叶之商社颇多，就中以多都维尔（译音）商会为最著，一九一七年，向非洲输出之中国茶（绿茶）（红茶）为六百万磅。在一九二八年输出额达二千二百万磅，上列事实，已为日本商人所注意。兹闻三井及其他商店，已在准备与中国上海方面各茶商接洽批发等办法云。

《工商半月刊》1929年第21—24期

我国茶业衰退之原因及其振兴方策

赵竞南

一、我国茶输出之消长观

我国茶业之输出海外，实导源于十七世纪之初，由荷兰人之手，输出于欧洲市场，然为数甚少。至西纪一六六九年（即清康熙八年），由英国东印度公司运华茶入英。其始也，仅一百四十三磅。是为华茶入英之嚆矢。六七八年（清康熙十六年）由同公司之手，输出四千三百七十磅，当时不过视为诚办。自是以后，因输出商之奋励，与需要之扩张，逐年增盛。至一七七二年，竟达三千万磅（二千二百万斤）。虽受美国独立影响，剧降为一千万磅（一八八一年），然自是以后增加急速，实为可惊。一八八六年，竟达三亿磅（二亿三千万斤），为输出开始以来之最高额者也。嗣后逐年减低，渐呈衰退之象，尤以一八九六年，中日战争后为显著。一九〇一年，竟减为一亿五千万磅。近年因世界各国需要之增加，华茶对俄贸易增加，略挽一时之颓势，然至多亦不过一亿五六万磅，与最盛时代相较，瞠乎其后矣！中经印、锡、日本之竞争，欧战之影响，其衰落之状，不堪回首。欧战以还，华茶出口，稍有起色。然外受印、锡、爪哇茶之压迫，内受祸乱相寻，苛税敲剥之苦痛，欲恢复旧况，何可能耶！我不禁为中国茶业前途危也。兹将华茶二十六年来输出额，列表于后，俾读者知茶业盛衰之一斑焉。

年份	红茶	绿茶	砖茶	未烘茶叶	小京砖茶	茶末	共计	备考
1900年（光绪二十六年）	1 183 899	200 425	—	—	—	—	1 384 324	—
1901年（光绪二十七年）	968 563	189 430	—	—	—	—	1 157 993	—

祁门红茶史料丛刊续编　第三辑（1925—1929）

年份	红茶	绿茶	砖茶	未烘茶叶	小京砖茶	茶末	共计	备考
1902年（光绪二十八年）	1 265 454	253 757	—	—	—	—	1 519 211	—
1903年（光绪二十九年）	1 375 910	201 620	—	—	—	—	1 577 530	—
1904年（光绪三十年）	1 210 103	241 146	—	—	—	—	1 451 249	光绪三十年前砖茶、茶末俱包合在红茶内
1905年（光绪三十一年）	597 045	242 128	518 498	—	4 859	6 768	1 369 298	—
1906年（光绪三十二年）	600 907	206 925	586 727	—	9 307	2 621	1 406 487	—
1907年（光绪三十三年）	708 273	264 803	604 226	—	10 729	22 095	1 610 126	—
1908年（光绪三十四年）	685 408	284 085	590 815	—	6 288	9 540	1 576 136	—
1909年（宣统元年）	619 632	289 679	584 976	—	9 944	233	1 504 464	印、锡下等茶出口成照自是华茶，遂为所抵
1910年（宣统二年）	633 525	296 083	616 540	—	8 787	5 865	1 560 800	—
1911年（宣统三年）	734 180	299 237	416 656	—	9 037	3 657	1 462 767	—

年份	红茶	绿茶	砖茶	未烘茶叶	小京砖茶	茶末	共计	备考
1912年（民国元年）	648 544	310 157	506 461	—	8 499	8 039	1 481 700	—
1913年（民国二年）	542 105	277 343	607 020	5 603	9 843	1 195	1 443 109	—
1914年（民国三年）	613 296	266 738	583 883	7 325	12 145	12 412	1 495 799	八月一日,欧洲开战
1915年（民国四年）	771 141	306 324	641 318	1 563	30 712	31 295	1 782 353	茶价昂贵,俄美英需要甚多
1916年（民国五年）	648 228	298 728	560 185	1 239	26 669	7 594	1 542 643	—
1917年（民国六年）	472 272	196 093	443 636	146	7 917	5 472	1 125 536	美国农庄茶进口,俄国内乱
1918年（民国七年）	174 962	150 710	75 160	201	63	3 121	404 217	美国销路为爪哇茶所抵
1919年（民国八年）	288 798	349 711	143 394	278	1 440	6 534	790 155	—
1920年（民国九年）	127 832	163 984	2 695	516	—	1 879	296 906	—
1921年（民国十年）	136 578	267 616	23 546	2 399	46	143	430 328	—
1922年（民国十一年）	267 039	282 988	22 616	818	12	2 600	576 073	—

年份	红茶	绿茶	砖茶	未烘茶叶	小京砖茶	茶末	共计	备考
1923年（民国十二年）	450 686	284 630	8 613	2 264	—	55 224	801 417	—
1924年（民国十三年）	402 776	282 314	19 382	2 110	2	59 351	765 935	—
1925年（民国十四年）	335 583	324 564	141 917	—	30 944	—	833 008	未烘茶叶、小京砖茶、茶末合计

　　吾国茶之输出，自一八八七以降，累年减退，至一九〇〇年，已达极矣。翌年，美国撤废战事税，俄国亦减税，输出又少加，不幸一九〇四至五年，受日俄战争之影响，对俄输出减一。嗣后七八年间，无大增减，惟一九一五年（民国四年）茶市甚佳，洋商争先购办，不论货之粗细，一律采购。茶价陡涨，出口额达一百七十八万担，茶商茶户，以为华茶转机，咸欣欣然有喜色。不料一九一八年（民国七年），受欧战影响，竟一落千丈，出口总额骤跌为四十万担，茶商损失之巨，为从来所未有。八年，欧战告终，华茶贸易略有进展，惜翌年又归停滞，其出口总额仅三十万担，为历年以来最低之数矣。民国十年，稍见起色。至十二年，复增为八十万一千四百一十七担，计值关银二千二百九十万五千三百四十两，当出口货总额百分之三零四，比较民国十一年数量增加二十余万担，价值约六百万两，因国内出产既丰，而又值印度、锡兰、爪哇等地收茶价涨，且往年仅销少数红茶之还域，是年亦有大宗去路，故销畅特旺，就中以红茶占其大半，计四十五万担，比十一年几多一半。绿茶无大变动，砖茶剧减，输出额仅八千六百一十三担，较十一年减少一万四千担。茶末出口为本年出口茶类中增加率之最甚者，由十一年之二千六百担，增至五万五千余担，约增二十倍以上。民国十三年，茶类输出复减为七十六万五千九百三十五担，计值关银二千一百一十六万七千二百余两，占出口货总额百分之二又七四，较上年减少一百八十万两。就中惟茶末、砖茶较上年为增加，而红、绿茶均减。十二、十三两年，茶末销数之盛旺，为民国以来所未有也。十四年，茶类输出额虽退为第七位，而数额为民七以后之最多者，计八十三万三千担，较诸上年增加六万六千余担，其值关银二千二百一十四万五千余两，占输出货总额百分之二又八

五。自民八以降，华茶出口，当以是年为最盛。其主要原因为：（一）俄国已复行加入中国茶市，多向我国直接购办，砖茶销数之激增以此；（二）北非洲购进绿茶颇多，故去年茶类贸易虽英美市场不甚俏利，结果仍然增进也。

二、我国茶输出状况

我国茶之输出，在十八世纪末叶时，供给全世界茶需要量百分之八十六，今则减为百分之二十左右。相形见绌，实不胜今昔之感矣！兹将民国二年至十四年，茶输出额列表于下：

（单位：担）

国家和地区	民国二年	民国三年	民国四年	民国五年	民国六年	民国七年	民国八年	民国九年	民国十年	民国十一年	民国十二年	民国十三年	民国十四年
香港地区	103 377	86 982	118 657	129 636	78 433	88 872	97 278	95 607	30 675	109 403	131 679	124 354	93 749
澳门地区	9 228	9 158	10 439	4 457	8 037	8 826	7 162	6 717	5 980	3 052	2 570	2 427	3 685
安南	4 226	3 458	1 404	1 120	1 415	1 151	2 042	2 737	1 902	2 068	1 463	800	1 563
暹罗	4 789	4 893	6 045	4 601	3 982	3 044	3 754	961	3 046	3 770	2 525	1 901	2 763
新加坡处	1 198	5 041	6 897	5 952	4 667	6 005	4 589	4 108	4 914	4 496	5 903	5 911	41 121
爪哇等处	1 198	1 985	2 186	1 708	842	281	924	711	694	699	3 742	807	1 021
印度	17 124	16 147	20 939	10 716	32 476	23 476	18 249	9 759	30 130	47 654	76 806	53 595	24 118
土、坡、埃等	15 784	13 428	27 407	16 821	5 016	5 016	4 543	17 104	32 041	64 769	85 643	25 149	136 885
英国	76 086	140 795	169 998	120 190	214 954	37 333	213 388	36 287	31 514	75 911	167 542	205 475	47 925
瑞典	44	40	1	76	—	—	2			2	29	10	7
挪威	3	—	1	—	—	—	2	—		4	6	334	6
丹麦	430	417	15	2	4 492	5 147	6 854	292	267	799	1 293	1 557	447
德国	40 601	33 188	—	—	—	—	31	5 064	20 425	32 508	25 579	6 675	
荷兰	6 270	14 864	830	—	—	1682	2 788	5 370	13 370	28 913	25 834	16 834	
比国	2 29	2 583	无	—	—	264	5	30	72	495	718	47	

国家和地区	民国二年	民国三年	民国四年	民国五年	民国六年	民国七年	民国八年	民国九年	民国十年	民国十一年	民国十二年	民国十三年	民国十四年
法国	64 214	45 203	74 219	31 032	21 419	27 835	60 440	28 528	15 450	40 458	39 905	28 615	40 121
西班牙	2 512	387	636	—	349	378	—	—	—	2 254	1 334	980	3 734
葡萄牙	—	29	—	—	—	—	—	—	—	10	10	—	—
意大利	27	34	28	793	552	191	1 812	832	无	2 254	1 334	980	3 734
奥国	10 978	7 781	—	—	—	—	—	—	—	10	10	—	—
朝鲜	无	190	71	79	73	96	151	152	4 324	7 569	18 522	14 359	16 006
日本	4 106	10 991	7 514	6 652	10 242	10 724	6 346	6 978	445	—	—	50	—
菲利宾	229	278	415	344	141	48	62	252	147	22	210	365	149
加那大	10 256	16 033	17 699	12 135	11 084	5 663	6 996	4 947	5 436	13 935	11 835	5 218	4 947
俄国	905 967	902 716	1 162 842	1 049 953	734 942	95 705	165 335	11 566	54 715	27 599	12 064	53 455	274 517
美国	143 825	107 521	137 672	145 534	171 600	72 398	83 582	71 343	127 547	121 261	140 953	79 473	108 904
中南美洲	132	321	464	1 313	1 441	3 698	205	80	468	556	1 495	1 933	977
澳洲、新西兰	11 182	7 706	15 345	2 397	613	1 380	3 313	3 488	1 698	6 148	22 485	6 603	3 860
南非洲	858	631	628	142	54	217	179	171	120	193	584	344	213
共计	1 434 873	1 432 800	1 782 352	1 545 653	1 306 824	397 484	689 152	305 437	361 977	568 763	791 858	666 826	834 008

观上表我国直接输出额（其由香港、澳门间接检运各国者不在内），在民国二年至七年六年间，以俄国为最多，占全输出额百分之六七十，尤以民国为最，计一百一十六万二千八百四十二担。查是年输出总量为一百七十八万二千三百五十三担，几占百分之七十。其次则为美，再其次则为英。自民国八年至十四年七年间，除八年英最多，俄次之，十二年、十三年英最多，十四年俄最多，美次之外，其余

数年则以美居首位，英次之，法又次之。既知我国茶输出额以英、俄、美为最多，则该三国茶之消费，及华茶在英、俄、美市场上所占之地位如何，不可不有一言以及之。

（一）英

往昔华茶在英势力最大，几独占全市场，咸丰六年，输入占总额百分之九十七，印度茶仅占百分之三耳。厥后印、锡茶发达，华茶势渐衰，由百分之八十九减为百分之七十。光绪十五年，一落为百分之十五，至民国二年，印、锡、爪哇茶竟占百分之十六点八，而华茶仅占二点九矣。欧战开始，印、锡茶不振，华茶稍稍增加。民国三年占百分之五点八，民四占百分之八点四，然民五又减为百分之五点一。印、锡茶则增为百分之八十五点八，爪哇茶则增为百分之七。兹列表于下，以明华茶在英国贸易上之地位焉：

国别	民国二年		民国三年		民国四年		民国五年	
	数量（磅）	百分率	数量（磅）	百分率	数量（磅）	百分率	数量（磅）	百分率
印度	70 415 239	56.2%	203 243 221	54.6%	227 106 545	56.6%	215 254 071	56.9%
锡兰	91 319 126	30.1%	109 897 589	29.3%	123 249 775	28.6%	107 594 136	6.5%
爪哇	—	—	24 248 071	6.5%	30 239 164	7.0%	30 403 840	7.6%
中国	8 777 493	2.9%	21 573 197	5.8%	36 181 092	8.4%	19 328 281	5.1%

（二）俄

我国茶之输入于俄，远在明崇祯时，惟是时因茶价昂贵，仅供上流社会之需要。乾隆四年，入口茶仅九十普得，其后饮茶之风渐普及，入口增加。自道光二十九年之降，砖茶逐渐加多，迨极东航路开辟后，由海道运输华茶及印度茶至敖得萨，茶之贸易益盛。及西伯利亚铁路通，车运输愈便，在世界输入茶国中遂居第二位焉。欧战前，各产业国出口，总量共八亿五十万斤，约占世界总输出量十分之二。华茶对俄贸易近维被印、锡、爪哇茶所夺，日益衰落，然仍不失为我国之一大主顾。若以视宣统元年以前华茶在俄所占之地位，不禁感慨系之！查光绪三十三年，俄国输入茶办额为五百六十六万九千普得（一普得合库秤十一两许），就中华茶四百四十九万九千普得，约见百分之八十强，印度茶三十五万六千普得，锡兰茶六十三万九千普得，仅占百分之三十强。光绪三十四年，俄输入茶总额五百三十二万普得，就中华茶占百分之八十，印、锡茶百分之二十。宣统元年输入茶总额四百四十九万六千普得，华茶占百分之七十，印、锡、中占百分之三十，中国就占优胜。至宣统元年，尚能保持均势。近年以来，华茶地位益降，印、锡茶约占百分之六十八，而华茶仅占百分之三十。二民国二年，印、锡茶约占百分之六十八，华茶百分之二十五，爪哇茶约占百分之六，竟居于印度之下风矣。民国五年，因战事，黑海闭锁，向由敖得萨入俄之印锡茶，不得已绕道海参威，运费增加，华茶较处于有利地位，故得稍复旧观。然嗣俟俄国政府分制，国际商务大都停滞，华茶入俄之额大减。民国十一年，仅二万七千五百九十四担。十二年为尤少，仅一万二千零六十四担耳。至十三年稍有转机，为五万三千余担。十四年俄商直接来华采办入俄之茶，激增为二十七万四千余担，约当上年五倍有奇，占华茶输出百分之三十三，为民七降所未有之盛况；然以视民五以前，则相差尚远矣。

（三）美

华茶输入美国，始于乾隆年间，独占美国市场，垂五十六年。印度茶自道光二十年，日本茶，自道光三十年，锡兰茶，自光绪十九年，先后皆输入美国，华茶渐失势力，卒为日本茶所压倒。兹列一九一五至七年三年输入国别如次：

国别	1915年（民国四年）		1916年（民国五年）		1917年（民国六年）	
	数量（磅）	价值（美金）	数量（磅）	价值（美金）	数量（磅）	价值（美金）
中国	21 330 043	3 059 034	18 489 335	2 774 505	19 506 706	3 710 331
英国	13 510 733	3 505 017	20 987 836	4 930 304	5 028 631	1 292 878
坎拿大	3 112 019	964 209	2 486 053	819 137	2 919 398	1 012 563
印度	13 982 052	2 753 803	10 309 141	2 009 434	32 721 920	7 462 383
日本	52 610 336	9 157 329	51 266 720	8 678 659	52 548 350	9 433 990
其他	1 560 370	243 776	1 228 217	232 027	14 069 992	2 852 930
共计	106 105 553	19 683 168	104 767 302	19 444 066	126 794 997	25 765 075

在美国方面之华茶势力，虽远不如昔日，然由我国方面观之，则出口茶中美国居第三位。民国二年，对美输出，约占出口总数百分之九点九二，三年，百分之十一点三七。至十、十一、十二年、十四年，则占百分之二十九点五三、百分之二十一、百分之十八及百分之十三，其数量之多居第一位，是华茶今日犹以美国为大主顾。近三年来，华茶入美之数，居输出第一位，则华茶在美似可恢复其所失之市

场，而足与英日相抗衡，然而不能也！试观一九一八至二三年六年间，美国从各国输入茶之统计，便可知矣。兹列表于下以资参照：

（单位：磅）

国别	1918年 （民国七年）	1919年 （民国八年）	1920年 （民国九年）	1921年 （民国十年）	1922年 （民国十一年）	1923年 （民国十二年）
中国	14 200 000	10 600 000	10 600 000	14 600 000	16 000 000	13 500 000
日本	56 400 000	40 000 000	92 700 000	21 400 000	26 000 000	36 000 000
其他各国	63 400 000	30 360 000	49 900 000	40 490 000	43 343 000	47 169 000
共计	134 000 000	80 960 000	153 200 000	76 490 000	85 343 000	96 669 000

三、我国茶业衰退之原因

吾国茶业，近年市场之日趋于衰颓，既已详述矣，然其病在，不可不研究之。今别其衰因为四：（一）出产上之衰因，（二）消费上之衰因，（三）交易上之衰因，（四）茶政上之衰因，兹分述于后：

（一）出产上之衰因

（1）施肥之不充分。吾国人有茶树施肥，有害茶叶香味之迷信。茶园不施肥，茶之地力衰耗，茶树之发育不充分，既减少茶叶之收量，且使茶叶之品质恶劣。

（2）表土之冲去。我国之茶园，多为倾斜地，故雨水之排除，不设沟渠。耕耘之后，土壤疏松，一经雨水，表土即载冲去，使茶园之地力衰耗。且中国素不讲求水利堤防等之土木工程，多旱魃之患，往往致茶园荒废。其他茶业国，锐意讲求水利堤防工程土木等事，间接可以防止茶园之荒废，与吾国诚不可同日而语也。

（3）除草之不力。茶园一任野草之滋蔓，不加铲除，使茶园地力衰耗，为害匪浅。

（4）树种之不良。印锡茶，应用学理，图茶种之改良。吾国古来并无此种运动，故茶树不良，影响于茶叶收量之减少，与品质之恶劣不鲜。

（5）剪伐之不得时。印锡茶树成长后，三年或五年必行一次剪伐，以旺盛树势，强壮发育，使茶叶浓绿深厚柔软，且富光泽。吾国之□茶者，以为一经剪伐，足以使茶叶收量之减少，而不知剪伐后之树势发长更速，故普通不过七八年行一次剪伐，甚至有过二三十年尚未行一次剪伐者。

（6）摘茶之过度。其在印、锡，摘采之法颇讲究，待新叶五六寸发生时，先摘采上部之最嫩二叶，第三嫩叶全然不摘，于茶硬处残留全叶六分之一，以保护树枝与茶梗之芽蘖，使后日嫩芽速于发生。此时每十日摘叶一回，一年采叶二十余回。而吾国之摘茶法，与之大异。每年新叶最初采茶时，全部摘取，其阻碍以后新叶之发育实甚。加以近来输出于蒙古方面，以老茶制造之获利为多，惑于目前之小利，而滥行晚芽之摘采，有伤于树枝不少。

（7）搓揉法之不良。吾国茶搓揉时加重之力不足，故液汁之香味浓度低，不及印锡茶二分之一或三分之一。其揉搓时以足踏者，茶叶扁平，不能卷成圆心条直。而搓揉细致嫩叶，足踏失之过激，易于毁损原质，且足踏轻重不均，有搓揉不齐之一弊。

（8）干燥法之不良。中国茶之异于印锡茶者，以其依日光干燥法，故多受气候如何之支配。茶叶久贮，丧失香气不少。关于此，吾国税关报告有云："现在中国一般行原始制造法，多受气候如何之左右，致生叶有长时之贮藏；若使用完全的仓库以干燥之，则得免此种延迟之弊。"又指摘使用炭火干燥之不利，有云："使用下等炭火以焙干，不得良好结果，徒毁坏坏之品质，损失数千两耳。"于此，可知干燥充分之难也。

（9）制造之不洁。吾国人卫生思想幼稚……当制茶时，自然易陷于不洁也。茶叶曝于日中时，往往有小儿犬猫蹂躏与撒粪尿之事发生。当搓揉时踏以足，垢秽之足，使茶叶蒙不洁。……反之，印、锡茶使用机器，无不洁之物羼入，因此以诋毁华茶之不洁，为印锡茶扩张败露之手段。至华茶在欧美市场渐失声价，而贩路日益狭窄也。

（10）不正行为之通行。吾国商人，往往眩惑目前之小利，而忽永远之大利，为一般所认之通病，制茶时，亦难免此病。或混入不良茶叶以冒充佳茶，或以洋绿着色，甚至着色料中，含有毒害物质，亦恬不为意。曩者美国规定纯良饮料法，华茶大受打击。如濠洲之茶，含有百分之五以上之灰土，则禁止输入。华茶往往有含百分之十一之灰土，其阻碍输入之益甚，更不待言矣。福州之茶，含有混含物者，在俄全失信用。汉口茶向俄国输出者混含种种不洁之物，致受该国之抗议。当时杜绝伪茶之文，有云："中国之茶，秉山川清淑之气，味浓力厚，性亦和平，非印度、日本茶所能及，洋人虽百喙谣咏，终不绝中国之贸易。近来始有一种伪茶搀入其间，遂谗说之口有积。平水茶有名再烘茶者，甚或搀药料染色，不烘干以增斤，是宜延请精于化学格致者为药师，庶能鉴别真伪，逐箱开验。凡茶商犯此弊者，重□外立即注销部照，永不许再作茶商。其制造伪茶之人，宜援私铸者律治罪，庶中国之茶为地球之冠，即洋商乐购不待招徕矣。"

（11）精拣之不充分。凡茶之全生产手续，如摘、烘、筛等均系出于中国……劳动者之手，故精拣不充分，难免有流于粗杂之弊。

（12）不使机械。印、锡等其他产茶国，栽培制造，均使用崭新之机械。其原动力则用水力，使生产力增大，生产物增加。生产物之品质优良，均齐以图生产费之减少，价格之低廉也。中国栽培制造，仅使用旧来粗笨之器具，多恃人力，不受机械制造之利益。美国某经济学者于一八九八年，观印锡茶在英国市场超过于华茶之输入，其所下之评语，曰："旧式的不熟练劳动，赁银极低廉，究非智识与机械之敌手。今在印度、英国之栽培者，作熟练之耕作法，与慎重之机械制造，其出产之物品，品质优良，以低价卖出，始能与中国人竞争也。"

（13）包装之不良。美国以一磅之小包，备家庭用者，最受一般之欢迎。印锡茶及日本茶之一部分，先装入于一磅罐中者，以为介绍，借此以唤起需要，扩张贩路。反之，欲购华茶一磅，则无一磅罐，大都装入于锡箔之箱内，以贩卖之。既有秤量之不便，而秤量时又多不正当之行为，因此顾主多舍华茶而就竞争茶，此亦招中国茶贩路狭缩之一因也。

（14）地立之苛重。印、锡等处，确立茶业保护主义。茶园地租轻微，中国则无茶业保护之可言，茶园地租苛重如故，致增加生产法，减少利润，卒招茶业之衰微。

（15）金融机关之不备。吾国旧式金融机关之不备，不能发挥业产资金之融通上现代的机能，此亦中国产业不振之一因也。茶业资金之融通上亦感此种痛苦，茶之生产地方的农民及收茶精制之地方小商人，资本薄弱，不足以资周转，不得不仰给于他人之资本，始有充分活动之余地。金融机关之不备，与信用之不足，则不能得自由有利的资金之供给。不得已依赖居间商向中央市场之茶栈要求生产资金，以制出之茶偿却之。利息乃为二分至三分之高利，以视印度之茶业者以四五厘之低利能得自由资金之供给，其不利孰甚！因彼等居间商，从中渔利，不知不识之间流于粗制滥造，卒至大坠制茶之声价，或减少生产额也。

（16）生产者之低级。印、锡茶业者资本丰富，中国茶业者则缺乏资本。其仰他处有利资金之融通者，则以无信用苦于高利，终至缺乏改良之资力。又印、锡茶业者皆富于科学智识，中国茶业者则以缺乏智识，故其企业心亦薄弱，无远大之眼光，于茶之栽培制造，不加以改良，且缺乏应付世界趋向而变更其方针之能力，茶业之不振，不亦宜哉！

（17）小经营组织。印、锡茶业，依大经营组织，故资力之丰富，茶园之广大，制造贩卖之统一，改良能力之富厚与改良之便利。制品齐一，被夺之居间利润少，茶业之利润多，则易期茶业之发达。反观中国茶业，依小经营组织，为农家之副业。故资本不足，茶园狭小，栽培、摘采、制造、贩卖之不统一，改良能力小，独立制品不能在市场上占优胜，商业智识幼稚，不明白市场组织，使居间商得以乘机暴取利润，而农民所得之利润甚少。因此使制品之品质下落，而怠于改良，使茶业之发达益感困难。华茶之栽培及制造的重要手续，多出于小农之手，彼等缺乏改良必要之智识与资本，诚为吾国茶业衰颓之原因也。故希望吾国茶品质改良与生产增加，若限于小规模栽培，恐不易达其目的也。

（二）消费上之衰因

当中国茶独占世界市场之日，中国以外之茶甚少，欧美人惟有专需要华茶。自印锡茶出现世界市场后，则依其嗜好以选择之，有决定去取之自由，固不必限于中国茶也。印锡茶之味下品，忘单宁量之多，虽不乏嗜好茶茶之香味者，然不过少数上流社会人好之而已。多数欧美人，以印锡茶色味浓厚，颇为经济；而华茶色味淡薄，反不利于经济，又华茶之最大主顾为俄国，对于茶嗜好，渐渐变迁。往者俄国人有不以茶混入于牛乳饮用之习惯，今则以茶混入于牛乳饮之，不混入牛乳，单独饮用中国绿茶，最为适宜。若混入牛乳，则失其因有之香味。混入牛乳饮用，以印、锡之红茶为适，因此失从来华茶之需要，而唤起新需要也。

印、锡茶业者，洞察此种嗜好之变迁，请究应付之策，努力阻止需要之减少，与贩路之窄狭。吾国茶业者，不知讲究此种应付之策，仅向澳洲输出者，近时香港地区输出商，加以煎炒使之色味浓厚，以热度不宜，不适于澳洲人之嗜好，致需要减少，贩路窄狭，亦意中事也。

（三）交易上之衰因

（1）贩路扩张方法之不备。印锡茶、日本茶、爪哇茶，依政府之保护与同业者之协力，用种种扩张贩路方法，即：（甲）新闻杂志广告，（乙）代理员之巡回，（丙）照片绘叶图之分配，（丁）马车伞之利用，（戊）陈列室之设立，（己）游说员之巡回，（庚）吃茶店之设立，（辛）于各市电车内、电柱、街路、剧场、游艺场房屋、各小卖店之柱头，苟足以惹人注目之处，无不满贴广告，（壬）从来饮用之户，与以上等茶，以图其趣味之向上增进，（癸）稍大制茶输入商，及出卖商对于贩卖目国之制茶者，补助其广告费，使可多获利。采用种种文明的广告法，而不惜投巨资，以继续实行于世界各重要市场，努力扩张其贩路，而开拓新市场也。反之，中国茶业者，不知采如是之广告方法；而政府之保护不周，与同业者之不协力，鲜有利用广告术者，即有之，其方法亦颇拙劣。吾国茶今日之贩路狭窄者，有以也夫！

（2）竞争之压迫。近时产业国，无不采茶业保护政策，人民亦锐意图茶业之发达，改良其品质，增加其产量，开拓其贩路于海外市场。因此，华茶在海外市场受不断的压迫，卒至缩少其贩路也。观《洋洋盛及华茶衰》一文，便可知华茶受竞争压迫之情形矣。其文中有云："……茶则有印度、锡兰、日本，出产渐多，香色俱备。洋茶日盛，华茶日衰。前次茶商英为多，近数年惟俄商争购，稍可补救。不意今年华茶运至俄国，均有油气，销路不佳，减价求售，折耗必多，恐明春俄商亦复裹足云。查光绪七年，印度业出四十八兆磅，运英者四十五兆磅；印度与英相处较近，茶价虽昂，水脚较少，故英商多舍中而就印。幸而印、锡均产红茶，中国绿茶之利，不致尽夺。然日本则多产绿茶，倘日本盛行，中国之茶势必窒塞难销。俄商之所以踊跃，由俄无产茶之地。倘将来印俄铁路联络，则运便费轻，恐俄惟向印、锡购采，而中国茶愈不可问矣。"（见《分类事务通纂》卷一百二十八《理财类商务茶叶》）

（3）国际汇兑之变动□。中国银本位之国也，银价有渐落之趋势，且其变动甚激，使中国国际汇兑，时感不安，其阻害一般国际贸易与制茶贸易之进展实多。

（4）运费之高。中国距离欧洲比印、锡为远，华茶之输出于欧洲者，其运费在欧战前较印锡茶每吨高十先令左右。不特此也，运送日数增加，则资金运转不能迅速。当欧洲大战时，往往商船不足，中国之输出，大受阻害。一九一八年，上海总商会，提出业杂持办法，于江苏省实业厅，内云："政府设法用中国船与以补助，中国货物直接输送于外国，不至专仰外国商人之息也。"

（5）内地之交通不便。中国内地交通机关未发达，阻碍一般产业之发达。茶为季节产物，时机一失，则不易卖却；堆积贮藏，致品质低下，其感此种种不便益著。中国茶之精制，多通商港地方行之，在内地先行粗制，然后运出于出口商埠，交于不便，时日需多，其有害于茶之香味不少。如广东之茶，自产地搬运于广东出口港，普通处二三星期云。

（四）茶政上之衰因

（1）税厘之苛重。据条约：昔日中国茶一担之协定价格，为五十海关两，其税率为百分之七点五，则输出税一担为三两七点五钱。然此税率于中国茶目今价格之下落，更觉苛重。盖今日之茶价，与协定之价格比，则仅达百分之四十四点五，乃至三十五点四二。即如粉茶，价格跌落较少，亦仅及百分之六五厘金。于通过之地方，各异其税率，不如输出税之有一完税率。据茶商言，移往上海及汉口茶之厘金，与关税之输出税略等，有时出于输出税以上。据一八九七年税关报告，厘金对于原价之比永十为百分之四点四三达二十七点五，运候汉口与九江之普通茶，则及百分之三十点二之高率云。

厘金及输出税，使中国茶业者之利润减少，而印、锡及日本等输出税，足以与他茶竞争。近时外国需要粉茶及茶素虽大，无如中国粉茶叶因输出税过重，不堪与他地方出产粉茶竞争，终不能增加其输出额也。且厘金促华茶价格之上腾，不但减少茶业者之利润，而以厘金局诛求无已之结果，往住发生制茶输送之滞迟，有害制茶之品质，失去商业之机会，种种弊害，不一而足。最近芜湖茶业公会报告：安徽茶税局及各厘金局卡，积弊甚深，除征收正税外，巧立名目，需索挂号费、茶水钱、船头照票、阡手钱、哨划钱、灰印钱等。"如芜湖茶商，在太平、宣城、石埭等县采办之茶船经过马头货卡泾太茶税局、西河查验局、清机关、湾沚关、大通茶税局、新河查验局、三里卡等处，其每处所索各费，由二三十元至五六十元不等。总计每船茶叶，运到芜湖，除正税外，尚须三百余金供维各局卡员司额外之求。如不能满彼等欲壑，即借端威吓，将□扣留十日半月不等。其泾太茶税局作弊尤甚，竟将规定十六八钱司马秤取消，改十六两秤使用，按百斤计莫，加重五斤。如是强以超出五斤之茶诬系商人取巧，勒令另行帮税，如不遵依，即强迫罚□，扣留商货。种种弊端，不胜枚举。"读此，则厘金之妨害茶业可知矣。

（2）政府保护茶业之不充分。中国政府，关于茶业保护制度未确立。近年渐觉提倡茶叶，保护奖励之必要，宣布实施几种制度，然无多大成绩。以视其他产业国政府投巨资为种种之设施，锐意于道路、通信、运输之改良发达；孜孜于豫防热带地方热性恶疾及检疫；给以输出奖励金，制造奖励金；设置茶业研究机关，对于茶业振兴之企图，不遗余力者，诚有霄壤之判也。

（3）茶引制度之弊害与茶商之专横。由中国之茶政上以观察，茶原属于政府之专卖。征茶课，颁茶引，引数与许与一定额之茶贩卖权相应。受引纳茶课者，始得为茶商。茶商组织同业组合，冀确保组合员之利益，百方设策，以妨害新茶商之发生。是茶商依组合之力，有茶卖买之独占特权。生产者不得卖茶与茶商以外之任何人，茶商之命令，绝对不能反抗，消费者亦不能向茶商以外任何人购茶。因此茶商非高价不出售，此茶商以强固组合之团结力而贪图暴利者也，斯亦中国茶业不振之一原因也。

（4）改良机关之不备。中国虽有茶业公所、茶务讲习所、茶叶试验场等等从事于茶业改良之研究，以图茶业之发达，然资力之不充，与技术之幼稚，终不得良好之效果，即如有最古历史与最大势力之茶业公所、亦绝少顾虑、中国茶业永远之发达，惟汲汲拥护同业者目前之利益，其与他产茶国之设种种茶业改良机关，依官民之协力以丰富之资力与优美之技术，急起直追，不遗余力，以为改良茶业之研究者相较，究未可同日而语也。

《浙江建设厅月刊》1929年第2期

我国茶业衰退之原因及其振兴方策（续）

赵竞南

四、振兴我国茶业之方策

吾国茶业之衰颓，既日益显著，人民与政府咸忧惧之，盛倡振兴之必要，提议种种方策，实现种种设施。就其已提议或已实施者观之，则有关于生产、交易、茶政三种方策，兹分述于后。

（一）生产上之振兴策

（1）生产组织之改进。中国茶业之衰颓，由于栽培制造之不良，故欲图中国茶业之振兴，不可不从事于生产方法之改善，生产之重要手续，操诸缺乏资力，充分智识，企业心农家之掌握，终不能打破此种弊病。故期生产方法之改善应先舍从来小经营组织，向就大经营组织，有丰富资力，充分智识，强盛企业心，促进制茶公司之设立，以统一栽培、制造、贩卖等事。吾国政府，昔日亦认此为必要之举。前清末叶，农工商部有于汉口设立一大制茶工场之计划，已派员赴汉口调查，编制详细规则，其后该项计划中绝。民国四年，农商部对于茶业改良，派调查委员赴安徽省祁门、婺源、建德三县调查，于此三地组织制茶工场，以从事制茶，同时研究种子之选择与制茶方法之改良，且有设立茶叶检查所之计划。民国三年一月十三日，以教会公布公司保息条例，规定茶业公司，得按实收资本金额之五厘，呈请保息（公司保息条例第二条）。至人民方面，计划茶业公司者，亦渐渐增加。从前设立者，仅有四川之雅州茶业公司（一九一○年设立）及江西义宁州之茶业改良公司（一九一○年设立），今则广东商谦顺安、唐翘卿等，鉴于江西修水茶近年之日益衰微，决买山田万余亩，植茶三百万株，有于一九一六年（民国五年）末设立一公司之计划。而各省茶商于一九一六年五月在上海茶业公所议决，组织一大制茶公司。此种生产组织改进运动，本不难发生振兴之效，惟以民五以还，国内变乱相寻，民生憔悴，实业不振；益以实欧洲大战影响，国外贸易停顿，茶市受打击益甚，有一蹶不振之势，茶商之破产者不计其数。向之计划或变为泡影，其已实行者，不但不著成效，苟延残喘，势所弗能，尚何振兴发达之可言哉！

（2）生产方法之改良。中国茶业衰微之原因，在于生产方法之粗杂，既如前述，则生产方法之改良策，不外：（甲）量土地之宜以定茶种，（乙）测度天气以定揉叶之时，（丙）精究中外焙茶之法，（丁）改良包装法。其他种种改良方策，虽多有人倡议，中以机械应用之促进，为最重要，而又为争辨不易决之问题，试申论之。机器制茶，火候均，而色味匀，无过不及，似较人工为优，然以之制老茶固便。若早茶之嫩者，方生长其叶质各异，制茶工候未必能一律，则机器又不如人工之适宜。然将来去小经营组织，以入于大经营组织时，则应使机械行大量之生产。印锡茶之勃兴，多使用机器，可为我人之模范也。惟在今日，小经营组织制度之下，购买机器，效法印、锡，颇感困难。盖吾国产茶之区，俱系零星散户，并无富商巨贾为之包办，安有力量以为此哉，此其一。吾国茶之生产手续，一旦悉用机械，则安徽、江西、湖南、湖北、浙江、云南、福建、广东等省茶商，有一千二百余家，各种茶职工约有六十余万人，一旦利用机械，实行劳动节约，则此多数工人，必遭失业，终至惹起社会问题也，明矣，此与产业革命相伴而生必然之结果也。欧洲诸国，曩者已遭过此种问题，实为明证，此其二。为今之计其过渡之方法，以手揉之，不宜以足，使压力均齐缓和，不至于毁损茶之品质；或使用手摇搓揉机器。至所制粉茶及粗茶，则应代以机器，以其效力较人工为大也。如是，则制茶之方法，得以稍有改良，而失业问题，不至发生，诚一举而两得者也。

又生产方法之改善策，则为聘请有经验茶业技师，由数家公请之，每于新茶上市时，使其品评茶之优劣，价之高低。凡茶之火候不齐，颜色不一者，听其细心调度。如有攘夺买卖，违犯市规，评秉公议罚，数茶师合为一局，则华商心齐，而规模足与洋商颉颃矣。

（3）金融机关之改善。吾国之旧式金融机关，既缺乏辅助企业发达之机能，而新式之银行，对于茶业金融，亦毫无贡献。吾人既述中国茶业之衰因与金融机关有关，故非加以改善不可。应仿盐业、丝绸银行之例，创办茶业银行。总行设于上海，并在汉口、福州及各产茶省份设分行，专以流通茶业之金融。然此不过大茶商占便宜，而小茶业者，究无多大裨补，于是便利小生产者之组织尚焉，奖励制茶业者设立信用、购买、贩卖等合作社。夫从事于中国茶业者，多为无智识，无资力之农民，则其无改良茶业之能力，固不待言。然期望资本主义的制茶公司之设立，则无异俟百年河清矣。求诸农民既不易，期望公讨则尤难，然则坐视其富源之衰灭？乎曰：是不然！余以为奖励农民设立各合作社，实为唯一之良策。盖合作社能使农民涵养独立自动之精神，发扬勤俭贮蓄之美风，此贮蓄勤俭得以纠合小资本，"协同之利害""一致之精神"，由是而生。姑以小能制大之策，不可不讲也。今观中产以下之小农，各自所立，其资本小，缺乏抵押品，而信用又薄，因此茶业之改良□勿论，即购买肥料，亦乏资金。幸而能设法借钱，受高利之束缚，不敢充分施肥，退而维持其原状自以为满足。其不能继续旧态者，往往而是。徒以受资本之压迫，不得不沦于悲境也。救济之法，端赖彼等一致协力组织信用合作社，购买合作社，合小资本为大资本，合小信用为大信用，开借入低利资金之途径，不难与大企业家、大资本家有相同之机会。其借入金以低利借与各组合员，以活动其金融，则上述种种痛苦，皆可免除，其裨益于农民，岂浅鲜哉！

（二）交易上之振兴策

（1）贩路扩张方法之改善。上述我国茶贩路扩张方法之不备，为其衰因之一，故吾人于此，不可不加以注意。数年前，我国茶业组合组织时，受本国政府每年一万二千两之补助金，冀在英国市场挽回颓势，于俱乐部、旅馆、家庭等处，努力介绍华茶。然以其方法之拙劣，究不若印锡茶之易引起需要者之嗜好。近来国家财政支绌，更无余力及此。虽民国十四年农商部有补助广告费之拟议，每年暂定十万元，然亦不过画饼充饥而已。是以应由茶商自动的在欧美新闻纸上，多登广告，详载茶叶名称、产自何地、茶质如何良好、装潢如何精美、色味如何□妙、有何效用、比较他国所产有何优胜之处，一一说明，使彼邦人士，周知中国茶之特色。普齐改良之情形，更由内外学者，向各国报章广为宣传，则未始非振兴茶业之一助也。此外□设国外调查部，考查华茶之销路、茶市之情形、外茶之状况与外人之嗜好及心理，以定生产营业之方针。且为改良之考镜，亦不失为茶叶对外发展之要端也。

（2）运费之减低。民国二年，财政、交通、工商三部，从吸收京汉铁路货物为目的，自汉口运往俄国及蒙古之茶免除途中厘金及其他一切之课税，规定输出税可由海关依常规征收，而茶商犹因运费之关系，多取水运而陆运者少。交通部乃更减轻茶之运费，以广招徕，此铁路运费之轻减与给轮船公司补助金，要皆使中国茶对于重要输出国之运费减轻者也。

（3）组织茶叶转运公司。中国之对外贸易，全系被动的，均假手于洋行，茶业何莫不然？欲望吾国茶之贸易有独立性，非奖励直接输出贸易，取得向国外茶商掌中之利润，而收回茶价决定权不可。因此，茶叶公司转运之组织，实为刻不容缓者。应设总公司于上海、汉口、福州等处，吸收零散之红绿箱茶，直接出洋。并设分公司于用华茶各国通商口岸，则货既集中，而销路又四布。如是即可以免洋商之操纵抑勒，复可以减轻华茶成本，足以与别种茶争长于国外市场也。

（三）茶政上之振兴策

（1）税厘之轻减。一九〇二年（光绪二十八年），上海茶叶公所，以税厘轻减，为茶业振兴急务中之急务，向商税事务大臣盛宣怀，呈请减税。盛氏受理请愿，更令税务司实际调查，亦认茶税有减低之必要，乃奏清廷照准。从前输出税，每担二两五钱，为从价百分之五所变更之税率。至是价格益低，多数输出业者，深感痛苦。乃于一九〇二年七月改定课税率，不拘品质之高下，每担减征为一两二钱五分。惟华茶之在海外声价日益衰堕，价格与年俱下，此种税率，犹觉其重。振兴中国茶业之一方策，厥在再行减低税率，于是更于民国三年，由税务处督办呈请大总统减为一两。

其次，汉口运往九江之粉茶，一九〇七年（光绪三十三年）四月以降，出口税每百斤纳银六钱，而由九江运往汉口之粉茶，则每百斤为一两二钱五分。因此当砖茶制造盛旺，由九江移入于汉口之粉茶多时，则于砖茶制造上，不无障碍，茶商乃请愿改正。一九一七年（民国六年）八月，税务处令自九江移出于汉口制造砖茶之粉茶，尔后仿砖茶移输出税之例。移出时，征税银六钱。由上海、福州移出于汉口制造砖茶之粉茶，亦仿之。

厘金之应废除，为国人之所夙知。惟吾国近日以厘金为重要之财源，就茶而言，亦未容易减至最低限度。然以近来销售于西北、蒙古等处砖业，因厘金之赋课逐次增加，甚足以妨碍贩路之扩张。故于一九一六年（民国五年）五月，财政部有令尔后免除输出西北之砖茶厘金云。民国六年，我国茶商，鉴于华茶出口之日衰，呈请政府免出洋茶税，内地厘金亦减征半税。曾经政府照以二年为期，嗣后续请展期。至本年止，已免税七年，展期五次矣。

（2）互惠条约之订定。吾国受不平等条约之束缚，关税不能自主，经济上之损失，何可胜数。将来宣告自主，或与各国各别的改订平等条约，其关于关税之互惠条约，应择吾国输出品之最大宗者数种，以要求最惠国待遇，茶居输出品之五六位，应行加入。要求需要茶最多之英、美、俄各国特别减轻华茶入口税，倘能完全豁免，则我亦可以此三国之某种进口货免税以报之。能如是，华茶之销路必日畅，昔日被夺之贩路，亦不难恢复也，否则外国之入口税有增无减，则吾国虽免税于茶商之利亦仅矣，而茶业仍难以发达也。

（3）保护政策之采用。我国政府渐知中国制茶之改良，挽同失坠之声价，保持自国固有之权利，乃谋扩张之计划，采用保护政策。对于茶业，认为有与以各种保护之必要，实行调查，近来内外市场，或饬令地方官民，奖励茶业，或交付茶业组合以一时少额补助金，或补助种茶培茶山户。有功业者，遵奖励之；改良法不充分者，则辅导。企图茶政之改良，则有设立茶业改良机关之计划，试行种种设施，其益足以确立茶业保护主义者，则为公司保息条例之发布也。该条例当民国三年张謇为农商总长时，为树立中国产业发达保护政策计，于是年一月十三日以教令公布之。

（4）茶政之刷新。中国茶业衰微之原因，在于茶引制度，前已述之矣。清末农商工部，协议全国茶业之整顿方法，提议关于茶政刷新之方策，废除茶叶专卖制度。惟设专任官以监督之，以铲除茶商之专横及其他与茶引制度相伴而生之弊，惜未能完全实行也。

（5）改良机关之改善。中国茶业振兴策中，从来倡导最多者，厥为改良机关之改善。当时有议设立江南植茶公所，茶业总会研究所，茶业联合会，皖、赣、湘、鄂茶叶品评会，茶政筹备所，茶叶验查所，茶业试验场，茶业组合之举，或未能实现；或已设立而不能继续进行，因而停止者；或虽存在而奄奄一息无成绩之可言者，殊可惜也！兹就华茶公所、茶业公所、茶务讲习所、茶业试验场、茶业验查所五者略述之：

①江南商务局植茶公所。光绪三十一年春，道台郑世璜奉前总督周复之命，率外国技师及委员茶工赴英领印度锡伦调查茶业。归国后，于明年（光绪三十二年）五月，在江宁□山之官有荒地，仿印、锡之新法，栽植茶树，渐次购入制茶机械，以期逐期改良中国茶业。委员查勘各山，择定钟山灵谷寺附近地方，开道路建设公所，垦荒地布种。是年十月，开始进行。其目的在参酌西法，以改良中国固有之制法，扩张茶叶，维持茶务。将来设机械制茶所，劝导茶商组织公司，种种布置，范围甚广。先研究种植茶苗，已经过二年，颇见茂盛。次第造成茶林，提倡新法之采用，为改良之关键也。总公所设于钟山，面积约一百七亩，分所设于青龙山、桃源，面积三百五十亩。公所经费依周总督之命，由皖南茶厘局就植棉专款支出二万两，以为生息之资本。凡开垦荒地、修造道路、建筑住屋、种树、买入一切之农具、肥料、工资及青龙山兴垦各费，悉以二万两所生之利息充之。将来茶林造成，可以采摘。制茶时，则以其本金购置烘茶小机器，其计划如此。光绪三十四年秋，分区兴垦工人仅十余人。其明年春季，栽茶时，临时增加工人。其办法则为参仿办法及试验办法，即：（甲）摹仿纯印锡茶园验场及日本茶业试验所规则，而逐条实验之，（乙）播种时期试验，（丙）肥料试验，（丁）播种粒数试验，（戊）播种深浅试验，（己）茶地高低试验，（庚）移植试验，（辛）独本丛本试验，（壬）虫害驱除试验，（癸）已未移植之长养力试验。此外有晴雨试验、温度试验等等。该公所在第一次革命以来即不复存在矣。

②茶业公所。茶业公所为上海、汉口、福州大市场茶商所组织之同业组合，努力于拥护同业者之利益。而于茶业一般之发达，绝少贡献。惟于对外贸易，时有坚固之团体，□易占优胜之地位也。

③茶务讲习所。茶为国际贸易重要商品，举凡培植、制造□贩卖等事，非有相当之学识、技能、经验，鲜能经营甚善。及须设茶务讲习所，研究种茶、施肥、采摘、烘焙、包装诸法，政府查明成绩卓著者，予以奖励。且选拔最优毕业生，令赴外国学习，以资深造。兹述湖北、四川之茶务讲习所之沿革，以窥当时对于改良茶业之运动焉。湖北省茶务讲习所，属于本省实业司，以振兴茶业为务。民国二年，得政府之许可，选派留学生研究茶业，由该省财政厅支出临时费千二百元。其后成绩如何，不得而知。四川茶务讲习所，系前清劝业道所创办，当反对国有铁道时，暂行中止。民国二年移于实业司署侧，继续开学，分别科、简易科二科。学生八十余人。于邛州及灌县（或都府下），各设一制茶所。学生分住两地实习，每日三时间制茶，共制造绿茶毛茶三千余斤。实业司更告示茶树栽培地方生为所长，学生则

为制茶者之子弟，附设制茶之制品，经实业司设立之检查所检查合格，效新式生丝奖励法与以免除厘金之优待。

④茶业实验场。茶之栽培制造，非有试验场以研究之，断难收效。前清时，设立江南植业公所，辛亥革命时停止。而民国政府，认为于全国主要产地，有设立茶业试验场之必要，以研究各国茶之栽培及制造之方法。乃于民国四年，周自齐任农商总长时，恢复江南植茶公所，所长锐意图茶业之改良。同年九月，设立祁门模范种茶场于安徽之祁门。就祁门、秋浦一带，劝导农商各界，设立培种茶分区。其明年春，陆续设立，祁门成立者二十八区，秋浦成立者十八区。其间改良茶树之丛数，总计三十五万余。犹复集积资本，开辟山地，种植者已达六七十处云。民国六年十一月，农商总长张国淦，以教令公布茶业试验场章程，改称前之模范种茶场，为茶业试验场焉。

⑤茶业检查所。欧美各国进出口之货物，皆受检查，以昭信实。华茶出口，因发现搀杂伪品及着色等情，致招外人猛烈之攻击。竞争茶商，更从而诋毁之。既伤声誉，复损金钱。且某种产茶之销地，当有一定销行，乙地者未必适于甲地。一有错误，违反需要者之心理，往往遭受严厉之取缔。为免除此种种弊病计，惟有于通商海口等处，设立茶业检查所，应在上海、福州、汉口各设检查所一处。又于新茶上市时，在湘、赣、皖、浙、川、粤六省各设临时检查所一处，聘请有经验茶师，以为检验员。一则严禁作伪着色之弊，使品质不良之茶无由输出；一则以检定货色及输出地点。如是，则旧日之声誉可起，而已失之权利，可挽回也。

《浙江建设厅月刊》1929年第3期

中俄华茶贸易

中国对俄贸易，向来输出超过输入甚巨。其中最大宗即为华茶，一九二七至二八年度，对俄输出总值近三千一百六十万卢布，而茶价达二千八百万卢布，即占全额中百分之八十八。本年度上半年即从十月一号起至四月一号止，中国对俄输出总额，减至九百万卢布，据云系苏俄自国产茶渐多，并从印度、日本购茶所致。中俄……发生以来，华茶对俄之销路完全断绝，而苏联国内之乔奇亚共和国，将乘机努力种植，又在同期六个月内，苏俄对华输入总值约八百万卢布，大多为制造品，如棉织物、橡皮器及木材、煤等，至全年对华输出共一千三百万卢布，较之中国对俄输出三千一百六十万卢布，相差甚巨，足见中俄贸易确有利于中国。

《新建设半月刊》1929年第2期

华茶之国外贸易情形

吴承禧

一

茶为我国大宗产品，历来在输出品中，实占重要位置。但近数十年来，印锡红茶销售全英，日本绿茶运往美国，华茶之海外销路，几尽被夺。出口数量，因亦江河日下，与时衰退，吾人抚今追昔，实深感叹。兹篇所论，首在略述茶叶贸易衰落之一般的情形，以促茶叶人士之注意；次段分述这其他产茶国与华茶在国际市场上角逐之情形，从而阐明华茶之所以失败之原因；末段更就管见所及，提出挽回之方案，非敢云详，聊尽治商学者之天职已耳。

二

距今七十年前，当印度、锡兰等处之茶业尚在萌芽时代，世界茶叶之供给，几全恃吾华茶业之经营，亦悉操于华人之手。一八二〇年时，华茶之输出，占出口贸易总额四分之三。一八二八年时，据称西方销纳茶量约七万磅，亦悉数购自中国。降及一八六七年，中国所供西方人士消费之茶量犹达一万九千万磅，总数之百分九十。自后华茶输出，年有增加。及一八八六年（光绪十二年）时华茶出口竟达三万万磅（二百二十一万七千二百九十五担）之巨，计银三千三百五十余万两，占出口贸易总额百分之四十三，华茶至是，可谓登峰造极，达于极盛。自是而后，日印茶业，渐形崛起，欧美市场遂为东亚各邦茶业抗衡之所。一八九七年时华茶出口已减至一百五十三万余担，计银三千一百七十余万两。一九〇六年复减至一百四十余万担，仅占出口总额百分之十一有奇，较之二十年前最盛时代之百分比，相差几及四倍，茶业贸易衰落之情形，于此可见。民国以还，景况愈下。一九一八（民七）年出口茶额竟一落千丈，跌至四十万担。一九一九年欧战告终，茶业贸易略有进步，翌年又复停滞，统计是年出口总额只三十万担，为历年以来最低之数矣。近十年来，茶业贸易，虽略见起色，然于出口贸易之地位尤不见重要。一九二七年时茶叶输出不过占出口总额百分之三点四而已，且海外市场多半为印度、锡兰、日本、爪哇等处所夺。国内茶商又墨守成规，不知改良，求欲恢复当年盛况，殆不可能矣。尤可惊者，查海关贸易册，中国每年竟有印、锡等处之茶入口，数达二千五百万磅至三千万磅，以世界上堂堂产茶国而有此事，是诚可耻者矣。兹将三十年来华茶输出情形，列表于下，俾知其衰落景况之一般。

（表中所列，单位为担。总额中除红绿茶外，尚包括有砖茶、茶末等。）

年份	红茶	绿茶	总额	备考
1900年	1 183 899	200 425	1 384 324	——
1901年	968 563	189 430	1 157 993	——
1902年	1 265 454	253 757	1 519 211	——
1903年	1 375 910	201 620	1 577 530	——
1904年	1 210 103	241 146	1 451 249	是年以前,砖茶、茶末俱包含在红茶内
1904年	597 045	241 128	1 369 298	是年起,砖茶等则包括在总额数内
1906年	600 907	206 925	1 404 128	——
1907年	708 273	264 802	1 610 125	——
1908年	685 408	284 085	1 576 136	——
1909年	619 631	281 679	1 498 443	印、锡下等茶出口盛,自是华茶遂为所抵
1910年	633 525	296 083	1 560 800	——
1911年	834 180	299 237	1 462 803	——
1912年	648 544	310 157	1 481 700	——
1913年	542 105	277 343	1 442 109	——
1914年	613 296	266 738	1 495 799	是年八月一日欧洲开战
1915年	771 141	306 324	1 782 353	茶价昂贵,俄、美、英需要甚多
1916年	648 228	298 728	1 542 633	——
1917年	472 272	196 093	1 125 535	美国禁茶进口,俄国内乱

年份	红茶	绿茶	总额	备考
1918年	174 962	150 710	404 217	美国销路为爪哇茶所抵
1919年	288 798	249 711	690 155	—
1920年	127 832	163 984	305 906	—
1921年	136 578	267 616	430 328	—
1922年	267 039	282 988	576 073	—
1923年	450 686	284 630	801 417	是年,因印、锡、爪哇收获不旺,故华茶之出口骤增
1924年	402 776	282 314	765 935	—
1925年	335 583	324 564	833 008	—
1926年	292 527	329 197	839 317	—
1927年	248 858	333 216	872 176	—
1928年	269 615	306 765	926 022	—

三

英国伦敦,今日世界茶市之中心也。当十六世纪之中叶,英人即传闻中国产茶,一六一五年时,澳门地区之英国东印度公司代理人即欲将华茶运销欧洲,但至一六四〇年英人所尝之第一次红茶,犹系由荷兰转运者。一六六九年时东印度公司输英之茶四百一十三磅,亦仍系由爪哇转运前往。迄一六七八年该公司始第一次由华运茶叶四千一百七十三磅至英,尔时英人对于华茶消费不大,此区区不足五千磅之茶,已足敷数年之用矣。厥后英国酒税增加,贫民多以茶代酒,于是饮茶之风,始渐盛行。华茶输英,因亦与时俱进。十七世纪末叶,英国每年进口之茶叶平均总在二万磅左右。十八世纪前二十五年内由东印度公司输往英国之茶,每年平均已达四十万磅,十八世纪之末,英人茶叶之销费量,平均每人每年约为两磅有零。十九世纪之初期,华茶输英,则每年平均更增至二千万磅。东印度公司于此项茶叶贸易,亦获利至厚。据一八二〇年该公司董事会之报告谓,在过去二十三年间,该公司对华贸易平均每年损失达七万三千四百磅。此项损失,大部分则皆恃华茶之销运以资弥补。又据密耳笨之统计,则谓尔时由广州输英货物,茶叶一项,竟占总额百分之九十有五,盖自十七世纪之末叶以迄十九世纪之初期,英国之茶叶市场殆全为华人所独占也。

自是而后，印锡茶叶，日趋发展，华茶销路，遂为所夺。溯印度植茶，始于一八三五年（道光十五年）。越三年，始以其自种之茶运往伦敦销售，至一八六〇年（咸丰十年）始增至一百万磅，时华茶在英犹极占优势。据一八六七年统计，英伦之进口茶额，百分之九十犹为华茶，印度茶不过当总额十分之一而已。然吾国茶叶销额之巨，实促进他国注意之机，时则英国本羡极生妒之心，力谋自种。一面鼓吹其属地增加出产，一面试种于阿桑，以为抵制华茶之第一步。一八七一年时华茶输英已减至百分之八十九，一八八一年复减至百分之七十，及一八八八年英国举行印度茶输入英国五十周年纪念大庆祝时，印锡茶叶已能与华茶并驾齐驱，计是年英国输入茶额中，印锡茶已占百分之五十而强，吾称雄世界之华茶乃于无形中为印度、锡兰夺去过半矣。兹将一八八八年以迄一九一七年华茶与印锡茶之输出年额，列表于下，以见其相互消长之一般（单位千磅，每五年平均计算）。

年份	中国	印度	锡兰
1888—1892年	242 213	105 529	48 750
1893—1897年	234 507	135 408	—
1898—1902年	192 427	172 689	—
1903—1907年	200 328	210 611	165 500
1908—1912年	202 130	255 594	188 500
1913—1917年	196 975	302 000	206 000

观上表，可知华茶之衰退与印度茶叶之发展，实有相互因果之关系。兹更将英国历来入口茶额，列表于下，以见印茶与华茶在英伦市场上竞争之优劣。

英国历来进口茶叶之国别分配表

（单位：千磅）

年份	中国	印度	锡兰
1849年	50 021	—	—
1859年	76 303	—	—
1869年	101 080	10 716	—
1879年	126 340	34 092	—
1889年	61 100	96 028	28 500
1899年	24 000	134 000	85 137
1913年	16 272	203 459	110 935

年份	中国	印度	锡兰
1914年	22 515	203 326	110 086
1920年	15 927	248 982	124 704

观此表，足见英国于一八六九年，中国茶入口者，多于印度茶十倍，而一九一四年，印度茶入口者，竟多于中国茶十倍，前后五十年间，盛衰消长之速，一至如此，抑亦可谓甚矣。

盖自印度茶业发达以后，英人专尚印度茶，呼之为英国茶（Our Tea），对于华茶，排斥甚力。一九一九年以后，英国对进口华茶每磅课税复增至一先令，而印锡茶则只课十便士。印锡茶，与英国市场相距较近，又无出口税，而中国茶，则相距较远，出口税厘，又复烦重，故不克与之竞争。据一九二〇年英国贸易统计，进口茶四亿三千一百万磅中，印锡茶叶，合计三亿七千三百万磅，占总数百分之八十六点五，爪哇茶，四千万磅，占总数百分之九点三，我国茶，千五百九十二万磅，仅占总数百分之三点六而已。

然而印锡茶叶之所以勃然而兴者，亦非无因，英人之提携，广告之鼓吹，固关系甚大，而品质之改良，机器之运用，则尤为其兴盛主要之点。现时印度茶场，非一大公司，即系场主合伙之经营，茶场之大，动以百亩千亩计，地面既宽，引用机器，遂觉得宜，锡兰茶场据一九一六年统计，亦有四十万亩之多。且热带植茶，产量丰富，每年采摘可多至二十余次，吾国茶叶则每年采摘至多不过四五次而已。此华茶难与印锡茶叶竞争之又一因也。

与中国茶叶为敌者，宁止锡印而已，日本亦大敌之一。虽日本茶叶，在欧洲市场，无甚影响，然于美洲一邦，则势力极大，华茶对美之销路，大部分实丧失于日人之手者也。

考华茶输美，远在美国独立之前，尔时美国对外尚无直接贸易之权，故入美华茶，悉由英人转运。其后竟以三便士之茶税引起美洲属地对英反抗，终致脱离祖国之羁绊，宣战独立，是华茶与美历史上尚不无多少连带之关系也。自独立后以迄十八世纪之末叶，输美华茶平均每年均在二百六十万磅之间。十九世纪之初期（一八〇〇至一八一〇）华茶输美，平均每年为五百四十万磅。较之十年前盖已增加一倍有余矣。

美国历来由华输入货物中茶叶所占之百分比例表

年份	百分比	年份	百分比
1821年	42.5%	1845年	79.0%
1825年	49.5%	1850年	71.5%
1830年	62.5%	1855年	70.0%
1835年	75.5%	1860年	65.5%
1840年	82.0%	—	—

观上表，可知茶叶一项自一八二一年以后于对美贸易总额中实占最重要地位。虽自一八四〇年以降，比例渐减，然茶叶之输出数量固甚稳妥。一八三〇华茶输美，为九百万磅，一八四〇年已增至二千万磅，一八五〇年复增至三千万磅，一八六〇年时则为二千六百万磅也。

盖直至一八五六年，美国茶叶之供给，犹全恃吾华。自是年起，日本茶叶始试销于美国，然其数甚微，殆不足道。自一八六〇年大行改革之后，茶叶品质日佳，销路始日渐扩大。一八六五以迄一八九四之三十年间，中日茶叶之对美贸易，实平行发展，输出额各年有增加。据美国统计局之调查，则在此时期，美国输入之茶额中两国所占之成数有如下表（每五年平均计算）：

年份	中国		日本	
	数量(千磅)	百分比	数量(千磅)	百分比
1865—1869年	26 674	77%	6 674	19%
1870—1874年	37 997	67%	14 120	25%
1875—1879年	29 810	48%	25 433	41%
1880—1884年	38 927	52%	34 076	46%
1885—1889年	41 078	50%	35 692	43%
1890—1894年	45 155	51%	38 335	44%

观此可知十九世纪之末叶，美国之茶叶市场，实为中日两国所独占。而日茶势力膨胀之速，尤远非华茶之所能及：最初五年——一八六五至六九——日茶不过当总额五分之一，华茶则当总额四分之三，乃十年之后日茶则骤增至总三分之一以上，华茶势力大减，已不及总额二分之一矣。

华茶在美之衰退，始自一八九五年以后。是年华茶输美，为数最多，共计为五千五百余万磅。自是而后，华茶遂一蹶不振，情势日非。一八九五至一八九九年间，平均每年输出，已降为四千八百万磅。一九〇〇至一九〇四复降至四千七百万磅，一九〇五至一九〇九降为三千二百万磅，一九一〇至一九一四降为二千三百万磅。虽自欧战以后，其他货物之对美贸易，均有进展，而茶叶之跌落则一仍如旧。一九一五至一九一九每年平均之输出仅一千九百万磅，一九二〇则更降至一千一百万磅。一九二一年以后，始略见增加。计自一八九五年以迄一九一四年，我国输美之茶叶已失去百分之三十，而日本占得我国所失者三分之一。日本之胜利乃因其所产之茶，适于美人之用也。

入美茶叶之国别分配表（每五年平均计算）

（单位：千磅）

年份	总额		中国		日本		英国		英属东印度		荷属东印度		加拿大	
	数量	百分比	数量	百分比	数量	百分比	数量	百分比	数量	百分比	数量	百分比	数量	百分比
1895—1899年	89 912	100%	48 310	53.7%	35 037	39.0%	3 489	3.9%	1 647	1.8%	—	—	1 429	1.6%
1900—1904年	93 851	100%	46 560	49.6%	36 232	38.6%	4 380	4.7%	4 953	5.3%	1	—	1 725	1.8%
1905—1909年	97 376	100%	34 273	35.2%	43 084	44.2%	9 568	9.8%	7 734	7.9%	5	—	2 712	2.8%
1910—1914年	94 043	100%	22 934	24.4%	46 245	49.2%	11 595	12.3%	10 319	11.0%	162	0.2%	2 788	3.0%
1915—1919年	107 636	100%	18 995	17.6%	48 317	44.9%	9 350	8.7%	19 822	18.4%	8 476	7.9%	2 676	2.5%
1920年	87 324	100%	10 625	12.2%	29 770	34.1%	13 900	15.9%	24 686	28.3%	6 698	7.7%	1 645	1.9%
1921年	74 361	100%	14 676	19.7%	21 407	28.8%	9 208	12.4%	23 012	30.9%	5 302	7.1%	756	1.0%
1922年	93 442	100%	14 649	15.7%	36 388	38.9%	14 534	15.6%	20 031	21.4%	7 166	7.7%	674	0.7%

据一日本茶商所述，日人之所以能据占美国茶市者，亦无非因用机器制茶之故也。机器之输入日本，溯源甚早，一八八五年时已有用汽机及煤机制茶者矣。其后用之者众，产额日增，成本亦因之减少矣。

日本制茶者，因利益所趋，于茶叶之种植及制造，已渐由小户工业变而为巨量生产。自一八七六年，日人组织公司，专为种茶制茶以输运外国者，不知凡几，为据占外国茶市及欲划一茶质起见，种茶者及小资本制茶者，已效一合作制度以减轻产值。

且日本政府、市政府及制茶商会，无不努力为茶业鼓吹，因此管理及保护方法，均得完备，制茶商会，既受政府之引导，更自行设法以防劣茶之制造及发售，改良各种制茶法及设检查所，以检验各种出产品且更于会中派人往欧美各国，以鼓吹及招徕海外生意。又于国中之重要茶区，设一检查所，以防劣茶出口。又设试验栽植地及试验室，以改进茶叶之品质。由是以观，则日茶之称雄美国，实无足怪。现今日茶之海外贸易，百分之九十殆尤运销于美国也。

虽然，自欧战后，情形已略有变更矣。缘印度、锡兰、爪哇等处之茶亦群趋美国，与日茶竞争极烈。日本虽受其影响不小，然华茶之销路，以彼等竞争之结果，遂益觉衰败不堪矣。

三十年前印茶销美，数量甚微，盖美人素重绿茶，印度之红茶，所函单宁（Tannin味涩）之量，甚多且香气与味，皆不及华茶，故销路不广。十九世纪之末叶美国所销印度之茶不过当总额百分之二而已。然自二十世纪以来，印茶输美，竟突飞猛进，一百千里，其加增之速，实堪惊异，尤以战后为尤甚。一九二〇年美国所销印度之茶，竟占总额百分之二十七点四，多于华茶二倍有半，骎骎然几有与日茶相并之势。华茶销路之被侵占，自不足论，即日本茶叶，亦岌岌可危，此其故当以英人之极力推销与广告之力为多。然美人之嗜好转移，习于红茶，喜其刺激力量之大，则又当为主要原因之一也。

此外与华茶相竞于美国市场者，尚有爪哇茶。美国之有爪哇茶也实始于一九〇五年，是年计有八千磅之爪哇茶叶输入美国。及一九一一年始增至二十二万八千磅。战事既起，爪哇茶销路骤增，华茶在美，乃大受打击。一九一八年输美华茶，总计二千一百万磅，而同年美国输入之爪哇茶竟达三千万磅之巨，几多于华茶三分之一。虽其战后之需要较低，销路微退，然爪哇茶在美，已有相当之基础，欲其返于战前之地位，殆不可能矣。

五

英美之外，俄国实为华茶销路最广之处。俄人饮茶之风，在十八世纪之初，仅行于富豪及上等社会。今则无论贫富，茶叶殆已成为日常之必需品矣。溯华茶入俄，始于十七世纪之初叶。迄后《恰克图条约》成立，华茶运俄，始日见增多。降及一八五〇年，据英人摩尔斯所说吾国砖茶之输入俄国者已达三百三十万磅矣。其后虽经洪杨之乱，一度停顿，然至一八六七年时已增至八百五十万磅矣。越二十年（一八八六）复增至七千九百八十九万余磅，及后西伯利亚大铁道告成，运输上益觉便利。一九一三年输俄华茶计达一万二千万磅，占是年华茶出口总额百分之六十三，俄人消茶之巨，于此亦可见一般矣。

最近十数年来，一以欧洲大战，一以俄国内乱，华茶输俄迄无定准，其间起伏之象，有如下表：

年份	数量（担）
1912年	839 606
1913年	905 967
1914年	902 716
1915年	1 161 842
1916年	1 049 933
1917年	734 943
1918年	95 705
1919年	165 335
1920年	11 566
1921年	24 715
1922年	27 594
1923年	12 220
1924年	53 476
1925年	130 000
1926年	226 644
1927年	357 085
1928年	445 172

当一九〇七年时，俄国输入茶额，华茶约占百分之八十以上，印锡茶仅占百分之十以上。越二年（一九〇九），华茶仍占百分之七十，印锡茶则占百分之三十。至一九一一年时，印锡茶已与吾国势力均等。一九一二年更超越吾国而占百分之六十八。是年华茶输俄，虽较输往英、美、波、土、埃等国之总额为多，然于我国输入茶中，已降为百分之二十五矣。一九一三年华茶输入占三分之一，印锡茶则占三分之二。一九一五年，华茶始稍复旧观，盖以大战时黑海封锁，向由敖得萨（Odessa）运俄之印锡茶，不得已而迁道海参崴，华茶运输较处于便利之地位也。乃自一九一七年以后，俄国复以政局变动，内乱频仍，人民之购买力薄弱，华茶销路，因亦大受影响。一九二〇以迄一九二三，平均每年输出仅一万九千余担，数额

之小，得未曾有！及一九二四年中俄协定成立，华茶输俄，始日形增加。虽总额不及一九一七年以前之多，然较之一九一八年以后，已增加不少。不幸旧岁忽又有……发生，华茶输俄，乃复完全停顿。各处茶如山积，无法销售，茶商损失，尤属不赀。所最堪虑者，则日、印茶叶，将乘机运俄，大肆活动，将来华茶之销路，殆不免天然淘汰矣。

六

今更请为一述澳洲及新西兰（New Zealand）等处华茶衰败之情形，考华茶在澳，最初颇估势力。澳洲本不产茶，然澳人最嗜茶叶。每人每年之平均消费量，过于八磅，实为世界第一。四十余年前东澳公司，每届春末，辄有轮船数艘，停泊马江专候茶季，直运到澳。三十年前，澳茶五分之四皆由中国运去。及锡兰茶兴，遂减其半，爪哇茶出，又减其半。嗣后东澳船乃不至福州停泊，华茶减至三万余磅。一九一六年稍增至五万四千三百六十九磅。兹将一九一一至一九一五五年间澳茶入口之国别分配，列表如下：

（单位：磅）

输入国别	1911年	1912年	1913年	1914年	1915年
中国	3 112 594	2 897 025	2 822 564	2 867 581	4 351 294
锡兰	18 055 772	19 408 017	23 176 416	21 560 051	22 753 934
印度	8 084 314	9 835 468	8 377 360	10 494 185	9 610 272
其他英属	3 299	1 753	7 698	3 512	441
日本	72 455	114 317	170 050	132 513	266 205
爪哇	5 429 276	4 497 407	4 054 341	6 564 063	7 312 413
其他	2 575	2 355	786	—	40
共计	34 760 285	36 756 342	38 609 215	41 621 905	44 294 599

观上表足见澳洲茶三分之二，购自锡兰、印度，爪哇茶亦有加无已，华茶输澳，已不及总额十分之一，较之昔年，相差远甚。新西兰于一九二〇年进口茶叶凡九十六万磅，其中锡兰茶占百分之七十，爪哇茶占百分之二十，印度茶约占百分之九，华茶则仅百分之一，其为数之渺小，无足道矣。

欧洲大陆，茶叶之消费不多。南美诸国，特产咖啡，茶叶非其所好。暹罗多……日本茶，缅甸多印锡茶。其余南洋各地，华茶之销路，亦仅限于侨胞，其地之欧美人士，则皆用印锡之上等红茶。盖凡世界上销茶之地，华茶殆无一处不受他人之排挤也矣，可慨孰甚！

七

华茶之惨败，由于其他产茶园之排斥竞争也固矣，然此特其外因耳；苟无内因，则华茶之凌替衰微，决不若如此之甚。内因为何？约言之，不外以下六点：

（一）种植方法之不良也。我国茶叶，向由小户农家种植，产量既少，品质复参差不一。农民对于茶叶，亦每视为副产，不甚经意。至于选种施肥，修刈锄剪，种种去虫科学方法，更无从得悉。较之印、锡等处之茶园，动辄以千百亩计者，其规模之宏大，栽植之精良，产量之丰富，品质之划一，相去当不可以道里计矣。

（二）制茶方法之不良也。茶之品质，与制造方法，关系甚大。无论红茶绿茶，均须形状、色泽、水色、香气、味五种俱佳者，始可称为上品。我国茶叶，虽天赋独厚，香气与味，非他国之所能及，然水色一项，则不及印、锡者远甚。盖华人制茶，全恃人工，印、锡等处，则早已应用机器，其水色之所以浓厚者，一以新式发酵之故，一亦汽机烘焙之功耳。爪哇制茶，据谓自采摘以至拣茶，费时仅三日，三日后装以锌制之匣，合成大箱，即可送往市场待售矣。机器制茶效率之大，于此可见。又据日本苏柯加制茶商会报告，谓机器制茶，较人工省费约二倍有半。华茶销路之所以不广者，机器未用，成本过高，殆亦为重要原因之一也。

虽然，华茶之制造，欲用机器，亦非易事。一八九九年华人即曾有试用之者，其结果，则以无足够之新鲜茶叶供其制造，阻碍良多。我国产茶季节，本较处于热带之印、锡诸国为短，又以茶户东零西落，无大规模齐整之出产，致机器之运用，亦感困难，根本办法，盖犹在植茶方式之改良也。

（三）茶税太重。自一八四二年《南京条约》成立之时起以迄一九〇三年止，凡六十年间，华茶出口，均照值百抽五之协定，每担纳税银二两五钱。然华茶售价，从未有平均每担高至五十两者，故此项税率，实际上已过于繁重。其后茶价频跌，茶税仍旧，税银比例，几高至值百抽四十之多。此外沿途厘卡公私各税，每茶百斤，约计亦不下二两五钱。华茶处此苛税杂捐之下，而欲与印锡等处免税之茶叶竞争，安得不败！

一九〇三年出口茶税，始减半为一两二钱五分。民国以来，华茶输出，每况愈下，政府为鼓励输出起见，特又于一九一四年减征银二钱五分，实征税银一两。印度出口茶叶，于一九一六年起，亦实行抽税，每百磅征二先令，合我国约每担八钱之谱。然其税入用途，专为广告之资，政府不得挪用，名为茶税，实则广告费耳。

祁门红茶史料丛刊续编 第三辑（1925—1929）

我国于一九一九年（民国八年）起，出口茶税，始完全豁免，然内地厘金未去，负担重巨，华茶复兴，实未易言也。

（四）华茶之掺杂着色，亦为其失败内因之一。盖充杂假货，非徒自损声誉，抑且与人以口实，最易失去信用。四十年前（一八八八年）美国驻华之北京大使，即曾有言谓华茶衰退之因，由于冒牌掺假所致。一八九九年美国复订立规程，防止劣茶进口。自此华茶运美，品质日佳。然着色之病，终难尽弃，虽有色茶为美人之所不喜，而英国及加拿大等处，仍嗜几分着色之茶，故美国虽频频禁止着色茶进口，而华茶着色之习，迄未能改。日本政府，则自美国于一九一一年禁止有色茶入口后，即下令茶商，不许着色，以适合美人心理。华茶之故步自封，不事改良，不能投人以所好，实亦一大缺憾也。

（五）华茶广告之缺乏与装潢之不良也。广告之用处在于吸引顾客之注意，刺激其欲望，从而鼓励其兴趣，引诱其购买。我国茶叶质地之优良，虽为世人之所公认，然以不注重广告之故，致点优不宣。欧美人士，每以不悉华茶之故，诋为不洁，弃而不用者多矣。印度、锡兰、日本、爪哇之所以处处获得胜利者，由于其质地之过人者少，得力于广告之力者多。日本茶业组合中央会议所，每年以数万巨资，对美登广告，设陈列所，开吃茶店。印锡茶商，则不独□出口茶中，略抽捐税，以为广告之用。且常分赠小盒茶叶于美国茶商，使美商咸晓焉于其物美价廉，乐于采用。其钩心斗角，争胜市场，可谓不遗余力矣。而我国茶商，乃若不睹不闻，出口大宗，一任付诸洋行随意贩卖，真正优美之茶质，反不克宣扬于海外。尤可恨者，则以华茶无广告鼓吹之故，真相莫明，日人乃以种种手段，中伤我国，或著为书报，或编为影画，曲状我国制茶之不洁状态，一面又描绘其国制茶士女，拣茶之洁，制茶之精，致外人心理，为之一变。虽其茶质不及我国，而销额日增，职是故也。

据民国四年赴美赛会监督陈琪所调查之华茶在美情形报告书中所云，则谓美人之所以喜用印度茶者，尚有一原因在。盖"凡饮印度茶者，无论至美国何处，皆可于杂货店购得同号同种之茶，购取既便，饮之成癖，嗜者日多。若中国则不然，偶于某埠某商号购得一种，使投合饮者之嗜好，欲再购备，则非至同埠同商号不可。一至他埠他商号，即不可得。因此便利不便利之别，故印度茶畅销，中国茶销路至今仍形滞钝也"。该报告中又谓："以中国茶品质香味言，定价诚不为昂。如中国茶装潢适宜，标记鲜明，余决其销路必不亚于印度、锡兰茶。中国茶进口时，皆用木箱或席袋，无特别之装潢及标记，华商不宜吝惜广告费，当极力研究华茶广告……

装盒时分量不宜过重，须分为一磅一盒、半一磅盒、四分之一磅一盒，方合于零销……质而言之，华商如输入品质优美之茶，并用特别明晰装潢标记以表明之，复多登广告，必大收其效。……"据此则广告之不可缺少与装潢之不可讲也明矣。

（六）直接输出之稀少也。直接输出之所以稀少者，一以专门人才太少，一以财力不足，一以远洋航海商□缺乏所致。今日我国茶叶之对外贸易，大权实犹操于洋行之手。查上海茶商与洋行交易，概由茶栈通事介绍，先送小样与洋行茶师看定，互议价格，成盘后，发大样比对，签字（俗名落簿）成交。定章限一星期内过磅，后四日交银（即茶价）。今改章限三星期内过磅，后一星期内交银。洋行过磅，往往有恣蚀磅秤及多索破箱费用之弊，或任意延期过磅，或故意压价不交，茶商苦之，然亦无可奈何。汉口之茶叶贸易，其决定茶价之权，亦操诸洋行。茶栈资力薄弱，无此资格，往往以高价购入之茶，一经洋行抑勒，辄蒙极大之损失，此皆华茶不能直接输出俯仰由人之结果也。

八

然则救济之道如何？曰：第一当在种植方法之改良。今日我国小户生产之方式，极不经济。应于重要茶区，广辟茶园，以求机器之使用，而行大量之生产。盖大量生产茶，茶之质地，始可整齐划一，产量方面亦可较为丰富，予机器之制造以不少之便利。

其次则采茶方法之改良亦至重要，陆澄汉先生曾于改良我国茶叶之采制与推销一文中对于采法之改善，言之綦详，且颇具见地，缘为援引数点如下，其言曰："吾国采茶习惯，恒将新叶连同嫩梗，于首次开采时，完全摘去。殊不知梗与叶之间所藏芽蘖，皆日后之一枪两旗，小芽层出不穷。即嫩叶生生不已。印、锡采叶之法，于新茶发生时，先摘上部最嫩之二叶一尖，仍于叶梗处留全叶六分之一，以保护叶梗间之芽蘖。故每隔十日，最小芽蘖，又已长成寸余之嫩叶，可供采摘，终年有茶可采。下走在热带茶山实习，曾为此事悉心研究，因气候不同中国，疑信参半，特至北印度与中国气候相同之大吉岭茶山试验，全年尚有九个月采茶，即遇天气寒冷之年，亦有八个月可采，方知我国采茶，年仅一二次者，实因采法不良所致。盖经首次鲁莽采摘，嫩梗尽去，采蘖全摧，须经四十日后，老枝发生新蘖，方有子叶可采，然茶叶已不如春茶柔嫩，此后便无茶可采。此项损失，为数极巨。且经此不良采摘，冬日无茂叶荫蔽，树枝受伤，为害尤大。鄙人回国以后，复在祁门、浮梁，如法采摘，曾采至六个月之久。树叶繁茂，回异寻常。土人异之，相率仿效皆获奇验……"可见采法之改良,利益滋多。盖第一茶叶之产量增加,第二茶叶之质地转嫩,且茶梗极少,今日制茶时最繁重之拣工费,又可省去。制茶之成本减低,则获利自较容易。

此外则色泽之改善,亦急不容缓。外人饮茶,与华人不同,饮时辄和以牛奶、白糖。华茶之清香,恒为牛奶、白糖所掩,不若印茶之浓厚,转得于牛奶、白糖中呈其健状。华茶苟能于清香之外,再加以浓厚之色泽,则其销路自必日渐广大矣。

目今我国之茶叶,多由户家种植,采摘后略加制造,售与茶贩,茶贩再售于茶号。年来因小资本制茶者日渐增多,竞争较烈,茶贩竟有时乘机垄断,颇予茶商以不利。故小户生产与小资本制茶之办法,均非根本改良不可。近数年来,华茶售价,不可谓不高矣,然茶商十九仍遭亏折者何?山价过高之故也。

是以茶商应自行觉悟,亟图改良,彼此联络合并,化小组织而为大公司,籍谋资力之雄厚。对内则广聘专家,倡设茶园,运用机器,改良种植及制造之方法;对外则力谋直接输出,以免洋行从中取利。且合并之后,小资本制茶者相互间之无味竞争,自可免去,茶贩无从渔利,山价不致过高,成本当可减低,故茶商本身组织之改善,实为茶业改良最重要之一点此而不能,则其他之设施,亦将无从着手矣。

至于政府方面,尤应竭力提倡,奖励输出,此当非一纸空文所能竣事,实际上之资助与保护实为至要。吾人所希望于政府者,当不外以下数点:

(一)出口茶税之久远的豁免。

(二)内地厘卡茶捐之废除。

(三)茶务局(Tea Bureau)之设立,借以调查华茶之国外贸易情形,将外人之嗜好与需要等等,随时报告国人,以为改良我国茶叶之方针。今日我国茶商之所以墨守成规不事改良者,非其有意如此,盖不学无术,力有未逮,而又无人从而指导,以致海外情形,漠无所闻,虽欲改良,亦不可得也。

(四)设立检查所,以防止劣茶出口。

(五)订立输出奖励金条例,鼓励茶商直接的向外发展。

(六)设立茶叶试验场。民国四年,安徽祁门县,曾有茶叶试验场之设立。其试验事项分:1.种类实验,2.剪定试验,3.肥料试验,4.制茶试验四种。虽其对于制茶方法,略有贡献,然终以规模狭小,无补于事。盖全场面积,仅百十四亩,每年经费,亦仅四千元耳。今后政府、茶商对于试验场之设施,实非再三致意不可。

此外则茶叶专门人才之培植,与海外广告纸宣传,皆宜注重。国民政府行政院于本年四月六日亦曾通令财工各部妥拟减免华茶内地税办法,并筹组中央茶业委员会，办理改良茶业事宜。总之，政府与茶商，苟能通力合作，彻底改良，则华茶之前途，未始不无希望也。

《商学期刊》1929年第4期

东非洲欢迎中国茶

自……发生后，俄国方面停止购买中国茶叶，故我国茶商颇受影响。但此等打击，竟使中国茶叶发现另一销场。盖中国绿茶，甚为非洲人民所欢迎，需要日见增加。从前非洲之亚尔及利亚地方所用之饮料，以咖啡为主，自中国绿茶输入非洲后，咖啡之销路，遂为中国绿茶所夺，以后咖啡在非洲市面上，必渐减少，可断言也。现在由中国各地向非洲东部输出茶叶之商社颇多，就中以多都维尔（译音）商会为最著，一九一七年，向非洲输入之中国茶（绿茶）（红茶）为六百万磅。在一九二八年输出额达二千二百万磅，上列事实，已为日本商人所注意。兹闻三井及其他商店，已在准备与上海方面各茶商接洽批发等办法云。

《农业周报》1929年第4期

税厘重叠之中国茶业

财政部呈复行政院称：茶业一项，为我国大宗产品。近以不敌国际竞争，陡然衰落，影响至巨，其原因虽非一端，而税厘重叠，成本加重，实为最要原因（见本报农业消息），其言简，其理明，足使久困苛税之茶农茶商闻之心喜。惟查其所拟救济茶业，办法三种，运销国外者，或照旧案免收关税，或免收厘金半税及常关海关各税，运销国内者，或征收值百抽三之特种消费税及海关税，或仍由内地常关及税厘局卡各征内地税厘之半，或仍照旧制办理，不予更变。窃以为如此救济，似犹未见其富。我国茶业向执世界牛耳，迄英日起为竞争，我以运输不灵，经营乏术，制法腐旧，伪弊丛生，政府不惟不予以援助、指导、监督、检验，又从而税厘重叠，视为重敛之机，遂致一落千丈。而国内茶园废弃荒芜者，触目皆是（记者于十年前曾从事茶业，调查湘、鄂、皖、赣诸处茶园，大多荒废，今日情形，更不知何若矣）。其于奄奄待毙之中，尚延一线生机者，则以原质佳良，英日之茶终有不及耳，倘国家能设法确切救济，即不能回复旧观，世界茶业商场亦未见遂无立足余地，且茶叶运销国外免税，军阀时代政府已允行之，旧案自无问题，惟愿望于豁免一切厘税之外，更于运输及商营上，设法予以援助，甚至经济方面，亦从而援助，国内运销税厘亦予豁免，数年之后，茶业发展固有可能，而业茶农民亦得因以稍复元气也。

华茶输往俄国

（单位：磅）

民国元年	112 200 000
民国二年	121 394 000
民国三年	120 955 600
民国四年	155 850 000
民国五年	141 285 000
民国六年	98 606 000
民国七年	13 458 000
民国八年	23 022 000
民国九年	1 605 000
民国十年	2 502 000
民国十一年	369 100
民国十二年	1 636 625
民国十三年	7 194 220
民国十四年	36 854 700
民国十五年	30 370 000
民国十六年	40 132 262

民国六年以后，华茶对俄输入，较前已减少甚巨。自民国十三年中俄协定成立后，虽不及民六以前，然已增进不少矣。我国对苏俄输出品，自以茶叶为大宗，茶叶种类以砖茶及红茶为巨，兹列表如下：

（单位：千磅）

年份	红茶	绿茶	红砖茶	绿砖茶
民国元年	124 500	2 900	47 000	21 500
民国二年	29 600	9 300	58 900	23 500
民国三年	126 300	8 400	48 100	121 750
民国四年	53 800	11 800	56 500	33 600
民国五年	44 300	17 600	56 700	21 900
民国六年	34 400	3 400	31 000	29 500
民国七年	2 500	308	8 750	1 550
民国八年	3 100	23	17 800	1 175
民国九年	429	3	1 120	—
民国十年	165	11	1 700	1 550
民国十一年	715	46	2 700	230
民国十二年	738	15	860	22
民国十三年	4 221	940	1 450	580
民国十四年	13 500	2 500	13 800	5 050
民国十五年	6 475	5 900	11 160	6 835
民国十六年	7 720	8 810	12 726	10 036

茶商以上海、汉口为集中区域，俄商亦在两埠采办，由上海装船直运至海参崴赴俄。

《东三省官银号经济月刊》1929年第4期

华茶俄销行将恢复

中俄航运一日可正式开始

外商订购茶三四万箱运俄

华茶在俄，销场极大。中俄国交破裂后，陆运道阻断，华茶受极大损失。兹以中俄航运，十一月一日起，可开正式班船。华茶出口，在进行中。据确息，某外商已先期在沪，采办华茶两批，约三万至四万箱，尽十一二两月运往海埠，转莫京等处销售云。

《东三省官银号经济月刊》1929年第7期

苏俄禁止华茶进口

华茶每年运销苏俄最多，自……发生后，彼邦竟拒绝华茶进口，工商部长孔庸之特急电华茶业会馆，令迅派代表进京，合谋对付办法。茶业会馆接电后，定即日开会，推举人员赴宁出席会议。世界新闻社莫斯科讯，中俄自……发生以来，因华茶对俄之销路断绝，苏俄国内之茶工业颇受激刺。苏联之乔其亚共和国，于两年来开设种茶试验场数处，成绩尚佳，本年收获茶叶之数，已予进口华茶以相当打击，今华茶进口全停，乔其亚共和国将益乘机努力种茶，中国对俄贸易，向来输出超过输入甚巨，其中最大宗即为华茶，一九二七、二八年度，对俄输出总值近三千一百六十万卢布，而茶价达二千八百万卢布，即占全额中百分之八十八。本年度上半年即从十月一号起至四月一号止，中国对俄输出总额减至九百万卢布，据云系苏俄自国产茶渐多，并从印度、日本购茶所致，又在同期三个月内，苏俄对华输入总值约八百万卢布，大多为制造品如棉织物、象皮器及木材、煤等，至全年对输出共值一千三百万卢布，相差甚巨，足见中俄贸易确有利于中国云。

《农矿月刊》1929 年第 5 期

皖北茶业状况调查

陈序鹏

一、绪言

查我国对外贸易，除丝业外，厥以茶为大宗。回溯一八九〇年，华茶之盛，占世界制茶输出总额百分之五十点九；至一九一九年，遂降至百分之十点八，国际茶业市场，几难立足。究其原因，系受后起之印度、日本、锡兰、爪哇等茶之打击。彼以科学方法，从事于栽培、制造，精益求精，日进无已，且注全力以从事推广宣传。返顾我国茶业，则墨守陈法，不思所以改进之道，品质不良，制造不精，捐税繁苛，运输阻塞，保护不周，奖励不免，欲与外茶角逐于商场之中，焉有不失败落伍者乎？我国茶商，对商业之日落，群谋救济之道，仅知致力于免税出口运动。固免税一次，可推进少量输出，借苏茶商之困，但受惠者，只限于茶商片面，生产者未得丝毫利益，究非根本办法。为挽救颓势计，惟有努力改良栽培、制造、锻拣、品质，利用机械，以减低成本，增加生产，并广大宣传，以广招徕。夫如是，则茶业前途，庶有豸乎！

二、安徽茶业概况

茶业为吾皖农产物之主要产品，国计民生，所关甚巨。且地居中部，种植又极适宜，如皖南祁门之红茶、婺源之绿茶，皖北六安之青茶，均驰誉寰球，早为中外人士所欢迎。惟南茶概销国外，则价高；北茶多销国内，则价低。以今年比较，南茶售价八九十元百元不等，北茶仅售价二三十元，几及南茶三分之一。同一品质，因制法销路之不同，价格遂相悬如此，何皖北茶农之不幸耶！今试言北茶，南茶则从略焉。

三、霍山茶业近状

查霍山位居皖之西北，旧属六安州治。四境四山，绵亘深远，树木葱翠。茶产以高山得云雾间清气，故甘洌可口。考其地，如奇独山、乌梅尖、大化坪、黄洋店等处，均在霍山县境，所出产品有六安"瓜片"之称。当清季州县未分治时，只知"瓜片"产自六安，而不知原产地实系霍山，故至今"瓜片""梅片""雨前""毛峰""白毫""针攀"，仍为霍山之特产。不过栽培、制造诸法，纯袭旧规，不知采用科学制法，迎合新趋势，故其销路，不出国门一步，即国内亦仅限于直鲁豫一带。较之南茶，诚有望尘莫及之势！因销路之广狭，遂形成声誉之厚薄。若细按其天惠品质，实非南茶所能望其项背。因制法之不良，遂时超越优点，湮没不彰，殊可惜也！近年来，茶况益复不振，山户每每将芽养至六七寸深，连茎带叶，一同摘下，只求量之重，不求质之精，茶价低落，岂徒然哉？但此种粗大产品，只合鲁省之销售。若交通一经停滞，外商不克前来，则一年之利，坐失于一旦。货品既受地理上之限制，又不能求售于他处，此实霍山茶业莫大之隐忧也。倘仍固步自封，不思改进，不独销路日渐短缩；吾恐国内局部生机，更深陷于晦暗不明之域矣！

四、产茶地之调查

查霍山产茶最富之区，当推西南两乡，东北两乡次之。以品质论，亦推西南两乡为最佳，因该境多山，土壤、气候均称适宜。兹将产茶区域，开列于后：

西乡：乌梅尖、诸佛庵、奇独山、黑石渡、西石门、黄溪涧、地桑冲、桃源河、落儿岭、黄栗杪、仙人冲、千笠寺。

南乡：大化坪、舞旗河、管家渡、东流河、黄尾河、白果树、黄洋店、上青、黄蘖坪、包杨二河。

东乡：东石门、梅子关、山王河。

北邻：小七畈、舒家庙、夏符桥。

五、茶行之调查

霍山茶行，不下四五十家之多。其中以张泰来茶行资本为最雄厚，每年收买毛茶，数约万篓，子庄收买更多。其余各行，则每年营业不过数万元或数千元而已。兹将各乡较大茶行列入，余从略。

西乡：张泰来、项汇丰、曹顺兴、项天兴、兴泰、左同兴、天庆和、周长泰、罗瑞纶、祥聚和、沈复兴、玉和公、永庆和、天成泰、万丰恒、周茂昌、隆裕和、天生裕、大生。

南乡：储复泰、朱忠和、洪顺、公兴、储永义、刘恒兴、三益祥、天成、德胜祥、益群、李泰丰、协兴、戴兴昌、刘天顺、陈长发、泰生、朱祥和。

东乡：公昌兴、杨华新、福隆、永利、九成公。

北乡：耀泉记、永和祥、怡丰和、广信德、宏发祥、五福。

六、制法之调查

（一）黄茶

皖北产茶各县，茶户及茶号，原制法极为简单。先采摘老大生叶（约五六寸枝杆间有七八寸者），用铁锅炒，稍加烘焙（约四成干），即出售茶号。茶号收买各茶户潮茶，先行烘焙，继雇女工略拣老片及长篾去之，最后用篾篓盛装，内用茎叶，再加炭炕，制造手续即备。该茶只行销国内，如山东、河北等处，外人无问津者。乡人所谓"黄茶"，即此是也。

（二）瓜片

六安之"瓜片"（系产自霍山，已详载霍山茶业近状），所以能风行于国内，得嗜茶者之欢迎，其故有二：皖北产茶，以霍山、六安、舒城三县为最多。三县之中，又以霍山所产之茶为最好，与杭州"龙井"、福建"武彝"、祁"红"、婺"绿"，并驾齐驱，然处于交通极不便利之地，价目低微，有"武彝""龙井"之品，而无"武彝""龙井"之价，所谓物美价廉，此其一。天然品质虽优，然摘制不得法，终难成为佳品（如霍山之黄茶，可为明证）。而"瓜片"采摘既嫩、焙制得法，故色泽新鲜，气味芬芳，制造得法，此其二。今将"瓜片"之制法，说明于下：

（甲）采摘期及采摘法。本年当谷雨前三天，将萌出长约寸许之嫩茶，连茎带叶采回（别种茶约在谷雨后半月，或二十天，方开始采摘片茶，以嫩为贵，故提前采摘）。

（乙）叶茎分析法。将采回整枝之茶，先将嫩头切断，另置一处（作攀针）。后自上而下，一片一片摘下，各置一处。因茎多涩味，必须剔除净尽，而味始正，叶片分置各处，老嫩分清，易于焙制也。

（丙）制法。将分析之片，重约两许，置炭火锅内（锅内温度摄氏表七十度左右），用草把（拣草揸成）缓缓翻炒，约经二三分钟，茶变深绿色，炒时微带响声，即起锅，之焙使干（攀针焙制法同，又片之粗大者曰梅片）。

（三）红茶

查红绿茶之制法，系创自省立茶场。该场于去年冬设立，今年制茶期间，即极力提倡，并招集茶户莅场，面加指示。其制法，悉本我国之特长，并参用日、印新法而改良之。推广以后，当有惊人成绩，可断言也。今试制法如下：

祁门"红茶"，原借日光萎凋与酸醇，不甚良好，因热度太强，用沸水泡时，不免生日光臭味，且乏香气，不如改用室内萎凋法为佳。其法用木做架，以粗白布做棚。将采摘生叶敷上萎凋，不可过厚（约二寸），或用篾质簸箕，将茶敷上，置木架萎凋亦可。萎凋之程度，视温度之高低为转移，大约十二小时。制法务革除足揉陋法，而改用手揉法，最好用机器揉，可减省劳力与人工。揉好，置木桶内，使其酸醇，酸醇毕，用炭火烘焙，再行拣别分筛，此仿效印度"红茶"之制法也。

（四）绿茶

我国"绿茶"，向由铁锅炒菁，已觉生熟不匀，且茶之汤色，久则变为黄红，甚至置日光曝晒，其色泽香味，尤为恶劣。现该场采用日本绿茶制法，分手揉与机械揉两种：绿茶手揉，用蒸汽蒸菁，蒸毕，置冷却台，使水分稍减，然后于揉床内置炭火，上面置揉床取冷却后之叶于上揉之，其手续有露切、轻回、转揉、重回、转揉、块解、中上中揉、仕上揉诸法。其最要者，重回转揉时，注意茶素，充分揉出，则有香味。再于仕上揉时，整理形状揉成之叶，即行干燥，色泽香味，极其优美。机械揉，即将冷却之茶，置粗揉机，而揉捻机，而再干机，而仕上机，其各部之程度，以手揉为标准，揉毕置干燥器干燥之。此为绿茶普通之制法，再行筛别分检，即为精制，现日本茶叶，盛行于英、美、德、法等国，即此种制法也。

七、产量之调查

查霍山每年产茶量，以篓计算，当在三十万篓以上（每篓十斤）。不出口绕关及漏税者，尚不在内。若以市价计之，约十余万元。

八、税额之调查

霍山茶税税额，每年约七万八九千元，除去各局坐支外，实收约七万余元。皖省茶税，历来南轻而北重，以百斤计之，北茶较南茶多纳一元七角五分，因南茶洋庄，红茶居多，故减半征收，此南北茶税之不平等也。兹将税局及分卡地点，开列于后：

一、霍山茶税总局分卡八所：诸佛庵、落儿岭、青莲河、团墩、小七畈、杭树冲、下符桥、大河厂。

二、管家渡茶税总局，分卡四所：大化坪、舞旗河、黄洋店、东界岭。

三、黄栗杪茶税县局，分卡六所：东界岭、中界岭、西界岭、长善冲、枣树坳、看花台。

九、销路之调查

"青茶""黄茶"销路，只限于济南、天津、河北、张家口、辽宁、热河、察哈尔、河南、绥远等地。红绿茶则任何地点，均能畅销无阻，每当茶季，各地茶商，纷纷进山投行采买，行家则不过收得佣金耳。

霍山茶况简明表

种类	产茶区域	每年产量	茶行数额	税额比较	行销区域	备考
青茶	东、南、西、北乡	二十万篓	二十余家	全款总比额七余万元	济南、天津、北平、张家口、河南等	青茶多销天津、北平，黄茶多销山东各县及河南
黄茶	东、南、北三乡	十余万篓	约二十家	—	山东、河南	—
红茶	西乡	极微	一家	—	初创，尚无大宗出品	—
绿茶	同上	同上	一家	—	同上	—
说明	以上各栏均详述各段内可参看					

《安徽建设》1929年第8期

结束第一模范茶物案

训令前第一模范茶场指示善后办法，仰即遵照，依限结束由

训令第一七一七号　十八年十二月七日

为遵令事，查该前场长，业经本厅委任为省农业指导员，着即办理该场结束事宜并限于十二月三十一日以前结束完竣，即行来厅供职。兹将关于该场善后办法，分别指示：

甲、经费：

（一）该场自九月一日起，停办结束，不支经费。

（二）该前场长在办理该场结束善后事宜期间，准支用结束费四百五十元，一俟结束手续清楚，即行呈请具领可也。

乙、地亩、茶丛、房屋、器具：

（一）该场所有祁门、秋浦地亩、场丛、树木，着即招佃承租，酌收押金。其每年租金，祁门除缴山租外，以三百元为标准，秋浦以一百五十元为标准。

（二）该场所有房屋暨其他设备，统交佃户居住应用，不取租金，但应负修缮之责。

（三）该场所有器具，统交佃户应用，酌取租金；如不租用，着即点交佃户，

妥为保管，以免损失。

（四）承租佃户应备具详细租约附各项清册，并须有妥实保证人，签名盖章，以昭郑重。

丙、文卷、契约、钤记：着即检齐造册一并呈缴，以备查考。

以上各点，仰即遵照办理具报，毋延切切，此令！

《安徽建设》1929年第12期

整理并发展江西茶务方案

（十八年三月二十八日第一八七次省务会议通过）三月日　公布

窃查江西出口货物，除米、谷、磁器、木植、夏布、纸张而外，以茶为大宗，修水、武宁、德兴、浮梁等县，皆为重要出产区域。清季同光之世，修水红茶，每年输出额达十九万余箱，价银约在四百万以上，尚可抵偿贸易损失之一部。迩来印度、锡兰、日本等处对于茶务，锐意改良，我国茶叶，遂受绝大打击，影响所及，江西红茶竟锐减至三万余箱，其德兴、浮梁等县之产额，亦仅三万余箱，合计输出不过六七万箱，因此茶农多有将园地改种其他作物者。即茶商之前以茶起家者，今亦因茶而破家荡产，瞻念前途。不仅为江西产业衰退之表示，实为国计民生之一大问题，此本于过去茶业衰退情形，不能不设法整理并发展者一也。

江西浮梁等县，气候温和，土质肥美，未垦荒地，所在多有，实为茶叶之天然产地。徒以茶农墨守成法，不事改良，生产数量逐年减少，以致农民失业，生计日蹙，若不酌投资本，组织机关，指导茶农，改良栽制，并注力于合作社之组织，以图产品价值之增高，使农民享受经济上之特殊利益，则赣茶前途何堪设想！

总理在实业第五计划有云："茶为最合卫生最优美之饮料，中国实产出之，其种植及制造，为中国重要工业之一，前此中国，曾为以茶叶供全世界之唯一国家，今则中国茶叶商业，已为印度、日本所夺，惟中国茶叶之品质，仍非其他国所能及。印度茶含有丹宁酸太多，日本茶无中国茶所具之香味，最良之茶，惟可自产茶之母国得之。中国之所以失其茶叶商业者，因其生产费过高，生产费过高之故，在厘金及出口税，又在种植及制造方法太旧，若除厘金及出口税，采用新法，则中之茶叶商业仍易复旧，在国际发展计划中，吾意当于产茶区域，设立制茶工场，以机器代手工，而生产费可大减，品质亦可改良。"此本诸总理实弃计划，不能不设法整顿并发展者又一也。

甲、现状之整理

公营运销。查江西所产红茶向销俄国，绿茶行销英、日、美诸国。自印度、锡兰、日本、爪哇等处特别奖励种茶，华茶销售英国竟锐减十之七八，日人不惟不购华茶，且有茶运往其他各国销售，华茶遂遭莫大打击，赣茶亦随之而受影响。其所以在国际市场未尽失去地位者，全恃俄国销路也。迩来全俄合作社联合会之沪上设立俄商协助会，其主要业务专为运销华茶会。对于华茶运销，表面上似有不少贡献，实际上纯属国家托辣斯性质，抱定非贱不买目的，绝无其他商人竞争。复查我国茶商运茶出口，往往经无数之手续方能成议。盖手续纷繁，费时失事，辗转依违，徒予人以可乘之隙。且茶叶商人资本微薄，往往剜肉补疮，借资营运，方其挟资入山采购。茶叶制就之后，运至沪上，不能迳向外商交易，必先托茶栈向洋行揽售。夫茶商资本多从茶栈借贷而来，利重期迫，蕲其速售以求本利之周转，洋行知其然也，则故意延宕，辗转抑勒，以退为进，操纵其间，务使茶商穷迫难待，然后以贱价得之，由是茶商之贩运者无利益之可言，故搀水以增加重量者有之，着色以饰伪者有之，弄巧反拙，致招失败。迭年以来，茶商类以亏折，见闻本年，益以地方多故恐无挟资入山者。今欲正本清源，补偏救弊，自非由政府酌拨款项，于产茶县分设立茶务机关，并遴选富有茶业学识经验人员，先于修水设立茶务局司理，公营贩卖运销等事，并检查及取缔茶农茶商搀水饰伪诸弊端。此就整理赣茶之步骤而言也。至华茶之通盘营运，似应由省政府呈请中央组设运茶总局于上海，以期集积各省零散红绿各茶，直接放洋，并酌量设置分局于销茶各国之重要口岸，货即集中而销路又可四布，则华茶因能减少洋商操纵之故，而输出额日见增加可断言也。

筹设银行。查修水茶商资力微薄，所有购茶资本每由上海茶栈借贷而来。各茶栈又于九江地方开设分栈，代客转运，茶客货抵该栈，由其发给提单，客商执有提单，即可在沪抵押现款。表面上似予茶客允分之便利，其实辗转盘剥、损耗无穷，且沪上茶栈多属买空卖空行为，所有资本悉依赖买办接济，而买办又仰给于外商，是修水茶市金融命脉，概为外商所操纵。现该县虽经商人设有振兴、农工、农民三银行，往往借口交通不便，发行纸币，茶叶上市即以纸币买汇票，又以汇票买现金，一转瞬间获利倍蓰。推其被盘剥者，厥为茶农。详考茶农，所产之茶须经"小茶贩""茶号""茶栈""买办"，始达于"外国商人"而转买于"消费者"，中间经手愈多，中饱益大，消费者耗费几倍代价，而生产者所得究属有限，故一方应由政府设立茶务专局公营，运销取缔中间剥削者，一方设立银行低贷放款，酌发辅币以资周转，一面由茶务局指导茶农组织合作社，务使茶农明了生产者与消费者之关系，以达于共同生产、共同制造、共同贩卖之境。兹拟先于修水试办，再进而推行于浮梁、德兴各产茶县分。夫如是，则江西茶业，庶有无限希望也。

改良税捐。查我国茶税，至为复杂，地方有捐，通过有税，输出外洋者又有海关税，故总理有云："中国所以失去茶叶商业者，因其生产费过高，生产费过高之故在厘金及出口税。"现在海关税虽经明令豁免，而江西内地茶税仍复征收如故，盖政府豁免茶税之主因原以责成茶商自动改良为本旨。然按之过去情形，茶农知识幼稚，茶商又安于现状并无远大眼光，非由政府严加督促，断难望其发展。为今之计，惟有采用日本、印度、锡兰成法。对于茶叶移出内地时，征收极少量之团体捐或改良捐，以充本省茶务局及各产茶县分茶业团体研究、改良、宣传、奖励之用。如是则取之于茶而仍用之于茶，不失人民负担之本旨，而得改良其事业之效益。考锡兰每茶百十二磅征收输出税十二先令，除开支征收费用外将款全数交由"三十人委员会"专充改良茶叶之用。印度鉴于锡兰试行之成功，乃创设"茶税委员会"，每磅征收输出税四分之一便士。预定五年为试行期间，实行以来，一方联络锡兰共尽宣传之责，一方聘请专家力图改良，十余年来出口愈旺、筹费愈多，而宣传与奖励亦愈猛进。日本尤而效之，亦将所征茶税悉数拨充茶业机关及茶业团体之用。审此则各国茶业对外贸易能维持于不敝者，皆政府提倡奖励之赐也。本省如欲改良茶业，亟应效法先进各国，即将内地茶税改变捐率，以其征得之款悉数拨允茶务机关及茶业团体，资为改良茶业之用。在政府收益短绌有限，而于整理茶业，实有莫大裨益焉。

乙、根本之规划

人材之培养。本省茶业专门人才至为缺乏，无论茶农、茶工、茶商概恃相沿之经验，以从事所有栽培方法，如何实施各产茶地之制造、如何改良各需要国之需茶情形、如何均不加意探求徒事，因袭不知改革以云，发展自属绝望。似应由政府酌量选派人员留学印度、锡兰、日本等处专攻茶科，并考察需茶各国行销状况，一面于本省各级农校及产茶地方学校添设茶业专科，聘请东西洋专门技师教授栽制及化验各法，旁及应用科学，卒业而后不独可充专门技师，且可以为实地农工商茶业之经营者。循此以往，茶业专门人材之供给与补充，斯少困难矣。

栽制之研究。查本省业茶者，多以耕作，余暇就山麓隙地从事种植，以作副业，并无广大茶园，即间有恃此为主要产品者，对于种植知识亦未具备栽培，既不周密管理，更属疏放而放。而于剪枝、施肥、摘采等事，向不加以研究制造之时，亦不计技术之巧拙，常蒙不洁之名，时有滞销之事，以此而与精益求精、不遗余力之产茶各国相角逐于国际市场，宁不声价日替瞠乎其后耶？若政府不亟筹设植茶、制茶各场厂以为之范，则民间茶作一切实旋仍无所取法，匪惟栽培区域莫由扩充，诚恐就有之茶作亦将树老山荒，日形减缩，矧生长适度即须摘采，加以制造，以有限之时间求其技术娴熟之工伙，不可多得，势必勉强牵就而粗制滥造等事自属难免。况近来各国制茶各用机械，香味、水色俱较优美，本省修水，虽有宁茶种植公司采用机制，犹未能尽合于法，似应由茶务局分设种茶、制茶各场厂以为试验而示模范，并由局广为宣传，多方劝导，务使赣茶品质增进，制造精良，并责令茶商加以美丽之装潢、详明之广告，使外商易于注目，一经试买名实相符，则销路日广，而在国际市场既堕之信用以逐渐可以恢复矣。

团体之组织。当此商战剧烈时代，苟非有健全之组织共同奋斗，而仅凭一二人力量竞争于世界商场，罔不失败。故近代产茶诸国先后组织茶业团体，如锡兰种茶者有"栽培协会"，扩张贩路者有"三十人委员会"，印度有"茶业协会""茶税委员会"，日本亦经规定茶业合作法规，于各郡设立合作社，而隶属于各府县。茶叶组合联合会议之下，又在东京设中央联合会议，以总其成，并由政府予以特别补助组织，极为健全，对外尤为团结，而于栽培、制造、贩卖、运销等事，均为合法之进行。十数年间即能压倒吾国茶业者职是故也。本省正宜及时仿效印度、锡兰、日本等处，于茶务局成立后，由该局先于修水各乡村指导茶农组织茶业合作社，并于该县城组织合作社联合会，然后推行于各产茶县，分顺次实施，再联络各县联合会，组织茶业联合总会于南昌讨论茶业上、金融上应行兴革事宜，并协助茶务局之一切进行互相提挈，共谋进展，赣茶前途，庶有豸乎。

夫治标之急，既如此治本之深且远，又如彼是整理发展江西茶业，不得不急筹方策。然当此切肤已亟之时，存亡断续之交，竭泽而渔，何从着手，再四思维舍政府起为之，谋别无善术也。矧修水地方灾馑洊至，民不聊生，虽刻值茶事登场之际，商旅仍复裹足。贯虹为救济现状，规划将来计，爰拟就该县创立茶务局并分设建设银行分行。在十八年度预算未经核定以前，先行各设筹备处于该县一以司茶业之营运，一以任金融之调剂，谨拟具方案并附具江西茶务局组织大纲、江西茶务局十八年度经常经费预算书、整理江西茶务十八年度临时费预算书、江西茶务局筹备处组织简章、江西建设银行修水分行筹备组织简章、江西茶务局筹备处十七年度经费预算书、江西建设银行修水分行筹备处十七年度经费预算书、整理江西茶务十七年度临时经费预算书各一份，是否有当，敬候公决。

提议人委员兼代建设厅厅长周贯虹

《江西省政府公报》1929年第13期

十七年洋庄红茶业产销概况

俞宁颇

去岁洋庄红茶，因前年存底售罄，温州新红运沪，洋商需要颇殷，惟到源不多，难作标准。迨祁门新红茶上市之第一日，华洋茶商，对此异常重视，全市布出新样五十二只，各行茶师泡验色质后，即开始谈判。怡和、协和等行，均先后还盘，但所认之价，较前年减低八五折。而华商又因产地茶价太昂，成本比前须高三十两，在此时期，似不愿折本求售，迨至上市之第二日，双方又复谈判。英庄行家，均以上年输出之祁茶，多遭亏折，益以先令暴涨，对于新茶市盘，不得不自苛紧。相持三日始开盘，全市成交仅一千一百七十四箱，其中色质优秀之货，开出百十两，其余售价，自七十七两至百零五两。而华商成本，每担须扯百廿两，此中亏折甚巨。四月下旬，祁、宁等路新红茶，大帮涌到，适斯时英国汇率逐步放长，沪埠金融日趋紧迫，均为茶销之大阻力。俄庄协助会，抱定非廉不购主义，茶市趋势，益形悲观。嗣两湖新红茶继到，由天裕等行正式开盘，售价为四十二两，较上年见低二三两。祁、浮茶市势，始终冰冷，产地二三帮，又纷纷运沪，存货山积，而洋商态度，依然不振，销路之呆疲，为年来所未有。一般茶商，对此颇为焦急，原因成本高，售价低，销路滞，无不大形恐慌。五月初旬，交易始稍形活动，华商鉴于久延非计，不得不忍痛让价求售，于是俄、印等庄，去胃转畅，六七两月，市面尚形走销，自是华商主旨。以箱茶屯积日久，难保不变色味，反遭贬价之虞，加以栈租银息逐增，莫不自愿折本速售。英、印、俄各庄，遂大举搜办，沪上存茶，始得逐渐销行。而茶号之忍痛折本，则不堪言矣，当去年春初红茶发轫之始，一般茶商臆度中，无不以为红茶胜于绿茶，几视定能操左券也者，及至运沪开盘揭晓，始悉今非昔比，有为人始料所不及，虽其间获利与保本者，尚有其人，然统筹全局，终属幸者百之一，亏本者百之九十九。推其原因，厥有两端，一因产茶区域，庄号林立，热烈竞争，进茶不论精粗，标价罗买。二因市情上，俏山户乘机以潮茶出售，于兹取巧。有此二因，遂致成本浩大，出品参差，运沪出样，多遭买者所摒弃，行市日下，此去年红茶失败之所由来也。查去年国内红茶产额，计祁、浮、建三路二五箱十万零四千件，片末三万四千件，修水、武宁、九江三路五万八千件，片末二万六千件，两湖二十五万件，片末九万五千件，闽粤厦所出工夫茶十三万件，总计全国茶产，二五箱七十九万七千件。与前年之统额五十四万件比较，已增多二十五万七千件。产额之激增，未始非华茶发展之速。然其品质，则较逊往年，半因产地气候不齐，半为做工不精，就祁门浮梁出品而论，祁门西路货，水门虽浓，奈叶底不亮，颜色暗灰，南路货颜色泽润，水味鲜香，叶底红亮，固为买者所欢迎，是以沽价，驾乎西路之上，而无搁置之虞。惟其中以火功不足，致味变酸者，亦属不少，此即滥进潮茶之大害。浮梁、秋浦出品，条子类多粗大，拣工欠精，且水味非淡薄，则叶底暗黑，是以失败尤甚。两湖、修、武，做工粗细不一，水叶味三者，均不及往年之佳，而箱数则加增，且同时锡兰、印度、楂华各地，出产益多。欧美红茶存底，压积四百余万箱。行情大跌，华茶复以成本重，出品劣，欧美销场，遂大受其影响。去年运销英、美、德等国之红茶，计祁门七万八千箱，修水、武宁、河口二万一千箱，两湖十三万五千箱，祁、宁片末五千箱，福州、广东、厦门九万箱，共计外销总额三十二万九千箱。俄协助会运销祁茶二万六千箱，修、武、河三万七千箱，两湖九万五千箱，系直运俄专利出售。又该行在沪买进修、武片末五万五千箱，在汉办进两湖片末十八万箱，用以压砖。总计全国红茶除出口外，截至去年底止，申、汉、闽市尚存七万五千箱。统观去年红茶产销概况，产地山户，因出产增加，卖价步涨，最称获利。次如茶栈，因年来实行新章，箱额既多，甚少控账，沽利亦丰。茶号则因各地增加，竞争过烈，成本增重，无不负亏。此皆由茶商无团结精神，各自为政，遂得不良结果。兹新茶已届上市，前车可鉴，愿茶商其慎之。

《银行周报》1929年第18期

华茶对俄贸易之消长

华茶之输入于俄，远在明崇祯时，惟是时因茶价昂贵，仅供上流会之需。乾隆十四年入口之茶仅九十普持，其后饮茶之风渐次普及，入口增加。自道光二十九年以降，砖茶逐年加多。迨远东航路开辟后，由海路运输中国茶及印度茶至敖得萨，茶之贸易益盛。及西伯利亚通车，运输愈便，在世界输入茶国中，遂居第二位焉。战前各产茶国出口总量，共八亿五十万斤，俄国输入量为一亿六千万斤乃至八千万斤，约占世界总输出量百分之二。华茶对俄贸易，近虽被印、锡、爪哇茶所侵夺，日益衰落，然仍不失为中国之一大主顾。查光绪三十三年，俄国输入茶总额为五百六十六万九千普得，就中华茶四百四十九万九千普得，约占百分之八十强，印度茶三十五万六千普得，锡兰茶六十三万九千普得，仅占百之十强。光绪三十四年俄国输入茶总额为五百三十三万普得，就中华茶占百分之八十，印锡茶百分之二十。宣统元年俄国输入茶总额四百四十九万六千普得，中国茶占百分之七十，印锡茶仅百分之三十，中国犹占优势。宣统三年，亦尚能保持均势。近年以来，华茶地位益降。印锡茶约占百分之六十八，而华茶仅百分之三十二。民国二年印锡茶约占百分之六十八，华茶百分之二十五，爪哇茶约百分之六，竟居印锡茶之下矣。民国五年因战时黑海闭锁，向由敖得萨入俄之印锡茶，不得已绕道海参崴，华茶较处于有利地位，故得稍复旧观。然嗣后俄国政局分裂，国际商务大都停滞，华茶入俄之额大减。民国十一年仅二万七千五百九十四担，十二年更少，仅一万二千零六十四担。迨至十三年五月，中俄协定成立。运俄华茶骤增至五万三千余担，十四年更增至二十七万七千余担，十六年更增至三十万担，较十二年约增加二十余倍，然较之民五，尚不及三分之一也。兹将民国以来华茶运往俄国数量，列表于下：

（单位：担）

时间	运往俄国由欧洲各口	运往俄国由陆路	运往俄国由黑龙江各口	运往俄国由太平洋各口	共计
民国元年	134 993	137 448	75 282	491 926	839 649
民国五年	93 327	174 740	73 115	708 751	1 049 993
民国六年	9 790	130 961	170 444	422 502	733 697

时间	运往俄国由欧洲各口	运往俄国由陆路	运往俄国由黑龙江各口	运往俄国由太平洋各口	共计
民国七年	—	12 506	366	82 833	95 705
民国八年	430	33 767	3 292	13 745	51 234
民国九年	250	10 782	258	276	11 566
民国十年	6 703	14 473	1 206	333	22 715
民国十一年	—	22 201	4 893	500	27 594
民国十二年	230	1 213	69	10 552	12 064
民国十三年	18	163	3	53 271	53 455
民国十四年	10 873	1 320	633	261 688	274 514
民国十五年	34 232	406	2	192 350	226 990
民国十六年	63 511	2 485	—	234 996	300 992

　　华茶对俄输出，几占输出总额之半，良以华茶色香味三者，深合俄人嗜好。俄人既成习惯，不肯改用他种产茶。其中砖茶一项，尤为吾国特产，他茶不易仿效。现在汉口会采用印度、锡兰产茶，为原种制造，然仍不及其万一也。华茶之运销俄国者，概为湖北、安徽、江西、浙江、福建等省所产，而以汉口与上海两埠，为输出之中心。苏俄政府对于采购世界各国之茶及国内消费分配事务，设有茶业托辣斯之国家经济机关，其本部在莫斯科，支部及办事处则遍设于苏俄国内之重要都市。在吾国之采办事务，统归协助会担任，该会在上海、汉口均有营业所，受茶业托辣斯之指导。在两埠市场中，直接向中国茶行采购，该茶一经购进，即非私人所有，成为国家所有物，以后一切之处置，须待政府机关之命令矣。协助会之购茶资金，在上海与大通、花旗、远东各银行皆有往来，其财政背景，因有苏俄政府之关系，故信用甚佳。上海营业所聘用之买办为陈翊周氏，其交易方法，系在上海市场中向一般中国茶行直接采购，以现买现交为原则，并不派人到产地采购。对于中国茶行之产地采购，亦不与以资金之融通，即于上海茶行之存货，亦不肯收作担保品而放款。汉口营业所一面聘用买办，向中国茶行直接采购。一面再托新泰洋行、阜昌洋行等，广为采购，每年交易有六百万元之巨。汉口协助会及新泰洋行等，皆有制造砖茶厂，其原料因价格关系，不仅用中国产茶，有时亦采用锡兰、印度之茶。又新泰洋行虽名为英人商行实属俄人经营，与茶业亦有深切之关系。一九二七年因广州

事件，中俄绝交，沪汉两埠之协助会，曾经一度之封闭。嗣经证明该会……且经著名商二十余家之请求撤封，政府为维持华茶命脉起见，仍准其继续营业。近年华茶运俄者，年约三十余万担，而该会沪汉两庄，购数即占半数以上，故吾国之茶市，协助会实具有伟大之势力，华茶商常仰其鼻息焉。

自……发生后，沪汉两埠之协助会，深恐买定之茶，未能出口，故已同时停止营业。协助会停止营业以后，则俄国所需之茶，势必求之于他国。闻俄国现已改变其贸易方针，将来红茶与砖茶可仰给于印度、锡兰，绿茶可全部在日本市场购买，故英、日茶商，莫不乘机大肆活动，将悉取华茶而代之。华茶前途，从此失一绝大主顾，而华商困苦，又将更深一层矣。

《银行周报》1929年第33期

茶（八月三十一日）

近日以来，洋庄绿茶珍眉，沽价暴跌十五六两，因今庚珍眉较旧岁多出三万余箱之故。查各路产茶，平均九折左右。山内各号，初开手时，接电报湖州珍眉沽一百十两，比上年高二三十两一担，故制造时多取珍眉。到埠布样即沽，价亦增高，人人喜形于色。不意七月二十号，俄商实行止办。各栈专电进山报告，贡熙销路断绝。山内各号，一律改变方针，将贡熙改制珍眉，和真珍眉合堆，以致市上珍眉存数更多。英法洋商见近时布样珍眉，条粗短碎叶老，多不合式，暂不谈盘。各号心惶，自愿降价求售，洋商乘机抑价，还盘即沽，故一落千丈。针秀眉亦跌，幸存货不广。贡熙白头行销路，粗货仍有胃口，只要二十内货。高庄货须俟前途来电，方有交易，红茶更无市面矣。

《银行周报》1929年第34期

华茶俄销断绝

社会局拟具救济办法

应乘机恢复欧美销路

自中俄事件发生，华茶俄销已告断绝，影响茶业，至重且巨。本埠茶业会馆迭呈市社会局，请予救济恢复俄销，以维茶业生计。该局以华茶对外贸易，仅以俄国为最大市场。今既遭此事变，确受重大打击。惟数十年来华茶衰落之原因，由于民间之不知改革，此次虽受挫折，正可乘机以图改进，而恢复欧美销路，妥由该局拟具救济办法十条，呈请市长核转行政院采择施行，兹探录其办法如下：

（一）由外交部令驻外各公使，调查各该国需茶情形。

（二）由工商部推放巨款，在需茶各国利用广告尽力宣传。

（三）派遣人员分赴产茶国，调查栽焙方法及推销情形。

（四）由农矿部派专员分往各省产茶区，调查茶业情形。

（五）请行政院通令产茶各省，筹设茶业改良场。

（六）请教育部于农业学校课程标准中，凡产茶各省，应立茶业科目。

（七）由财政部通令运洋华茶，一律免税。

（八）由铁道交通两部酌减茶叶运费。

（九）劝令山户提倡早摘，提高品质。

（十）严禁着色茶叶出口，以免外销再失信用。

《银行周报》1929年第34期

苏俄禁止华茶进口

工商部决开会讨论抵制办法

华茶每年运销苏俄最多，自……发生后，彼邦竟拒绝华茶进口。工商部长孔祥熙特急电沪茶业会馆，令迅派代表晋京，会议抵制办法。茶业会馆接电后，定即日开会，推选人员赴宁，出席会议云。

《银行周报》1929年第35期

茶（九月七日）

本周洋庄红茶，英伦来电，中低货销路发动，而限价太苛。此时各号急于结束，有盘即沽，同堆首字茶前沽出一百两者，今沽七十两。前沽九十两者，今沽五十五两。二三批评货仅沽三十二两，较两月前均相差三十余两。如此低价，仍不能畅销。现市上祁红仍存一万五千箱之谱，宁红竟无人问津。两湖红茶美商办进千余箱，价十七八两，据号客所谈，要亏二十余两一担。绿茶平水大帮，价跌十两，仍难脱手。婺源大帮亦跌十两，稍次者不易谋盘。近日拆开沽出数盘，高庄珍眉英法仍有胃口，沽价平稳。屯溪等处，珍眉十难沽一，而各行均一律抑价，目下约存三万余箱。针、秀眉价亦跌十余两，幸存货少，或不致搁滞。虾目沽价平稳，贡熙白头行胃口太小，须俟中俄和议告成，方可畅销耳。

《银行周报》1929年第35期

民国十七年之丝茶贸易观（续）

仲　廉

茶类贸易

去年华茶出口总额，共达九十二万六千余担，较之上年约增加五万三千余担。就价值而言，共计三千七百一十三万三千八百余两，在我国输出品中占第五位。近十年来，华茶输出殆以去年为最盛。查去年华茶贸易极可注意者，厥有二端：一为成本增高，而售价并未随之提高；一为中俄邦交虽绝，而华茶对俄输出反较前年度为增加，故就华茶输出数额而言，实较前年度为增加，但商人所获之利益，则不及前年度远甚也。兹就近十余年来华茶输出数额，列表比较如下。

时间	红茶	绿茶	砖茶	其他	共计
民国六年	472 272	196 093	443 636	13 534	1 125 535
民国七年	174 962	150 710	75 160	3 385	404 217
民国八年	288 798	249 711	143 394	8 252	690 155
民国九年	127 832	163 984	11 695	2 395	305 906
民国十年	136 578	267 616	23 546	2 588	430 328
民国十一年	267 039	282 988	22 616	3 430	576 073
民国十二年	450 686	284 630	8 613	57 488	801 417
民国十三年	387 064	278 767	19 382	61 453	746 666
民国十四年	329 455	321 201	141 917	30 944	823 517
民国十五年	292 527	329 197	141 871	75 721	839 316
民国十六年	248 858	333 216	173 148	116 954	872 176
民国十七年	269 615	306 765	256 712	92 930	926 022

上表所列各种华茶输出较前年度增加最巨者，为砖茶，是项砖茶输出，除日本……稍有销路外，几完全以俄国为消费地。自前年末广州惨变发生，中俄邦交断绝以来，中俄贸易，将受重大影响。我国茶商，颇为恐慌，日本茶业组合中央会议所即利用机会，扩充日茶在俄之销路，当时据日人所传消息，谓苏俄远东国营贸易局之理事斯克罗夫氏，谓苏俄在中国南部最大之输入品为各种制茶，今中俄断绝邦交，俄国所需之茶必求之于他国，而改变其贸易方针，将来红茶、砖茶可仰给于印度、暹罗，绿茶可全部在日本购买云云。吾人观于是项消息，颇受忧虑，当时即主张对俄商业机关，严密调查。如为国营商业机关，则令其停止营业，如为个人商业机关，不带政治色彩者，不妨任其继续营业，因政治上之绝交，不必牵连于商业。英俄绝交，两国间之贸易依然进行，美俄尚未订约，美商且投资于俄国，况我国茶类输出尚赖俄销以维持。一旦停顿则国计民生必受重大之损失，幸政府俯顺民情，对个人商业机关，允其继续贸易，故去年华茶输出仍以俄国为主要市场也。兹就去年各国，输入之华茶列表比较如下：

国家及地区	各种红茶		各种绿茶		各种砖茶		其他		总计	
	十七年	十六年	十七年	十六年	十七年	十六年	十七年	十六年	十七年	十六年
香港地区	57 988	47 643	47 441	47 331	—	108	17 731	22 504	123 160	117 586
澳门地区	1 833	2 238	2	12	—	—	11	47	1 846	2 297
安南	545	390	141	62	—	—	193	166	879	618
暹罗	734	513	533	680	—	—	—	—	1 267	1 193
新加坡等处	8 392	8 725	710	769	—	—	99	72	9 201	9 566
爪哇等处	735	881	12	3	—	—	7	—	754	884
印度	4 024	2 895	8 766	11 338	—	—	27 475	19 599	40 265	33 832
土、坡、埃等处	21 698	6 673	114 141	106 313	—	—	17 816	16 299	153 655	129 285
英国	54 031	61 624	1 931	3 301	—	—	4 172	23 680	60 134	88 605
那威	9	11	—	—	—	—	—	—	9	11
瑞典	41	62	—	—	—	—	—	—	41	62
丹麦	784	343	3 866	—	—	—	60	44	4 710	387
芬兰	280	260	—	—	—	—	175	228	455	488
但泽	571	483	—	—	—	—	—	—	571	483
德国	13 589	10 511	137	1046	—	—	412	271	14 138	11 828
荷兰	13 117	15 043	7	—	—	—	1 148	1 092	14 272	16 135
比国	96	182	7	—	—	—	—	4	103	186
法国	5 881	9 514	34 185	27 842	1	—	4 431	5 882	44 498	43 238
日国	751	666	1 007	613	—	—	1126	—	2 884	1 297
葡国	—	无	63	—	—	—	—	—	63	—
瑞士	11	3 266	—	29	—	—	—	—	11	3 295
义国	4 701	57 901	1 312	128	—	—	—	2	6013	58 031
俄国	52 687	57 901	40 155	66 079	256 282	170 718	6 294	—	355 418	294 698

国家及地区	各种红茶		各种绿茶		各种砖茶		其他		总计	
	十七年	十六年	十七年	十六年	十七年	十六年	十七年	十六年	十七年	十六年
朝鲜	16	8	54	68	—	—	310	151	380	227
日本	470	300	5 615	5 752	429	2 322	908	286	7 422	8 660
菲列宾	264	416	93	153			6	135	663	786
加拿大	1 411	4 250	222	931	—	—	1 236	252	2 869	5 433
美国	22 410	11 529	46 155	60 321			7 529	16 767	76 094	88 617
南美洲	784	739	—	391			131		915	1 130
澳国、纽丝纶等处	1 275	1 390	77				332	295	1 684	1 685
南非洲	675	401	133	—					808	401
合计	269 490	306 758	306 765	333 162	256 712	173 148	91 602	107 776	924 882	920 844

去年华茶出口情形，除……新加坡、爪哇、英国、那威、瑞典、芬兰、荷兰、比利时、瑞士、日本、菲列宾、坎拿大、美国、南美洲、南非洲、澳国、纽丝纶等处外，其他均为增加，其中增加最大者为俄国，其次为土、坡、埃等处。民国十六年，华茶运俄计三十余万担，去年增至三十五万六千七百余担，土、坡、埃等处由前年度之十二万九千八百余担，增至十五万三千六百余担。德国前年度为一万一千八百余担，去年增至一万四千一百余担，英国、瑞典、挪威、芬兰等国则均较前年度为减少。然其所减少之数额，远不及其他各国增加额之巨，故输出总额仍较前年度为增加。去年红茶产额就全体而论，似较前年度为增加，然其质地则不及前年远甚。据业茶者之观察，谓因天气不佳之故，盖春间异常旱燥，采摘迟延，即如祁门茶自采摘以至制造，旷日持久，各牌号之中鲜有可称选品者。且有数种业已变味，在英俄市场上销路较大者为上等货品，其余则无人问津，宁州茶逐渐退步，欧美销路一落千丈，而对俄输出者竟达产额八成之谱。是项茶叶之制造，全不注意市场之适用与否，而且质劣价昂，不能与英国、爪哇茶相竞争，故其市价渐次跌落。当去

年春初红茶发动之时，一般茶商莫不均谓红茶胜于绿茶，结果莫不亏本。推其原因，厥有两端：一因产茶区域庄号林立，热烈竞争，进茶不论精粗，标价罗买；二因市情上俏，山户乘机以潮茶出售，遂使成本浩大，出品参差，市价逐渐下落。此去年红茶失败之由来也。绿茶产额较前年度为增加，其质地颇为不劣，但制法殊不满意，以中下等春眉为最。春眉及寿眉之来原远胜上年，转瞬为北非洲销去，该处竞争颇烈，尤以细茶为甚，熙春在俄国销路颇佳，约达总产八成之谱，其余则为孟买、波斯销去。统观去年茶类输出，就数额而言，固为增加，然自成本高昂，售价低廉，除一部分商人稍获利益外，其余莫不亏累，故今后商人为维持营业起见，应持平山价，减轻成本，注意制法，否则我国茶业前途实未可乐观也。

综之，我国丝茶贸易现在已入严重时代，一方因工增加重，成本加重，在国外市场不能与外国品相竞争；一方因受外人之压迫，海外销路渐次减少，加以……发生以后，中俄贸易完全停顿，华茶输出将受莫大之影响。我国商人，若仍狃于旧习，不图改良，则我国丝茶业实不堪设想也。

《银行周报》1929年第37期

读茶商请求政府救济茶业文书后

静　如

华茶在国际商场上，久已处于落伍者地位，其原因固至为复杂，但揆其大要，不外乎帝国主义之侵略，一切国内战争之起伏，商人道德之沦胥与夫生产技术之不进步，追本穷源，悉汇于此，不独茶业为然，他业亦罔如是，特因茶为吾国出口大宗，历有年所，在国际市场并曾蜚声一时，故易引起世人观听而已。

就海关册之统计以观，茶叶出口最盛时期为前清光绪五年至光绪十四年。此十年中，每年出口都在二百万担以上，自斯以降，则增减无恒，惟总不出二百万担，迄乎民国，其减缩乃益甚，民国九年出口总额，仅三十万担有奇，是盖俄国政变以后，华茶俄销告止之结果也。同时英美方面，对于华茶亦有加税或禁止进口等行为，以故华茶销路日微。迨及中俄复交以后，俄商再行来华采办，华茶出口数额，始稍见增加，虽尚未能恢复民六以前之地位，但逐年均在递增中也。倘使无事变发生，中国茶商再能从事改良，则华茶销路，未始无来苏之望。乃不幸中俄间，最近又起纠纷，俄国禁止华茶入口，茶商彷徨末路，呼吁求援，是固人情之常，然而探本求真，茶业前途之盛衰，系乎茶商自身者，其重要实不亚于系乎政府方面者也，语曰："天助自助者。"国家亦然，使茶商而不能自振拔，政府虽加以援助，亦终不能与外商竞争也。试观过去华茶出口之免税运动，经各方奔走呼号，始成事实。然而其所裨益于华茶销路者，究有几何？恐无论何人，不能为相当之估价，而茶商除呼吁免税外，对于茶之改良，毫无表现。反之，欧美各国对于华茶之责难，则频有所闻，系谁之过欤？兹以民国以来华茶出口数量，列表如下，以观其变。

年份	出口数量（千担）	增加比率	出口价值（千两）
民国元年	1 482	100%	33 777
民国二年	1 442	97%	33 936
民国三年	1 496	100%	36 457
民国四年	1 782	120%	55 562
民国五年	1 543	104%	43 560
民国六年	1 125	76%	29 107
民国七年	404	27%	14 066
民国八年	690	47%	22 398
民国九年	305	22%	8 873
民国十年	450	29%	12 606
民国十一年	576	39%	16 966
民国十二年	801	54%	22 905
民国十三年	765	51%	21 127
民国十四年	833	56%	22 146
民国十五年	839	57%	26 165
民国十六年	872	59%	31 617
民国十七年	926	62%	37 134

华茶贸易之趋势如此，茶商之行为又如彼，以言政府，则十八年来均扰攘于干戈戎马之中，无时或息，迄于今日，统一之大业未成，国是之指标未定，乃欲仰首伸眉。论列一事一业之得失利弊而求其助，宁不徒劳，此吾人所以读汉口茶商请求救济茶业呈文后，不禁重有感也。虽然，国者人之积也，人者心之府也，环境制人，人亦能造环境。茶商果能翻然觉悟，努力振作，先求其本分内应有工作之完

成，以厚捍御外侮之基础而徐图发展，浸假而丝业、粉业、棉织业以至凡百事业，均能一一自固其围，继茶业以起而共同努力，则其有利于事业有助于国家者将何如，被动与自动，其始也差之毫厘，其末也谬以千里，可不慎始，可不慎哉（附原呈文如下）：

汉口茶业公所呈请行政院暨工商部救济茶业文

为救济茶业，谨陈意见，恳请采纳施行事。窃富强之基，端在实业，实业之盛，原赖改进，然尤须政府提倡于上，人民团结于下，通力合作，得归统系，促进国产之价格，乃可日跻富盛，震耀环球。此东西各国，所以雄强世界、广扩商埠者，盖以此也。查我国出口茶叶为五大洲卫生妙品，向居国际贸易重要地位，所制有青、绿、红、白四种。欧美各国，未订通商口岸以前，多由教士在福建、广东、浙江边陲购办。斯时出产不丰，供不应求，足证华茶为西人之必需品。自订通商口岸以后，各省种植有安徽之祁门、婺源、屯溪，江西之宁州、浮梁，湖南之洞庭、安化、桃源、湘乡、高桥、平江、浏阳、澧县，湖北之宜昌、蒲圻、通城、崇阳、咸宁，四川之灌县，云南之普洱。统计产茶区域十数省之多，极盛时期，售银曾达六千余万两（国内售数不在其内），今则衰落不达二千万两。究其原因，自印、锡、日、荷移植茶种，而华茶为之侵夺，我茶商又不知研究改良制法、种法，以事竞争。复不知同力合作，谋直接运洋推销，一味专守旧法，致令外人乘间抵隙，予以勃发之机会。商人固甘居失败，政府亦漠不关心。查英国自一七八〇年，由东印度公司购我华种移植于印锡诸岛，至今日逐居世界茶之第一位。该国政府，提倡扩充之策略，初则加税限制华茶入口，继则非英茶即拒绝入英之殖民地，进而乘苏俄金融停滞之机，谋夺华茶在俄之销路。一九二四年，且筹出广告费一百二十五万美金，于美国市场与日、荷茶相竞争，其他更可知矣。至荷兰自一七八二年移中国种于爪哇，荷政府对于种茶者，予以奖金，种而良好者，免其赋税，其中惨淡经营，至今日居世界茶之第三位。若日本增进尤速，该政府督责之、奖励之、补助之，至今日竟居世界茶之第二位，亦提出储金二十万元，为广告之后盾，以挽其被挤之地位。此英、日、荷提倡茶业显著之成绩。吾国政府则沉默如故，每况愈下。向居第一位，先进国之华茶，今竟摒居第四位矣。且我内外蒙古、满洲、西藏、新疆等处，日食牲畜，烟瘴繁重，一日不可缺乏茶料，销数之巨可知。山西茶商，屡集巨资，采运经营。首因沿途运输关卡剥削过重不能发展，次因俄人教唆蒙人，制止华茶直接推销，反由俄商包办，经海参崴，纳苏俄进口重税，向南满、中东两路及库伦、哈尔滨等处分销。我领土内不能自主，反为俄人操纵，喧宾夺主，实由历来政府不知保护，致使利权外溢。此等伟大生产，对外则为英、日、荷侵夺殆尽，对内又为俄人垄断，诚为国耻，谁不痛心。屡经茶商请求政府补救，改良种植，向外推销。而前清政府与军阀时代，辄以官样文章，例行虚应。对于分利机关，往往增设如林，独至生利机关，则推之无款，委之商人。而商人则以政府无保护，无航船，无银行流通海外汇划为词，致增停顿。若茶之行栈非不愿直接运洋，或于其本业有所抵触，自私自利，不顾商业大计，往往借词破坏。故茶业改良产销机关，卒无成立之希望。且近年售价日低，而费本日重，自产地至运销地中间，抢贩及行栈须经十数层之剥削，种种黑幕，实为各国商业所无。致令茶身价轻，而解缴之负担反为加倍，费本愈重，竞争愈难。今若官商合一，庶重重之苛索尽免，则改良易而成本轻，放价竞争，自增销数。若听商人自生自灭，无怪其唯一之茶业，竟等江河之日下。近十数年，仅皖浙所产特制绿茶，为英、荷、日不能产制，尚未十分夺制。而宁、祁暨两湖红茶，则一落千丈，每担合七八十两茶本，竟为西人杀至三四十两及十六七两不等。即以两湖先后比较，民国四年尚出八十余万箱，每担价高至五六十两或三四十两不等，自欧战后，英美销路锐减，幸俄人喜购华茶，又为金融限制，逐渐减办。以致比年所产之茶，常难销完，由此价格日落，产户愈放弃不加培植，遂至叶老枝枯，香质大逊，制法草率，尤为英、美、俄茶商所鄙视。美人韦达德所著《改良中国茶叶说》一书，谓中国茶叶失败，乃为国耻，若克恢复，即为国光。其所指摘处曰，叶老味淡而已。瑞珊前与俄协助会莫德熙大班及俄茶师谈及我华茶物质之佳，天然特产，但欠肥料培植，故水淡味薄。老年喝户，恒信华茶之好，而青年人物多被印、锡、日、荷宣传印入脑筋，以至减销华茶。如能从速改良，不难独步全球。诚哉言乎，且查本年两湖出产仅十四万箱，曾经售出者不过六万箱，刻下又因中俄发生国际交涉，俄商停办，所余一线生机，已成绝路。而英庄乘此大施杀价，将我四十两价位，杀至十六七两不等，仅够装潢、解缴、运费而已。而茶身完全亏耗，盖英庄窥我不能直接运销英美，意图消灭华茶，居心险恶。凡业茶者，血本丧尽，倾家荡产，不可数计。茶业至此，不啻宣告死刑矣。伏读总理建国方略及实业计划，谓中国富源之发展，已成今日世界人类之最大问题，但发展之权，操之在我则存，操之在人则亡，旨哉斯言！旨哉斯言！今华茶之权，完全操之于人焉，有不亡之理？瑞珊从事茶业二十余年，所受影响甚巨，个人损益固不足惜，而我十数省伟大生产，工农利益，就此消灭，何忍坐视？今与各产区富有茶业经验者，详细讨论，金以救济，刻不容缓。不揣冒昧，谨陈救济茶业意见十四条，组织官督商办，工农合作社，作大规模改良，完成统系，以便指导制造、种植、推销各法。俾全国同归轨道而昭划一，亡羊补牢尚未晚也。谨将管见所及，关于应行改良之点，约十四条，胪列于后，伏恳钧院钧部俯赐鉴，核采择施行。国计民生，实利赖之，茶商幸甚，工农幸甚，再有谓两湖茶业，已无生机。依此改良，自易办理，其余各省恐难同时举行，或先从两湖及江西试办，合并申明，谨呈谨将茶业官督商办，工农合作社大概办法及应进行事宜条列于后：

（一）社址地点。沪、汉两地为中外交通总汇区域，本社地点设立沪、汉，以便调查国内外一切产销状况及推销外洋，应如何挽回利权计划。

（二）官商工农会同集资。茶业之改良，非由官民团结一体，未易达此目的。兹拟一面由国民政府指派各省政府认销股票，作为官股。一面招集各国华侨及沪汉商民，各产区工农商各界分售股票，作为民股，以期本社财力充裕，不难举办各事。

（三）官商共同监督。由政府与商民，各派一茶业知识最高者，常川驻社监督，其银钱及种制不良不正当竞争之出品，免被外人指摘。

（四）划定制茶运销权限。本社成立后由政府议决通令各产区所有全国茶叶，概归本社采制运销，各产地不得自由制茶运销，以便统一庄口，划一分销，而杜采制不良之弊。各产地工农商得有购买本社股票，享受利益之权，并推派监察制销，以明官商合作，而杜弊端。

（五）设立茶业研究所。茶业之根本改良，须培植专门人才。兹拟在本社内附设研究所，首由政府派委员督率茶商研究办法，由产区咨送有茶学知识资格，来所教授种制各法，考其成优良者，由本社选派为专员，领导各产区实地宣传，登记产户，并资助产户购办肥料，指导种、制、灌溉各法。

（六）举行参观团。查欧、日各国种植制造机械，靡不精良，徒观其出版书籍，不足以明真相，必选派茶学经验人才，观赴印、锡、爪哇、日本，实地参观，其种制宣传及该政府维持改良各方法，以资借镜。然后由本社制成样茶，分给产区仿制，以表示我华茶实行改良，庶西人不至鄙视，推销不至阻碍。

（七）改良税则。我华茶出口入欧美各国，外人每以重税限制，不独华商受害，即贩华茶之英美商人，亦大感困难。应由政府缔结商约，予以平等待遇，至内地出口正半税，当茶业未发展前，请政府全免。其内地一切苛捐杂税，应请铲除，以轻负担。

（八）减轻运输。由政府通令航政、铁道及内地民船，运价特别减轻，以示提倡而图挽救。

（九）组织满、蒙、藏茶业分销所。满、蒙、藏等处，销茶颇巨，屡被俄商操纵，应将俄商购办红青箱及米砖等茶，在内外蒙古、库伦、哈尔滨、满洲里，沿中俄边界各埠销品权收回，打破俄商侵夺利权，使满、蒙、藏人民直接享受利益。

（十）创办茶业银行。请由政府指拨专款创办，否则或由政府协助合作社，股款及工农商认股各款作为基金，庶茶业登场时，得以充分接济，并可吸收外界金融以补不足。闲时又可经营市面，借以生息，有此灵便及雄厚资本，各茶到市不至任凭外商公买，且可放胆向外推销。

（十一）陈列分销所。种、制、装璜归其划一，由沪、汉设立分销所，聘请有经验茶师，品评优劣，定价举盘销售，达到外不受西人操纵，内不为经济压迫、滥放，致损血本。

（十二）宣传刊物。查宣传刊物，为商品推销之先锋。是以欧、日各国，每多不惜重金在刊物上鼓吹。我华茶之发展，首当广告向外宣传，求政府于海关余款项下，提成援助。

（十三）运销办法。自种制改良后，由本社选派有中西学术人才，并有茶业经验者，分驻欧、美、日各国，调查茶业产销状况及汇兑申缩，舟车转运如何便利如何减免，种种方法，随时详报。以备编为茶业汇报，分期出版，俾便对本社及产区制茶，以资考证，庶本社推销外洋，得有途径之可寻。

（十四）设立茶业展览会。本社每年制成各种茶品，开展览会一次，届时柬请英、美、日、法、德、俄、义、荷各国茶商各一人及我国老于茶业者一人为评议员，开会时前一月登报通告，沪、汉两社出品与赛，将红、绿、白、青花等等，分别评判，得进化最优者，特给奖励，以资激劝，庶各产区努力研究。

综上各条，我国国民政府如蒙采择，逐条实现，各省政府、各工农商机关予以充分援助，则茶业既有统系，又有保障。对内则种、制既归划一，指导实行，对外则直接推销，不受外人操纵，自信数年内即可挽回利权，民权国计实利赖之。

茶业请免内地五成厘税

行政院已令财部妥议具复

上海茶业会馆董事陈兆焘等，前电请行政院维持俄商协助会洋行购茶一案，经由行政院令交工商部核复在案。嗣工商部接该商等电称，苏俄已禁止华茶入口，要求严重质问，取消禁令一节。又复奉行政院交下上海特别市政府呈，为拟具救济华茶办法一案，着酌核办理去后。该部奉令后，对于此案极为重视，再三讨论救济办法，并训令驻沪办事处长赵锡恩，详询茶业会馆董事陈兆焘意见。旋据呈称，此时茶商困苦万状，如欲救济，非筹五百万元不可，否则空言无补等语。该部正核办间，又据陈兆焘呈复称，奉到钧部驻沪办事处函约，赴处面洽，苏俄禁止华茶进口救济办法。经于三日谒赵处长，面呈一切，窃查出口箱茶，勿论红绿上中下三等，及茶末、茶砖，悉靠俄国销场。自从俄方禁止进口，商等已陷绝境。惟事在人为，断不能因一时之阻，遽尔断气。为目前计，惟有请求先行取消内地五成厘税，一面请外交人员，如与俄方有转圜时，即提出撤销此项禁令。拟请商准财部，立颁明令，豁免内地五成厘税等情。当由该部咨商财政部，查核办理，并批示该会馆知照外，并呈请行政院，应否先就其可行者，如酌免厘税之类，明令施行，以恤商艰。行政院据呈后，令行财政部，即便妥议具复，以凭核办云。

今年丝茶业之失败（节选）

今年茶市之衰落，更不堪言状。自中俄绝交以后，售价之跌，有如江河之日下。祁门红茶最近沽价仅二十三两，竟较六月间茶片、茶末之价，尚低三四两。此种低价，为十余年来所未见。其他各茶，一致低落。现下市上珍眉尚存二三万箱，贡熙不下四五万箱，祁、宁两湖红茶亦有十余万箱，均无法销售。盖此种红绿茶，均合俄庄销路。今中俄绝交，生机自绝，即以两湖红茶而言，本年两湖出产仅十四万箱，业经售出者不过六万箱。自中俄绝交后，英庄乘机大施杀价，将四十两价格之茶，压至十六七两不等。据茶商所言，仅够装潢与运费而已。而茶身则为完全亏耗，盖英庄窥吾不能直接运销英美，意图消灭华茶。凡业茶者，血本丧尽，倾家荡产，不可数计。茶业至此，不啻已宣告死刑矣。

夫一国经济之消长，胥视乎出口贸易之盛衰，而贸易之盛衰，尤视乎产业之隆替。丝茶为吾国大宗之出口品，今也衰落至此，则其影响所及，又岂浅鲜。兹择其要者言之，约有下列数端。

（一）丝经每年出口之额，恒达关平银一亿五六千万两。除豆类之外，当推丝经为最巨。吾国国际贷借之借以调剂者，亦惟此丝经是赖。茶叶出口，虽无丝经之巨，但每年输出价额，亦有关平银三四千万两，今年丝茶衰落至于此极，则预料明年出版之海关贸易册，丝茶输出数量，势必大为减少。故对外贸易，当首受其打击。

（二）进出口贸易之盛衰，金融状况，变动随之。上海为吾国通商大埠，其金融之缓急，尤以进出口货之多寡为转移，当进口货多时，金融即为之紧急，出口货多时，则随以和缓。丝茶为出口货之大宗，今丝茶出口停滞，则其影响于金融，更无待言。

（三）上海一埠，共有丝厂一百余家，工人数万人，茶厂数十家，工人亦属不少。如一旦厂家停工，工人失业，则贻害社会，尤为重大。

查我国丝茶业之衰落，其造因非止一端，而最近失败之原因，一则为茧产之不足，一则为俄销之断绝。故目前挽救之方，丝则以增加茧产为第一要义，茶则非于俄国之外另辟销路不可。兹分述其理由。

……至于茶业情形，确受中俄事变之打击。据茶业会馆之声称，如欲救济茶业，非筹款五百万元不可，否则空言无补云云。顾拨款补救，仅可视为临时应变之方，决非正本清源之道。况当此国库空虚、内乱频仍之秋，政府安有余力？顾及此垂绝之茶业，故与其请求政府补助，不如民间自起挽救。按此次中俄绝交，虽受挫折，但正可乘机以图改进，而恢复欧美之销路，如（一）调查各国需茶情形。（二）在需茶各国利用广告，尽力宣传。（三）调查产茶各国之栽培方法及推销情形。（四）劝令山户提倡早摘，提高品质。（五）严禁着色茶叶出口，以免外销再失信用。

综上所述，胥为挽救丝茶业之当前问题，如能切实施行，则明年度之丝茶市况，不难有回苏之望。乃目前之丝茶商人，计不出此，除呼吁免税与呈请政府救济外，对于丝茶之改善反毫无表现，岂非舍本而逐末乎？又安能求其发展哉？

《银行周报》1929年第46期

改良华茶之部令

各地筹设新法制茶厂

茶叶公会昨奉工商部训令云，为令遵事，案据汉口商品检验局呈报，调查华茶近年来由汉出口及贸易状况，略称，出口茶叶，务须切实检验，分别等次，予以证书，庶不致受外商抑压垄断之弊，而能逐渐起色。然此种办法，究属治标之计，终非根本久远之策。盖产茶之区，其每年采摘，原为五次，现各山户以生活程度日高，工资加之高昂。而茶叶价值以及销出数量，不能增长，不敷工本，遂致任听茶叶粗长，色味俱伤，兼之制法陈腐，略不研求，其衰落之原因也，实为天演之公例。管见所及，拟请钧部咨商农矿部，转令各省农矿厅，对于产茶区域之茶农山户，设法补救，并严加取缔。一面令饬各茶商纠集资本，筹设新法制茶厂，逐渐改良，俾可挽回我国茶业原有之地位等情。并附调查报告一份前来，查茶叶向为我国出口货之大宗，嗣因印度、锡兰红茶暨日本绿茶勃兴，对外市场，渐就衰落。其后英国加重进口茶税，美人取缔华茶输入，我国茶叶遂有江河日下之势。推其失败原因，虽非一端，但我国茶农墨守成法，不知改良；国内外本国茶商，又无大规模贩运机关，事事受权外人；少数农商，复贪图近利，参假和杂，致失信用，实为其主要原因。近以中俄事件，对俄销路，亦告断绝，政府刻正力图补救。据呈及调查报告书，所陈各节，属当务之急，除分别咨令外，合行录发原调查十一份，令仰知照，转知当地各茶商团体，参酌应用，妥善计划以期回复华茶原有地位，并图发展，本部有厚望焉。

《银行周报》1929年第48期

近三年来外茶输入调查

年代	重量(担)	价格(海关两)
民国十四年	24 086	379 999
民国十五年	82 580	3 142 372
民国十六年	66 067	2 558 343

《中华农学会报》1929年第68期

出口华茶减征半税

　　丝、茶两项，为我国最大宗之出口品，年来茶业因被洋茶搀夺，营业颇呈衰落之象，出口之额，日见退减。现财政部为扶植茶业向外发展起见，特规定出口华茶，一体减征半税，以资鼓励，已分行所属遵照矣。

《农声》1929年第129期

后　记

　　本丛书虽然为2023年度国家出版基金项目，但资料搜集却历经多年。2017年笔者和安徽师范大学出版社合作，以《祁门红茶史料丛刊》为题申报国家出版基金，获得立项，2020年该套资料集得以出版。这是首次系统搜集、整理、出版祁门红茶自晚清至民国时期的史料，限于时间、精力，有些资料没有收录，还有不少资料未能搜集，但这也为后续的整理提供了一个空间。

　　最近几年，笔者主要做了两方面工作：一是继续搜集祁门红茶史料。因祁门红茶产区包括祁门、建德（民国时期先后称秋浦、至德）和浮梁三个地区，于是将这三个祁门红茶产区的资料都加以搜集，尤其注意查找建德、浮梁两县的红茶资料，弥补此前尚未关注的缺憾。二是将此前已搜集，但限于时间和精力而尚未整理的资料，加以汇总、整理。

　　祁门红茶资料存量丰富，但极为分散。在资料搜集的过程中，笔者得到了很多师友的大力帮助。祁门县的支品太、胡永久、汪胜松等给笔者提供了很多帮助，他们或提供资料，或陪同笔者下乡考察。在资料的整理录入过程中，笔者的博士生汪奔，硕士生庞格格和她的同学潘珊、李英睿、杨春、鲍媛媛、谷雪莹、周敏等协助笔者整理了很多资料。对于他们的帮助，笔者在此一并表示感谢。

　　在课题申报、图书编辑出版的过程中，安徽师范大学出版社社长张奇才教授、总编辑戴兆国教授非常重视，并给予了极大支持，出版社诸多工作人员也做了很多工作。孙新文主任总体负责本丛书的策划、出版，做了大量工作。郭行洲、陈艳、何章艳、辛新新、蒋璐、李慧芳、翟自成、卫和成等诸位老师为本丛书的编辑、校对付出了不少心血，对于他们在该书出版中所做的工作表示感谢。

　　本丛书为祁门红茶资料的再次整理，但资料的搜集、整理是一项长期工作，虽然笔者已经过十多年的努力，但仍有很多资料，如外文资料、档案资料等涉猎不多。这些资料的搜集、整理只好留在今后再进行。因笔者的学识有限，本丛书难免存在一些舛误，敬请专家学者批评指正。

康　健

2024 年 11 月 20 日